生態人類学は挑む
MONOGRAPH 5

川筋の遊動民バテッ

マレー半島の熱帯林を生きる狩猟採集民

河合 文 著
KAWAI AYA

京都大学学術出版会

川で洗濯。筏に水汲み用の容器が置いてある

川とともに生きる

超自然的存在は「天」に暮らし、
彼らは「川の世界」に暮らす。
川で生まれ、川の名を名乗り、
生まれた川で死ぬ。バテッの
生涯は川とともにある。

支流で遊ぶ子どもたち。川岸のえぐれが雨期との水量の差を示している

岩陰のカニを探す

雨期明けのキャンプ。タマンヌガラ公園内コ川上流にて

花で装う親子。雨期明けの森には多くの花が開花する

[上]オオトカゲの解体
[中]吹矢で仕留めた
コノハザル [下]ヤムイモ
(ゴヨウドコロ)を掘る

森の恵み

針毒を採集するドックの木。幹の上の
方まで樹液を採った跡がついている

吹針を作る。吹矢猟で使う針は
一本一本が手作りだ

筏で移動する夫婦。妻が吹矢を握っている

川を遡る。川はバテッのナビゲーションにおいて重要な役割をはたす

移動のナビゲーション

バテッは森を歩くエキスパートだ。深い迷路のような森の移動のナビゲーションは「東西南北」ではなく、上流下流、のぼるくだる、山側川側、の三つの方位軸と身体感覚。そこには私達の感覚とはまったく違う風景が立ちあがる。

森を歩く。木やツタの茂る森では一列になって移動する

バライ拠点。長期間滞在する拠点には高床式の耐久性のある家(ハヤ)を建てる

継承される暮らしと変化する暮らし

行商人からの買い物。森林産物の取引によって得た現金でさまざまなモノを購入できるようになった

アブラヤシプランテーション。丸太の切り出しが済んだ森は拓かれてアブラヤシが植えられる

伐採道を歩いて親戚訪問

乳児を薬浴する。現在も自宅(キャンプ)で出産することが多いバテッは、身体の不調にも自らのやり方で対処する

トウの取引。以前はボートで運搬されていたトウは、トラックで運ばれるようになった

混迷する21世紀の荒野へ

地球という自然のなかで人類は長い時間をかけて多様な文化や社会を創りあげてきた。その長い歴史は、人類が自然の一部としての生物的存在から離陸して自然から乖離していく過程でもあった。その結果、現在の人類は地球という自然そのものを滅亡させてしまうかもしれない危険な存在になっている。世界がその危険性にやっと気づきはじめ、資本主義グローバリズムに変わるべき未来像を模索している。

そのような中で生態人類学は自然と文化という人間存在の二つの基盤にしっかり立脚し、人間の諸活動のすべての要素を含みながら、しかも具体的で説得力ある研究を目指すユニークな学問的営為として研究活動を続けてきた。現在地球上で急激に減少している多様な人類文化に着目し、そうした民族文化や地域文化の奥深さを描き出すため志のある研究者が実直で妥協のないフィールドワークを続けている。研究者たちはそこで得られたデータによって描かれる論文や現場に密着したモノグラフ等の作品以外に、この多様な人類のありかたを示す方法はないことを確信してきた。

生態人類学は、一九七三年五月に東京大学と京都大学の若手の人類学関係者が集まり第一回の生態人類学研究会を開催したのが始まりであった。この生態人類学研究会は二三回続き、一九九六年の生態人類学研究会を第一回の生態人類学会研究大会とすることで新たな学会となった。今年度（二〇二〇年）第二五回の生態人類学会研究大会を開催し今日に及んでいる。今や生態人類学を標榜する研究者も数多くなり、さまざまな大学や研究機関に所属している。

生態人類学会は二〇〇二年度に『講座・生態人類学』（京都大学学術出版会）八巻を発刊して、それまでの生態人類学の成果を世に問うている。この講座は、アフリカの狩猟採集民二巻、東アフリカの遊牧民、アフリカの農耕民、ニューギニアの諸集団、沖縄の諸論考のそれぞれに一巻をあて、さまざまな地域のさまざまな生業や生活を対象にした論文集という形のシリーズであった。また、エスノ・サイエンスや霊長類学と人類学をつなぐホミニゼーションに焦点をあてた領域にもそれぞれ一巻をあてている。

この『講座・生態人類学』発刊からすでに二〇年近く経過し、研究分野も対象とする地域ももはや生態人類学という名称では覆いきれない領域にまで広がっている。そして本学会発足以降、多くのすぐれた若手研究者も育ってきている。そうしたことを鑑みるならば、このたびの『生態人類学は挑む』一六巻の発刊は機が熟したというべきである。このシリーズはひとりの著者が長期の調査に基づいて描き出したモノグラフ一〇巻と従来の生態人類学の分野を超えた、領域横断的な研究分野も包摂した六巻の論集からなる。共通するのはいずれもひとりひとりの研究者が対象と向き合い、思索する中で問題を発見し、そして個別の問題を解くと同時にそれを普遍的な問題にまで還元して考究するスタイルをとっていることである。生態人類学が出発してほぼ五〇年が経つ。今回の『生態人類学は挑む』シリーズが、混迷する21世紀の荒野に、緑の風を呼び込み、希望の明りをともす新たな試みとなることを確信する。

日本の生態人類学の先導者は東京大学の渡辺仁先生、鈴木継美先生そして京都大学の伊谷純一郎先生であったが、生態人類学の草創期の研究を実質的に押し進めてきたのは六年前に逝去した掛谷誠氏や今回の論集の編者のひとりである大塚柳太郎氏である。

掛谷誠氏の夫人・掛谷英子さんより掛谷誠の遺志として本学会へのご寄進があり、本出版計画はこの資金で進められた。学会員一同、故人に出版のご報告を申し上げるとともに、掛谷英子さんの御厚意に深く謝意を捧げたい。

『生態人類学は挑む』編集委員会

目次

序

1……道と経済ネットワーク

陸路、海路、空路、水路と、世界にはさまざまな道が存在し、人やモノの移動を支えている。ある地域で生産されたモノは、こうした道を通って他の場所に運ばれていき、そこで消費される。グローバル化が進行した現在にかぎらず、人類は遥か昔からさまざまな道を利用して交易や交流をおこなってきた。そうしたなかで創出された行路は以前はかかわりのなかった地域を結びつけ、人やモノの新たな流れを生み出してきた。一九世紀末のスエズ運河の開通は、ヨーロッパの国々がアジアの植民地化を進めるうえで重要であったし、パナマ運河の開通は、人口や行政が集中するアメリカ東部とアジアをより近いものとした。道の出現は時代の変化に繋がってきたといえる。

数千年前には存在したというシルクロードには、陸路だけでなく海路も存在する。この海の道は、中国より南シナ海を南下してマレー半島を経由し、インド洋を渡ってアラビア半島へと達するもので、地域間交易で使われていた複数の経路を繋いだものである。本書の舞台であるマレー半島は、海のシルクロードの一部であると同時に、中国とインドを結ぶ東西交易の中継地として栄えた地域だ。

海のシルクロードをつうじた交易は、多くの商人の手を介しておこなわれるものだった。中国で生産された絹は、中国商人の手によってマレー半島を経由し、ベンガル湾を通ってスリランカの港まで運ばれた。そしてそこからギリシャ商人やアラブ商人の手によって紅海を通過してエジプトの港に運ばれ、ラクダでナイル川まで運ばれた後に、川を下って地中海まで運ばれたという。こうした遠距離交易によって、人びとは自らの暮らす地域で生産できないものを手に入れることができた。しかし当時のローマ人は、多くの人の手を介して運ばれてくる絹を知ってはいても、それが生産される中国がどこに存在し、絹糸をつくりだす蚕がどのようなものかを知ることはなかったという（バーンスタイン二〇一九）。

現在の暮らしについても似たようなことがいえる。自分が食べるものや利用するモノのすべてについて、それがどこで生産されて自分の元に辿り着いたかを把握している人は少数だろう。より情報を得やすくなった現代に生きる我々は、魚や野菜の生産地や生産方法については知っているかもしれないが、調味料や食用油などの生産地まで把握するのは難しい。限られた量の貴重な品物だけが取引されていた過去の交易とは異なり、現在のモノのやり取りは、より多様に、大規模に、そしてより速くなされるようになった。

こうしたグローバルな経済活動を支える移動や運搬技術のなかでも、陸路と空路の発展は飛躍的なものであった。しかし多くの地域では、そうした発展の影で河川を用いた水路が衰退していった。日本でも、利根川、荒川や高瀬川など、川舟が経済の中心地とその周辺地域を結び、海より運ばれてくる物資と内陸からの物資の集散地をつなぐ役割を担っていた。けれどもこうした舟運は鉄道や道路の発達とともに廃れていき、河岸の賑わいは鉄道沿いや幹線道沿いへと移動し、新たなモノの流れが生まれた。

河川が行路として利用されてきた地域に陸路が拓かれると、暮らしにどのような変化が生じるのだろうか。川を利用する水上交通は多くの物資を容易に運べるという利点があるが、川から離れた内陸へのアクセスは困難である。いっぽう陸路の場合は、人力で運べるものは限られているが、道を拓けばどのような場所へもアクセスできる。鉄道や道路を奥地に拓くことによって、奥地よりモノを運び出すことが容易になるだけでなく、大規模に土地を拓いて利用することも可能である。このことから大規模な土地開発は、往々にして陸路の発展を伴うものだといえる。

図序-1　筏で移動

このような大規模な土地開発にみられる領域的土地利用は、環境をエリアとして認識することで成り立っており、多くの国で用いられる土地制度も区画という領域的環境認識を前提としている。しかし世界には、それとは異なる様式で環境を認識する人びとも存在する。本書の対象である半島マレーシアに暮らすバテッ（BatekまたはBateq）は、川筋を軸に環境を認識し生活してきた人びとである（図序―1）。

2……定住生活と領域区画型の環境利用

バテッは狩猟採集や森林産物の交易を生業とし、川に沿って資源のある場所へ移動する暮らしを営んできた人びとである。多くの人は、こうした「一カ所に定住せずに暮らす人びと」について、日本社会とはかけ離れた存在であるように感じるかもしれない。しかし過去には日本にも漂泊民という人びとが暮らしていた。たとえば山間部を移動しながら狩猟採集をおこない、ときに農民と交易する人びとはサンカなどとよばれていた。また沿岸から近海域には、船を生活場所として回遊しながら漁撈に従事し、漁獲物を交易して暮らす漂海民もいた。けれどもこのような非定住の民は、近代化による生活環境や経済構造の変化、また太平洋戦争による混乱をうけて減少していき、今日では全くみられなくなった。

こうした歴史は、我々が当然視する領域区画に基づく土地利用と定住生活というものが、必ずしも日本全域のすべての人に合致するものではなかったことを示している。現在暗黙の前提とされている考えは、明治期の地租改正によって生じた土地の私的所有権や、戸籍法の整備によって形づくられた国民としての暮らしの在り方を踏襲するかたちで日本全域に拡大、適用されてきたともいえる。こうして「当たり前」とされるようになった定住生活と領域型の土地利用は、元をたどると、畑や水田といった固定的栽培地で作物を育てる集約的農耕（intensive cultivation）を基盤とする社会で発展した。それが国家制度と結び付くことで、自然環境へのかかわり方や認識の土台となってきたと考えられる。

近代化によって大きく変化はしたものの、人は個々の暮らす環境に適応するかたちで、狩猟、採集、遊牧、移動農耕、集約的農耕などと多様な生業を営んできた。それぞれの活動への依存の度合いは一様でないうえに複数の活動を組み合わせる集団も多いが、移動と定住という観点からこれら生業をみてみると興味深いことが明らかになる。狩猟や採集は人が利用する資源のある場所、遊牧は牧畜の餌となる資源のある場所、そして移動農耕は作物の生育に必要な養分、あるいは養分として利用できる植物のある場所へと移動するというように、多少なりとも移動への志向性をもつ生業である。しかしいっぽう集約的農耕は、河川近くなどの肥沃な土地を畑や水田として継続的に利用し、灌漑設備を整えるなどして養分を補充しながら作物を育てる、という定住志向の強い生業なのである。

こうした定住型の集約的農耕を基盤とする社会では、人びとは栽培植物や家畜に強く依存した暮らしを送る。そしてそれら栽培植物や家畜は、人間が野生の動植物に長期にわたって手をかけることで改変し、つくりだしてきたものである。こうした栽培化や家畜化を英語でドメスティケーション（domestication）といい、人が自らにとって有益となるように他の生物種の再生産過程に継続的に働きかけることと理解されてきた。しかしジェームズ・C・スコット（二〇一九）は、ドメスティケーションの過程は人間の側にも大きな変化をもたらしたと指摘し、ドメスティケーションをその語源「ドムス（domus）」に近いかたちで理解する必要があると述べる。そして、人と動植物がともに暮らす「居住地（ドムス）」において、栽培植物や家畜だけでなく人間も変化する共進化が進んだという観点から、領域基盤をもつ中央集権的政治組織という国家制度の成立について考察する。ドメスティケーションは、必らずしも定住社会でのみおこなわれてきたわけではないが、それが人間の側にも変化をもたらしながら進んだという指摘は重要である。

彼の考察によると、世界でもより早い時期に小規模国家が誕生したとみられるメソポタミアでは、集約的農耕と家畜の飼育を組み合わせた社会で中央集権的な政治組織が発達した。家畜と栽培植物への依存の高まりは、耕作地だけでなく、種子や穀物の貯蔵庫、家畜、そして人間の集まる居住地をつくりだしたとみられる。さらに気候変動によって河川の水が減少し乾燥化も進み、耕作をおこなえる場所が限定されたために、異なる支流に分散していた人びとが集住するようになった。そうした場所において、栽培植物や家畜、そして労働力となる人びとの暮らしを効果的に組織だてることが、複雑な社会への発展に繋がったとみられている。つまり人間だけでなく、定住生活に必要な栽培植物や家畜も含むかたちで環境を整える空間の統治が鍵だったわけである。具体的には、集権化の進行とともに、支配者など非食料生産者にも分配できる保存可能な作物、なかでも役人が効率的に徴収可能な収穫期の決まった穀物への特化が進んだ。そして一箇所に集住し、固定された耕作地で租税となる穀物を栽培して暮らすようになるなか、人びとの身体には膝をついて穀物を挽くことによる膝の変形や、穀物への依存の増大による鉄不足といった変化が生じた。また生活様式や社会構造の変化、暦へとつながる穀物栽培を中心とした時間認識への変化もあったと考えられるが、それには人びとが「あるべき姿」として思い描く環境イメージも含まれていたと考えられる。

穀類を中心とした利用動植物の改変と集約的農耕を支える環境、そして食料生産に従事する人びとの定住地、これらの関係を調整することが国家制度の誕生に付随していたとみられるわけだが、人は自らの暮らす自然環境に適応するだけでなく、それらを意図的、非意図的に改変しながら暮らしてきた。そうした改変の側面をニッチ構築（niche construction）として着目すると、国家の形成は特殊なニッチ構築の過程を伴うものであったことがわかる。換言するならば、人びとの環境との関係、すなわちニッチ構築を政治的に取り仕切るのが領域基盤をもつ国家の特徴であるともいえる。

国家の空間は肥沃な土壌の低地に形成されるが、概してそこの人口密度は高く、主要穀物の生産地が多くを占める変化の少ない画一的生態系である。そして国家が発展するほどに食料生産地と定住地は拡大していく。こうした特殊な生態系が形成されていく過程を、スコットは「国家の景観構築（state landscaping）」と概念化する（スコット 二〇一九）。しかし特殊なニッチ構築を伴って成立した国家の周りには、多様な生態系が存在し、遊牧や狩猟採集、移動耕作などの生業を営む人びとが暮らしていた。これらの人びとは移動志向型の生業を営むため課税が難しいいっぽう、低地の国家空間では入手できない資源を手に入れることができた。そのため、限られた種類の資源しか入手できない国家の人びととの交易パートナーとして一定の役割を担っていたわけである。

領域区画型の土地利用と定住生活の組み合わせを国家の景観構築の核とみると、近代以降、地球のさまざまな地域で、このニッチ構築が陸路の整備とともに進められてきた。領域区画型の土地利用はウシやウマなどの役畜での耕作に適していたが、それ以上に化石燃料を動力とする農機との親和性の高いものであった。さらに領域型の環境改変を支える公的制度の制定も進み、区画に基づく土地制度が確立されていった。このような変化は、日本のように国家的な近代化政策のなかで進行した地域もあれば、植民地化によって大きく推し進められた地域もある。そして現在多くの国は、領域的に区分される土地や自然資源を売買の対象として認める資本主義傾向の強い制度を採用している。

先にふれたとおり、陸路の発展と大規模な領域区画型の環境改変は同時進行する傾向があり、定住生活との親和性が高い。ではそのような環境の変化は、移動志向型の生業を営んできた人びとには、どのように経験されたのだろうか。本書の舞台である半島マレーシアの場合、国家の景観構築の始まりは植民地支配による影響が大きく、それは現在も大規模なプランテーション開発と道路建設というかたちで続く。本書では狩猟採集と森林産物の交易という、移動志向型の生業を営んできたバテッの環境認識とその暮らしに迫ることで、定住型、領域区画型がおおう世界の認識の在り方と、それに基づき現在も進行する環境の改変について再考したい。

3……熱帯アジアと河川

半島マレーシアをふくむ東南アジアの熱帯地域では、川を基盤とするかたちで多くの社会が築かれてきた（石井・桜井 一九九五）。海岸より少し遠ざかると木々がうっそうと茂って陸路での移動が困難になるため、人びとは川をつうじて交流してきたのである。また川は交通路として利用されるだけでなく、漁撈をおこなったり洗濯をしたりするなど、人びとの生活の場としても利用されてきた。マレーシア社会と河川の密接な関係は現在もさまざまな場所で目にすることができ、たとえば首都の「クアラ・ルンプール」の「クアラ」は川の合流点や河口をさし、「泥の川の合流点」というのが「クアラ・ルンプール」の意味である。

また海上交易も、マレーシア半島部社会の形成に重要な役割をはたした。南シナ海とインド洋のあいだに伸びるマレー半島は、その昔、中国とインドを結ぶ東西交易の要衝として栄えた地域である。交易の活性化とともに河口の集落は、上流の森林産物や海洋の資源を集積し、広域の交易網にのせる集散地として発展していった。こうして港市の中心となった河口は、モノのやり取りを介して内陸へと政治的影響力を強めた人びとの拠点でもあった。しかしいっぽう、そうした人びとの支配の及ばない上流には、河口に集められる資源の採集に間接的に携わる人びとが暮らしており、バテッもこのような経済ネットワークの末端にかかわってきた（Andaya 2008）。

「バテッ」とは彼らの言葉で「（自らと同じ）人」という意味である。バテッはバテッ語を話し、狩猟採集や森林産物の交易によって生活している。人口は一三〇〇人ほどで複数の地域集団に分かれて暮らしている。本書の対象は、半島マレーシア北部のタマン・ヌガラ自然公園（Taman Negara）近くの、クアラ・コ村（Kuala Koh）に暮らす人びとである。「クアラ・コ村に暮らす」とはいっても、彼らは年間をつうじて村に留まっているわけではない。村とその周りにいくつかの拠点をつくって生活しており、乾期になると多くの人が森へ移動する。そのため、村が無人になることもある。また若い男性は普段からさまざまな場所を移動しており、昨日までいた人が気がつくといなくなっていて、数日、あるいは数か月後にふたたび顔を合わせるというのが日常である。

バテッは低身長、縮れ毛、色の濃い肌といった身体をしており、身長一五八センチの筆者より低い男性も多い。マレーシアではこうした身体特徴をもつ人びとは「ネグリト」と総称され、他の人びとと異なる外見とその生活様式から、「半島に元から暮らす狩猟採集民」として紹介されることもある。動植物とかかわって暮らす人の環境認識を研究したいと思い、クアラ・コを訪れた博士課程在籍中の筆者は、もちろんバテッが「孤立した狩猟採集民」であるとは思っていなかった。しかし、そこまで彼らの暮らしが世界経済と強くかかわっているとも考えていなかった。

しかし調査を始めてすぐ、バテッの生活がマレーシア国内だけでなく国外との経済的つながりに強く依存していること、世界的経済状況の影響を受けていることに気がついた。後にみるように、バテッが交易や現金獲得のために入手する森林産物は、社会、世界経済の移り変わりを反映するように変化してきた。また彼らの生活環境も国際色豊かである。クアラ・コ村の周辺で最も人口が多いのはバングラデシュ人、その次にインドネシア人、そしてマレーシアのマレー人という順で、これはそのまま村の近くのアブラヤシプランテーションで働く労働者の人口構成である。クアラ・コ村を訪れる行商人もマレーシア人に限らず、パキスタンやタイ国籍の人も存在する。後述するようにこうした生活環境の多国籍性は、近年の陸路の発達によって生じた変化である。

図序-2　初めてクアラ・コ村を訪れた時の様子。家が円を描くように建てられている

クアラ・コ村の北にはアブラヤシプランテーション、南にはタマン・ヌガラ公園の森が広がる。筆者が初めてクアラ・コ村を訪れたのは二〇〇九年だった。延々と続くアブラヤシプランテーションのなかを車で進むと、プランテーションの途切れた先に村があり、さらに進んだ先にタマン・ヌガラ公園の入口と公園管理事務所があった。村には竹でつくった高床式の家が円を描くような配置で建てられており、人びとがともに生活を営む様子が想像されて、素敵な風景だと思った（図序―2）。

クアラ・コに暮らすバテッは、村周辺の拠点での生活と森のキャンプを組み合わせて暮らしている。多少の農耕もおこなうが、食料や現金獲得のための資源は森で得る野生動植物に依存しており、生業活動はそうした資源の探索や獲得のための移動によって支えられている。移動は徒歩や筏でなされるほか、バイクや車も使われる。けれども必ずといっていいほど、バテッは川の名前を使って移動先を表すのである。

これはキャンプについても同様であり、バテッは基本的に川の名前を用いてキャンプ場所を表す。川は彼らにとって飲料水を得る場所であると同時に、水浴び、洗濯、そして排泄をする場所でもある。バテッの日常生活に欠かせない水場が川であり、彼らの暮らしは川を軸に形づくられている。観光客と接する機会の多いパハン州のタマン・ヌガラ公園に暮らすバテッは、自らを「森の人（バテッ・フップ）」と表現するそうだが、クアラ・コ村のバテッは普段そうした表現を使うことはない（Lye 2005）。その代わり彼らは、超自然的存在の暮らす「天」と対比させるかたちで、自らの世界を「川（の世界）」と表現したりする。

4……「日和見フォレージング」

またバテッと一緒に暮らしていて感じるのが、その行動の早さである。とくに何か問題が生じたときには、問題に向き合って解決に取り組むというよりも、まずは逃げるという解決方法をとる。バテッ語には病人や死者が続いた場合に、そこから逃げることを意味する「プラヤ」という語もあるほどだ。

筆者が子ども数名と一緒に寝ていたある晩のことである。ふと目が覚めると、小屋の前に男性が集まって火を焚いていた。不安になって隣で寝ている子を起こし様子を尋ねてもらうと、ある男性が身体が震えだしておかしい状態になったので、居住地にいたすべての女性と子ども、そして数名の男性が森へ逃げたのだという。私

図序-3　筆者が最初に寝起きした家

たちも逃げるか尋ねられたが、家の前で火を焚いている男性陣はそこに残るというので、そのまま寝続けることにした。翌日になって薄明りのなかをゴザや掛布をかかえて女性や子どもがぞろぞろと帰ってきたが、それを迎えた私たちは、「行動すべきときに正しく行動できず逃げ遅れてしまった人たち」というような感じがして、なんとも気まずかった（図序―3）。

その後も、たびたび起こされる夜があった。寝ていたら返事をするはずないのに、彼らは、「寝てるか、おい、あや、寝てるか」と何度も呼んで起こすのである。もしかしたら筆者に遠慮していたのかもしれない。しかしいつの間にかそうした遠慮もなくなって、「起きて」と揺り起こされるようになり、目を覚ますと、遠くでゾウの鳴き声がするとか、変な音がしただとか、雨風が強くなってきたから枝が降ってくるかもしれないなどと告げられる。降ってきた枝にあたって怪我をしたり死亡したりする人もいるそうだ。そして逃げる心づもりをしてそのまま寝床で過ごすか、懐中電灯を手に皆で集まって様子をみるか、ゴザや掛布を持って他の場所へ移動して夜を明かすか、ということになるのである。

また遠くまで狩猟に出かけていた人が夜中に帰ってきたときも、バテッは起きてコメを炊いて食事を始める。筆者はそんな時間に何か食べようなどという気持ちにはならないが、彼らは夜中の二時や三時であっても構わないようだ。話し声や子どもたちがガサゴソ動き出す気配で目が覚めるので、最初のころは好奇心から眠い目をこすって焚火のそばへ行ってみることもあったが、そのときには既に獲物は解体されている。すっきりと目覚めたときは様子をみるために起きだすが、この場合にはバテッはわざわざ筆者を起こすことはないので、「どうせ、もう既に獲物は解体されてしまって鍋の中なのだろう」などとうつらうつら考えながらそのまま寝入ってしまうことの方が多い。そして翌朝、皆の食事の跡をみながら夜中に何を食べたか尋ねるのである。

さらにこうしたバテッの行動の早さだけでなく、切り替えの早さにも驚くものがある。雨期明けのある日、私たちは仲買人より前借するかたちでコメや砂糖をもらって沈香採集キャンプに出掛けた。ジンチョウゲ科の樹木より採れる沈香は、主要な現金収入源のひとつである。しかし「沈香をたくさん採るのだ」などと張り切って出発したはずの男性陣は、キャンプに到着してすぐ、上流にカエルがいると言ってそそくさとカエル獲りにでかけてしまった。

沈香の仲買人とカエルの仲買人は異なるので、カエルを獲っても沈香の仲買人に前借した分の返済にはつながらない。けれども彼らは、カエルが獲れそうだといって、女性と子どもを残して上流へと移動して行ってしまったのである。一度何かを決めたとしても、より良さそうな選択肢があればそちらに専念する。その時々の状況に応じて即座に活動を変化させる切り替えの早さと行動力が、変化の激しい現代を生き抜く鍵なのかもしれない。

このように状況に応じて活動をすぐさま切り替えるバテッの生業は、「日和見フォレージング（opportunistic foraging）」ともよばれてきた。「フォレージング（foraging）」とは、「食料を探して歩き回る」という意味の動詞「フォレージ（forage）」をもとにした語で、移動しながら資源を得る活動を意味する。そしてこうした活動をおこなう人びとを「フォレージャー（forager）」とよぶ。

特定の土地に留まり積極的に農耕をおこなって将来のために食料を生産するのではなく、自然環境より得た食物や資源に強く依存する生活の場合、その場所の資源がなくなると別の場所へ移動する必要がある。そのため、フォレージングという生業は移動志向の強い生業だといえる。バテッの場合は、狩猟採集や交易用森林産物の獲得というフォレージングだけでなく、短期間の賃労働や農耕といった他の活動も組み合わせる。その時々の状況に応じて従事する活動を柔軟に変化させるという、より状況依存的な生業スタイルである。

しかし現在バテッが暮らすクアラ・コ村の周りには、タマン・ヌガラ公園の森は存在するが、それ以外の場所にはアブラヤシプランテーションが広がっている。つまり彼らは、フォレージングというかたちでどこにでも気軽にキャンプ移動できるわけではない。けれどもそのいっぽう、彼らは道路の開通によってバイクや車で移動できるようになった。従来の徒歩や筏での移動と比べると、長距離を短時間で移動することが可能となっているのである。またさらに、道路の開通は、より多くの行商人や仲買人がクアラ・コにアクセスすることも可能にしている。

本書では、陸路の発達とともにプランテーションという大規模な領域区画型の環境改変が進むなか、川を軸に遊動生活を送ってきたバテッが、どのように環境の変化に対応しているかみていきたい。その際とくに、彼らと川のつながりや、彼らが日和見フォレージングという生業スタイルを生かす様子に着目する。そしてバテッの暮らしをふまえたうえで、定住生活を前提とした領域区画型の環境改変について考えてみたい。

5……交通路の変遷と経済

半島マレーシアで陸路の開発が大きく進められるようになったのは、イギリス植民地時代である。この時代にスズの採掘やゴムプランテーションの拡大と並行して、生産物を運び出すための鉄道や道路が整備されていった。陸路の発展とともに欧州との経済的つながりも強化されていき、河川を基盤に社会が築かれていた半島に新たな経済ネットワークが形成されていった。なお輸出品には、プランテーションで生産されたゴムやスズだけでなく、熱帯特有の森林資源も含まれていた。森に自生する植物もその一部だったが、バテッのなかには輸出用森林産物の生産に従事する目的で鉄道近くへ生活場所を移動させた人も存在した。

マレーシア独立後は、さらなる道路の建設とともに各地で丸太の切り出しが進んだ。独立前の一九四六年時点で半島の土地の七七%を占めていた森林面積は、一九八〇年には全土の五割を切り、二〇一八年には四三%(五七六万ヘクタール)となった(Jomo, Chang, and Khoo 2004)。図序—4は、一九六二年から二〇一五年の森林被覆域の縮少を示している。とくに枝を落としながら生長するフタバガキ科の樹木は、スギのように枝打ちせずともまっすぐな材木を入手できる樹種として重宝され、日本や韓国、台湾といった第二次大戦後の復興が早く進んだアジアの国々に輸出された。

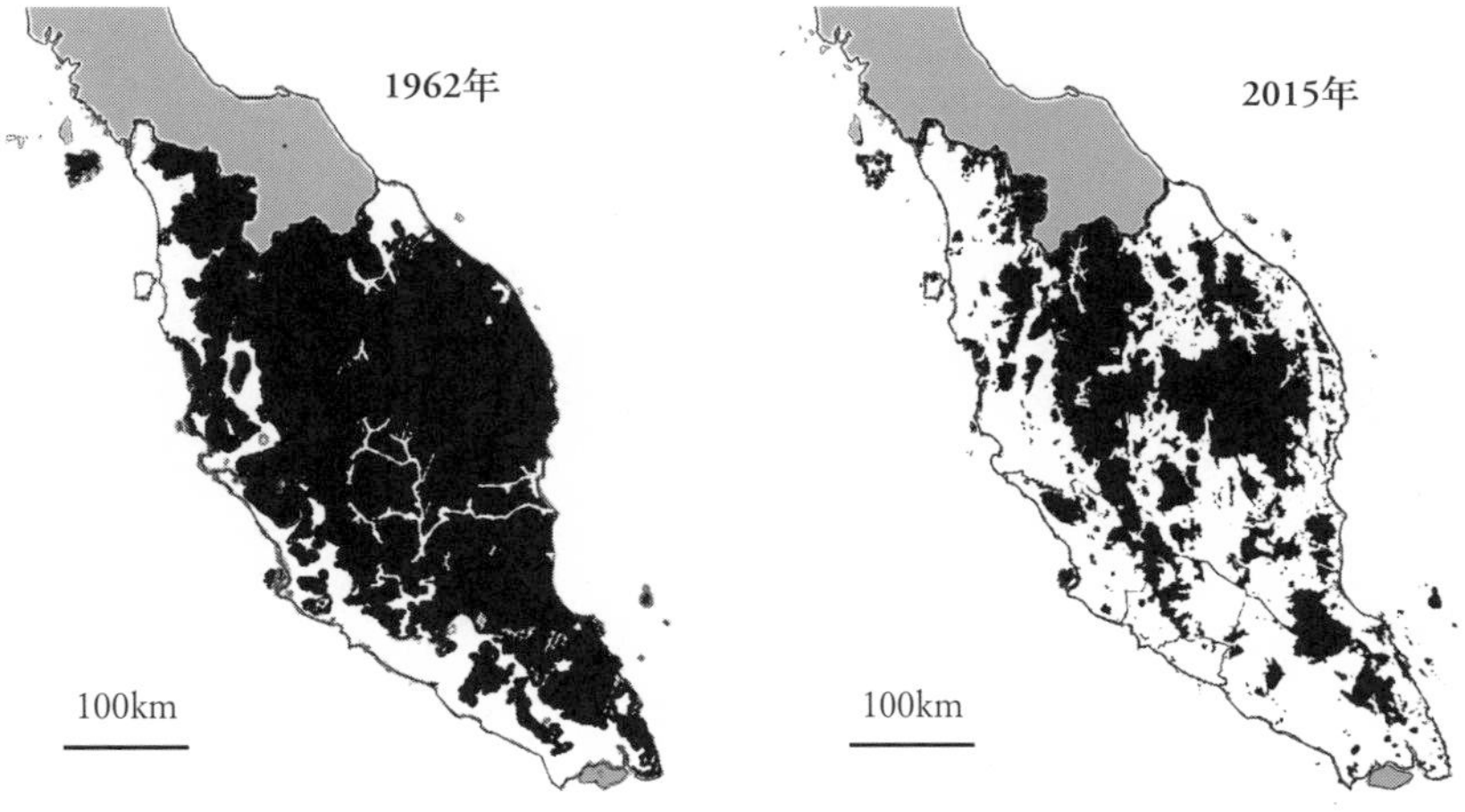

図序-4　半島における森林被覆域の縮小（1962年から2015年）。黒塗り部分が森林被覆域を示す
（1962年はWyatt-Smith 1964、2015年はOmar et al. 2016を参照し作成）

伐採後の土地ではゴムやアブラヤシといった商品作物のプランテーションのため領域区画型の開拓が進められ、丸太を切り出す際につくられた伐採道のいくつかは舗装道となった。これに伴ってマレー系住民などの交通手段は水路から陸路へと移行していき、バイクや車の所有が一般的になった。開発が奥地に進むなかで、森を生活圏としてきたバテッのような人びとにたいしては、一カ所に定住してゴムなどの換金作物を栽培するようにと定住化政策が実施されてきた。しかしクアラ・コのバテッは積極的に換金作物栽培をおこなうことなく、移動を伴う生活を続けている。彼らは森林の減少という環境の変化にどのように対応してきたのだろうか。

6……本書の構成

まずは第1章にてクアラ・コ村のバテッの暮ら

しと川の結びつきを提示する。バテッは拠点地や森など、季節や状況に応じて水を得られる場所に移動する暮らしを送っており、川との結びつきは呼称にかんする慣習をとおして個人の生涯にも織り込まれている。また彼らは、移動を伴う生活で社会関係を築くために、同じキャンプで過ごす人は家族の延長ないし親族、あるいは共に生きる仲間として食物を分け合って暮らすことにも触れる。いっぽうバテッは、川だけでなく道路も使って資源探索や親戚訪問をおこなっている。道路でアクセスする場所に親族がいるということは、それまで川を伝って移動していた場所へ従来のように移動できなくなった可能性がある。こうしたことから、彼らの生活圏において水路の消滅を伴う環境変化があったと考えられる。

第2章では、バテッの川との結びつきや日和見フォレージングという生業スタイルについて、歴史的観点から環境と関係づけて考える。まずは川に沿った遊動生活と日和見フォレージングという生業スタイルが、川をつうじた人やモノの往来の活性化とともに形成されてきたことを示す。半島マレーシアの人びとが川を水路として盛んに利用するようになった背景には、道を拓きにくいという熱帯特有の自然環境だけでなく、外部との交流や東西交易の活発化も関係する。こうした交易の時代には、河口に暮らす権力者が外界からの政治的権威の承認を得つつ、川筋に影響力を広げるというかたちの政治形態がとられていた。こうした政治・経済のもとにある世界をマレー語の「ヌガラ」という語を用いて表し、半島に暮らしてきた土着の人びとの多様性についても考察をくわえる。

その後、ヌガラ世界に領域国家としての統治枠組みが導入された植民地時代の状況を概観する。この時代には鉄道が開通したり自然公園が制定されたりし、バテッの暮らしにも変化が生じた。そしてその後、戦中と非常事態宣言期に大規模な人の移動があり、ルビル流域におけるバテッの経済的パートナーであったマレー農民が下流へと集団移住した。このときのバテッの対応から、彼らの生業における交易の重要性を確認し、彼らが狩猟採集のみで食料を賄って暮らすのは困難であることを指摘する。

続く第3章では、まず陸路が発達する以前の一九七〇年代のバテッの暮らしを概観する。マレー農民が集団移住した後バテッは、ルビル川筋の広域を移動しながら狩猟採集による食物の獲得、放置型の農耕、そしてトウの交易によって生活していた。川筋を軸とした遊動生活を送る彼らの交易相手は、川を上ってやってくる少数の仲買人に限られており、外部からのモノの調達もほぼ仲買人に依存した状態であった。

そして次に、ルビル川筋で陸路建設と領域区画型の環境改変が進んだ一九八〇年代の変化を概観する。バテッが生活圏としてきた一帯では、道路がひかれるとともに川沿いの森を分断するかたちでプランテーション開発が進み、ダム湖もつくられた。これによって新たな景観が形成され、バテッの生活圏と彼らの親族が暮らす村が分離されたことが明らかになる。

第4章では、川に沿った遊動生活が営まれていた一九七〇年代と対比するかたちで、陸路が拓かれ領域的土地利用の進んだ二〇一〇年代のバテッの暮らしをみていく。まずは彼らが以前の暮らしを継承しつつ、さまざまな場所で得られる動植物を食物として利用していることを示す。彼らは拠点と森でのキャンプを組み合わせて生活しながら、狩猟、採集、漁撈、そして放置型の農耕をおこなう。現在の生業も日和見フォレージングという形を強く引き継いでおり、彼らの生業にかんする知識には、農耕民との交流の名残とみられるものが多く含まれる点も確認する。

これに続いて、彼らが移動中に用いる語彙を手掛かりとしてバテッのナビゲーション技術を明らかにする。バテッの生業の基盤をなすのが森を移動する技術だが、彼らはそうした移動を地図やコンパスを使わずにおこなう。彼らは環境に応じて自らの位置や方位を異なる方法で確認しており、それらを組織だてる基盤として、ここでも川が重要な役割をはたす。また動植物などの食物の扱いにかんする慣習が、ナビゲーションに必要な環境認識に一役買っていることも明らかにする。

第5章では彼らの現金経済とのかかわりを陸路の発展と関係づけてみていく。陸路が発展し領域区画型の環境改変が進んだことで、彼らが食料とする野生動植物を得る森は減少した（図序—5）。しかしいっぽう、クアラ・コの近くで食料を購入できるようになり、行商人も村に訪れるようになった。そうしたなかバテッは現金を得るために森林産物を取引するようになっており、男性が現金獲得活動へ費やす時間は増加している。また彼らは多くの仲買人と取引するようにもなり、交易に充てる森林産物は多様化した。こうして多様な資源がクアラ・コに求められるようになった背景には、陸路の発達によってクアラ・コへのアクセスが容易になったことにくわえて、都市化の進行によって他地域でそれら資源を入手しにくくなったことも関係すると指摘する。

こうして得た貨幣でバテッはさまざまなモノを購入しており、現在の主食はコメが中心となっている。現金経済への依存が高まる暮らしのなか、彼らが購入食品や現金獲得のための狩猟採集活動をどう生活に位置づけているかについてもみていきたい。またさらに、従来とは異なる食物の分かち合いがみられる状況についてもふれ、社会関係の認識についても考える。拠点というメンバーが固定的な生活場所ができたうえに、保存可能な購入食品への依存が高まった現在、彼らが従来の慣習を調整しつつ暮らしていることを示す。

さらに5章の最後では、道路の建設とその利用がバテッの川筋世界の認識にどのような変化をもたらしたか考察する。一九八〇年代に彼らは生活環境の大きな変化を経験した。そのため川に沿った遊動生活を経験した年長世代とそうでない若い世代とでは、川の認識が異なることが示される。また現在バテッはバイクや車も利

図序-5　プランテーション道を歩いて釣りへ出かける

用する。こうした道路を使った移動の認識が、森のナビゲーションとは全く異なるものであることも指摘する。

そして終章では、ルビル流域とバテッの暮らしの変遷をもとに、地球環境問題と現在の我々の暮らしについて考察する。定住生活と領域区画型の環境利用という人類のニッチ構築のひとつの様式は、国家制度と結びついて広まることで、日本をはじめ多くの地域で当然視されるようになった。そして交通・運送網の発展を伴いながら進められ、グローバル経済の発展に寄与してきた。しかしそうしたなかで、土地をめぐる対立が生じたり環境の改変が人間の暮らしに負の影響をもたらすとして問題視される状況が生じている。バテッの暮らしをもとに、現行の方法以外の選択肢を探り、「持続可能な開発」にかんして新たな知見を加えたい。

＊　本書における表記

本書ではバテッの話す言語をカタカナで記した。調査は基本的に彼らの言語を学びながら彼らの言語でおこなったが、現在バテッはマレー語からの借用語も多く使用する。その関係については本文で分析するが、基本的には彼らが用いる言語を、何語に由来するかに関係なくそのままバテッ語として扱った。

バテッ語は表記法をもたない言語であり、九つの母音と一九の子音を用いる。日本語は/a/、/i/、/u/、/e/、/o/（あ、い、う、え、お）と五つの母音を基本とするが、バテッ語の母音は九つと日本語より多い。さらに日本語の音節は、「あ/a/」「か/ka/」「さ/sa/」「た/ta/」「な/na/」のように、基本的にひとつの母音もしくは、ひとつの母音とひとつの子音より成り、音節は母音で終わる。しかしバテッ語には、子音・母音・子音と複数の子音より成る音節もあり、音節が母音で終わることはない。

本書では、こうしたバテッ語の音を厳密に区別して音声記号で記すことはせずにカタカナで記した。そのため表序―1に示したように複数の母音に同じ文字が充てられている。具体的には、/o/だけでなく半開後舌円唇母音/ɔ/にもオの段の文字、/e/だけでなく曖昧母音/ə/と半開前舌非円唇母音/ɛ/にもエの段の文字を充てた（「私」を意味する［yɛʔ］のように子音/y/に続く/ɛ/については「イェ」と小さい文字で記した）。またイとウの中間のような音の中舌狭母音/ʉ/（人によっては/ɨ/と発音する）については、「チュップ/cʉp/」のようにイの段の文字を小さく記した。

子音も日本語と重なるものは日本語と同じカタカナで示したが、日本語では区別しない/r/と/l/はすべてラ行の文字、また軟口蓋鼻音/ŋ/については、後ろに母音を伴う場合は/g/と同じくガ行の文字、母音を伴わない場合は/n/と同様に「ン」で記した。さらに語末の子音が声門破裂音/ʔ/の場合には表記せず、他の子音の場合は母音がなくとも適宜カタカナで記した。なお語末の/c/は「チ」、/k/は「ク」、/h/は「ッ」と表記してある。

　バテッ語の文は基本的に主語＋動詞＋目的語という構造であり、名詞を修飾する場合には名詞の後ろに修飾語をおく。その場合、「父・私（パ・イェ）」と名詞を繋げることで「私の父」というような修飾関係が生まれる。こうして修飾・被修飾の関係にある語のまとまりは日本語の複合語のように使われることから、語のあいだを中黒（・）で繋いだ。いっぽう、「イェ チュップ（私は行く）」のように複数の語より成る文を示す場合は語と語のあいだにスペースを入れた。

　また第1章で述べるが、日本社会で大人を「誰々のお父さん／お母さん／おじいさん／おばあさん」と呼ぶのと同様に、バテッも大人を呼ぶ際に子どもや孫の名前を用いる。しかしバテッの場合は日本よりも厳密であり、大人になると「元の名前」をほとんど使わなくなり、彼らのあいだには苗字を使う慣習もない。本書でもこれに倣い、大人については「誰々の父」などと記したが、その際に使う子どもの名前は偽名を用いた。

　また植物名は主に和名を用いたが、和名がないものについては学名をカタカナ表記し、さらにバテッの知識体系で説明する場合には、バテッ語を用いて表記して補助的に和名を括弧や表で記すかたちにした。

表序-1　バテッ語の母音

発音	日本語での近似音、説明	本書における表記
i	イ	ィ
ʉ (ɨ)	ウとイの中間のような音	ュ
u	ウ	ウ
e	エ	エ
ə	エ（口を半開きにしてだす音）	エ
o	オ	オ
ɛ	エ（エとアの中間程度に口を開く）	エもしくはェ
a	ア	ア
ɔ	オ（オより口を広く開く）	オ

第1章

川とともに暮らす

1　クアラ・コ村のバテッ

二〇〇九年に初めてクアラ・コ村を訪れたその翌年の二〇一〇年一一月、クアラ・コ村で調査を開始した。筆者はこのとき日本の大学の博士課程に在籍していたが、休学してマレーシアの大学に研究員というかたちで籍をおかせてもらった。この大学はクアラ・コから車で四時間ほどの町にあり、大学の寮の一部屋を使わせてもらえることになったのである。とくに調査を始めてすぐのころは、一人になりたかったり、体調を崩したときなどはこの寮の部屋で過ごし、大学でできた友人にマレーシアについて多くのことを教わった。

調査を開始したときには政府がクアラ・コ村を設立してから一〇年以上が過ぎており、バテッは村を含め三カ所ほどを拠点にして生活していた。村以外の場所を拠点にしていても彼らは自らを「クアラ・コのバテッ（バテッ・ワス・クー）」と自称する。二〇一〇〜二〇一二年の調査期間中に出会ったバテッのうち、クアラ・コのバテッ、あるいは「この川のバテッ」と自認する人は、男性一〇〇人、女性八九人（うち子ども九八人）である。しかしこれには、他の村から「移住」してきてそうした場所へ「移住」していった人や、調査期間より後に「移住」していった人も含まれる。そのような家族や個人を除くと一二五人が、いわばこの場所、クアラ・コに「腰を据えて」暮らしていたことになる。

クアラ・コ村は、北緯四度八七分、東経一〇二度四五分と赤道近くに位置し、モンスーンの影響を受ける熱帯気候である。海岸から直線距離にして約一〇〇キロメートルの内陸であるが、海抜は一〇〇メートルしかなく、バテッがキャンプをおこなうルビル上流の森でも二〇〇メートルほどである。平均気温は二五～三〇度ほどと年間をつうじてほぼ一定だが、降水量は季節風の影響を受けて大きく変動する。一一～一月を雨期、それ以外は乾期と分けられる。

年によって異なるが、南シナ海から吹きつける北東モンスーンが強まるのにしたがって一一月より降水量が増し、雨期が始まる。小雨に時折強い雨が混じるというような天候の日が続き、月降水量が六〇〇ミリメートルを超し、より海岸に近い場所では月降水量一〇〇〇ミリメートルを超えることもある。降り続く雨によって川は増水して流れが速くなり、毎年半島のどこかで洪水が生じる。日照はつかの間日が差す程度で、地面は常に濡れた状態で、森はぬかるみ、地崩れもおきる。この時期は「洪水の季節」といわれる。

こうして一一月、一二月と洗濯物が乾かないような雨天が続いて、翌年一月の末になると、徐々に雨が少なくなり、晴れの日が増えていく。そして二月には一日中雨が降り続くことはなくなり、日照時間が長くなるにつれて雨期のあいだ休んでいた植物が活動を始める。深緑色の森には、薄緑やクリーム色、赤みがかった色の新芽や若葉が目立つようになり、花々も開花して昆虫も盛んに活動する。川の水も少なくなり、流れもゆるやかになって濁りも治まっていく。バテッはこの時期を「花の季節」とよぶ。しかし南西モンスーンの影響が強まる四月から五月にかけて雨天が続くこともあり、この時期にはキノコを森で頻繁に見かける。

その後ふたたび雨量は減少していき、七～八月には月降水量一二〇～一八〇ミリメートルほどになる。花の季節に受粉が成功したものは成熟し、漿果類が結実する季節になる。モンスーンの影響は年によって異なり、数年に一度、植物の一斉開花が生じると森に果実があふれる。これにはドリアンやランバイ、ランブタンなどが含まれ、地元の人には「フルーツの当たり年」として認識されている。

こうした季節変化に応じてバテッの生活場所も変化する。二〇一〇年末から二〇一二年のあいだにクアラ・コのバテッが拠点として利用した場所と、筆者がともに暮らした家族のキャンプ地を図1―1に示した。彼らはこうした場所を表す際に、近くを流れる川の名前や合流点の名前を用いる。三つの拠点のうち「クアラ・コ村」と記されているのが、政府が設置したオラン・アスリ村である。ここには高床式の家屋一〇棟があったが、二年の間に朽ちたり新しいのが建てられたりして、数が変動した。

さらに二〇一一年には、このクアラ・コ村にコンクリート家屋八棟が建てられた。政府が提供したものであるが、家屋には居間のような空間と個室が三部屋、トイレ、水浴び場、天井には電灯と扇風機も備えつけられている。しかしクアラ・コに電気はつうじておらず、家に水を引くパイプもすぐに壊れてしまった。そのため彼らはトイレや水浴び場を物置として使用し、水浴びやトイレは川で済ませ、山から引いてきた水道を水汲み場として使っていた。なお八棟のうち四棟は、次に述べるワス・バライを拠点に暮らす家族に支給されたため、ふだんは施錠されて物置となっていた（図1―2）。

「ワス・バライ（バライ合流点）」とよばれるバライ拠点は、村から伐採道を一・五キロメートルほど歩いた地点にある拠点である（図1―3）。ここには高床式の家屋が八棟ほどあり、二年のあいだに新しい家を建てる家族もあれば、そうした家族が使っていた古い家を後からやってきた家族が利用する、というようにゆるやかにメンバーが変化した。なお朽ちた家は、新たな家屋の材料や薪として利用されていた。この居住群に暮らすバテッが水場として利用するプルタン川は「赤い川」ともよばれ、川の水にタンニンが多く含まれ赤みがかった色をしている。

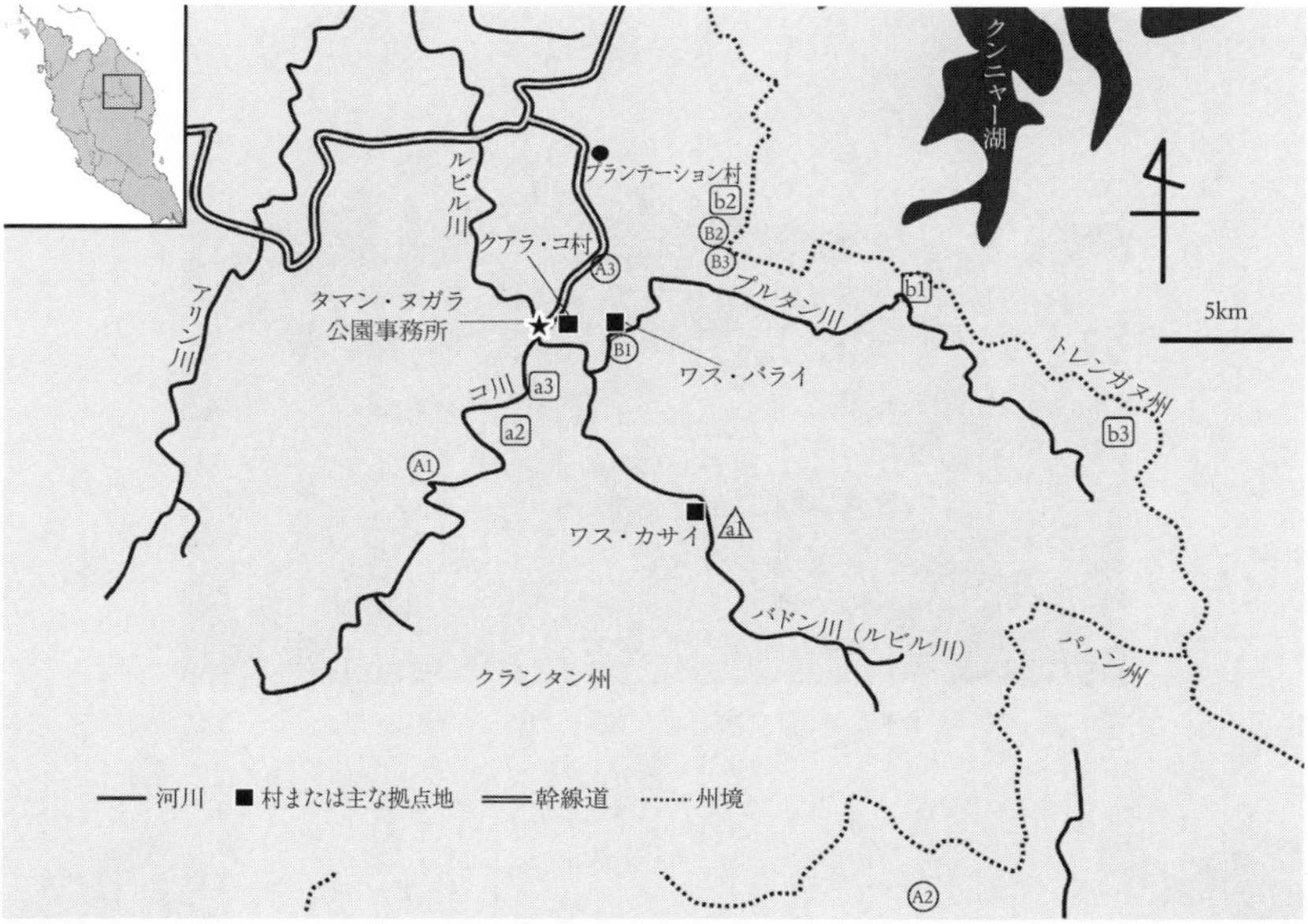

図1-1　クアラ・コのバテッの拠点地と、筆者が調査中にバソン家族とフーイ家族がおこなったキャンプ場所（アルファベットと数字で示される：本文参照）

ルビル川の村の上流五〜八キロメートルの辺りにも居住群がつくられている。場所と水量によって所要時間は変動するが、乾期なら船外機つきの小舟で一〜三時間ほど川を遡った辺りである。ここのバテッは「ワス・カサイ（カサイ合流点）」とその周辺三カ所ほどを移動しながら暮らしており、何等かの理由で居心地が悪くなったり雨が続いて地面がぬかるんだりすると、全員が別の場所に移動するか、一部の家族が移動する。移動先には数週間しか滞在しないこともあるが、そうした場所にもキャッサバやトウガラシを植えておき、そこを訪れた際に収穫するのである。そしてこの上流を拠点とするバテッは、本格的に雨期に入るころになると川を下って村の近くに移動し、二つの居住群をつくって滞在していた。川の増水によって上流の居住地が水没しそうになったためである。

図1-2　クアラ・コ村。政府支給のコンクリート家屋が建設中

図1-3　バライ拠点

村やバライ拠点のメンバーは、雨期は基本的にそれぞれの拠点地に滞在するが、雨期が明けると森でのキャンプと拠点地での生活を組み合わせたスタイルになる。いっぽう上流の人びとは、雨期になると村の近くに移動してくる。そのため雨期には多くの人が村の近くに滞在するのだが、バテッはそうした場合であっても、全員が一ヵ所に集まって暮らすことはない。彼らはひとつの水場に人が集中することがないように、いくつかのグループに分かれて居住群を形成するのである。

この居住グループは近しい親族や仲のよい人びとの集まりであり、その時々で多少メンバーが入れ替わる。森のキャンプも同様であり、キャンプと拠点地の両方において、家族数が最も多いときは一三家族四二人（うち子ども一七人）、人数が多い場合は九家族五六人（うち子ども三九人）である。またキャンプだけでなく水場も皆と違う場所を使うほどに離れて暮らす家族や、水場は他の人と共有しつつも皆から少し離れた場所にキャンプをつくって一人で生活する独身男性も存在する。

筆者がともに生活し参与観察をおこなったのは、村を拠点とするグループとバライを拠点とするグループの二グループである。調査を開始した二〇一〇年一一月、筆者は村に建ててもらった高床式の家で寝起きしていた。現地を紹介してくれた先生方が先に代金を払って家を建てるよう話をつけておいてくれたのである。けれど筆者が町の大学へ行っているあいだに若い夫婦がその家を利用し、村に戻ったときに彼らによそへ移ってもらうということが二回ほど続いた。さらに筆者は、一緒に寝たいという子どもたちとこの家で寝起きしていたのだが、コンクリート家屋の建設に携わる外部の人が村に出入りするようになると、バテッの皆が女性一人の筆者を心配しだした。そこで若い夫婦に家を明け渡してバソン家族の家で寝起きすることとし、食事の準備からキャンプまで、この家族と生活を共にするようになった。

バソン家族は、五〇代であるバソンの父と、四〇代後半のバソンの母、そして七歳くらいの男の子バソン、三歳くらいの女の子ノックより成る家族である。しかしバソンの父、母ともに再婚であり、バソンの父は前妻とのあいだに未婚の子どもが三人、バソンの母は未婚の子が一人いる。またバソンの母は死亡した妹の子ども一人の面倒もみている。この子どもたち五人は、バソン父の娘夫婦の家や、バソン父の前妻の家、そしてバソン家族の家を行き来しながら生活している。そのため、バソン家族は基本的には四人家族でありながらも、これらの子どもも気が向いたときに一緒に生活するというような暮らしである。

筆者は二〇一一年初頭よりこのバソン家族と一緒に村を拠点として暮らしていたが、二〇一二年一月末にバライ拠点へと生活拠点を移した。人間関係のいざこざに巻き込まれそうになったこと、また別の拠点地の暮らしも知りたかったためである。バライ拠点では調査の最後までフーイ家族とともに生活した。フーイ家族は、三〇代のフーイ父、二〇代後半のフーイ母、そして一〇代から五歳までの女の子四人という家族である。

この二家族を含めクアラ・コのバテッは、拠点での生活、家族でのキャンプ、そして男性のみで形成されるキャンプを組み合わせて暮らしている。具体的にどのようなものか、バソン家族とフーイ家族を中心にみてみたい。なお文中に示した括弧内のアルファベットと数字は先の図1―1に示した各家族メンバーのキャンプ地と対応する。

まずは村を拠点に暮らすバソン家族からみてみたい。村を拠点とするのはバソン家族と、その親族関係にある七家族五一人（子ども三四人）である。そこに他の家族が加わったり、一部の家族が他の拠点に移動したりするというのが日常だ。二〇一〇年末～二〇一一年の雨期にはすべての家族が村に留まり、車を利用できる若い男性が沈香採集キャンプへ出かけるような生活が続いた。

そして二〇一一年二月末の雨期明けに男性らが家族キャンプの相談を始め、二月二七日に沈香の仲買人より二〇〇リンギのつけで一〇キログラムのコメ七袋、一リットル入りの食用油七袋、一キログラム入りの砂糖七袋を受け取った。なお一リンギは日本円にすると三〇円ほどである。三月二日に、拠点に暮らす家族はこれらを携えコ川の上流にある「ピズィの母の川」という支流へ筏で移動した（Ａ1）。

キャンプ移動が決まったとき、皆は「ジョックするのだ」と喜んでいた。「ジョック」とはキャンプ移動を意味するバテッ語である。彼らは雨期のあいだ村に留まっていたため、村での生活にうんざりしていたのだろう。筆者も、やっと森での暮らしを体験できると楽しみだった。しかしこのとき、村の代表者として任命されているバソンの父は外部より訪問者がある約束だったので家族と村に残り、翌日三月三日の夕方に出発した。筏に乗って、上流へと遡っていく。とちゅう川が浅くなった箇所では、筏を引っ張りながら進む。皆の場所に着くまでに夜になったので、砂地で一晩明かし、翌日皆のところに着いた。

キャンプ中のバテッは、村にいたときと異なりとても生き生きとしていた。沈香採集、漁撈、ヤムイモの採集、そして女性は花摘みをして過ごしたが、雨が多く降って川が増水する恐れがでてきたため、一三日に村へと帰り一〇日間のキャンプで終わった。

しかしこのキャンプでは物足りなかったのか、バソンの母は四月に「魚をたくさん食べるため」に子ども二人を連れてバドン川の上流へ他の家族と一緒にキャンプに出かけた（△のａ1）。そして四月三日より九日間、バドン川の上流に滞在して大きな魚をたらふく食べたのだという。興味深いのは、このときバソンの父が彼女と「離婚した」と語っていたことである。夫婦の意見が一致しない様子もみていたのでこれを聞いた筆者は、この先バソンの父と二人で生活するのも気まずいし、どうしようかと心配していた。しかしキャンプから戻ってきたバソンの母と子どもたちは、以前と何ら変わりなくバソンの父との生活を再開した。行政的な手続きをへずに「ともに暮らす」状態が「結婚」を意味する彼らにとっては、夫婦仲があまり良くなく別居状態になるのも「離婚」とみなされるようである。

その後は女性と子どもは村に滞在し、ときおり男性らが森林産物採集キャンプに出掛けるという日が続いた。そして八月にバソン家族は一〇日間親戚訪問(A2)のためパハン州へ出かけたが、筆者は同行できなかった。このときバソン家族は、ルビル上流より山越えしてパハン水系のテンビリン川筋へ移動するというルートで移動した。バソン家族が村に戻ってきた後は、バソンの父がトレンガヌ州へ二泊三日の沈香採集へ仲間と出かけたほかは、家族全員が基本的に村に留まり、ふたたび家族キャンプがおこなわれたのは一〇月二六日だった。

このキャンプの目的はトウ採集であり、キャンプ場所は村より下流のバド川(A3)であった。バド川といっても舗装道路沿いのプランテーションの脇を流れる川が水場である。段々畑のようになったプランテーションの平らなところにそれぞれビニルシートで簡易な家をつくって寝起きしたが、プランテーションはヘビの餌になるネズミが多いのか、毎晩二匹はヘビに出くわすという始末である。さらに雨期の始まりで地面は常に濡れた状態であった。夜間よその家族のもとへ行くのも水場へ行くのも、懐中電灯で足元を照らしながらヘビに気をつけつつ、足を滑らさないように歩かねばならない。バテッはよく滑る濡れた赤土の地面を歩くのに慣れているが、筆者はどうしても足を滑らせてしまう。快適とはいえない夜が続いて、筆者はもう二度とプランテーションでのキャンプには同行しない、と心に決めたのである。しかし彼らも同じように感じたのか、その後はプランテーション内でキャンプすることはなかった(図1—4)。

このキャンプ中バテッは、バド川上流の森でトウ採集をしたり、女性はプランテーション内で釣りをしたり

図1-4　車道からプランテーションのキャンプを望む

して過ごした。さらにキャンプ中には、バソンの父は男性三人で、一一月八～一二日（a2）と一一月一四～一五日（a3）の二回、歩いて沈香採集のキャンプに出かけた。

そして一一月一五日にすべての家族がバド川から村へ戻った後も、バソンの父は男性数名と一緒に一二月二四～二五日と一泊のキャンプをしている。現金獲得に充てる森林産物を探しにルビル中流のルライ川へキャンプに出かけたのである。このときは筆者が車で送迎した。バソンの父らは「少なくとも三泊はする」と言っていたのに、キャンプ地まで車で送った翌日、なぜか迎えにくるようにと電話がかかってきた。収穫があったのかと尋ねると、「とくに何も獲れなかったが帰る」というので、ちょっと拍子抜けしながら迎えに行ったのである。

筆者が村を拠点に生活した二〇一〇年一一月～二〇一二年一月の一四か月間のバソン家族の

家族キャンプは計三七日であり、一回のキャンプ滞在日数は平均一二日である。雨期と乾期に関係なく計算すると、一四か月の一割にも満たない日数である。しかしバソンの父は、これにくわえて森林産物採集キャンプに計八日出かけている。これは少ない方だが、彼が孫のいる祖父世代（五〇代後半）であることを考えると、際立って少ないわけではない。彼は再婚して幼い子どもがいるため「バソンの父」とよばれているが、実際にはその子どもより年長の孫をもつ祖父母世代である。こうした理由に加えて、バソンの父は政府より村のリーダーに任命されているために、彼自身がなるべく村に滞在していなければならないと感じていること、また一緒に生活する筆者に事故があってはいけないと、とくに調査初期のころは非常に気にしていたことも、キャンプ日数の少なさに関係すると考えられる。筆者が森で事故にあう危険もあるが、バソンの父は筆者が外部の人と何等かの問題が生じないよう気にしていた。よその人と出くわす可能性のあるプランテーションを通り抜けて森へ出かけ皆と楽しく過ごしていると、使い走りの子どもが追いかけてきて、早く帰って来るようにと、一緒にいたバテッとともに連れ戻されることが度々あったのである。

そして二〇一二年一月末、筆者はバライ拠点へと移動した。ここにはフーイ祖父母とその娘夫婦を中心とした六家族三二人（子ども二〇人）が暮らしており、そこに他の親族が増えたり減ったりする。このバライ拠点も雨期は多くの人が拠点に滞在していたが、トウの採集キャンプに出かけている男性もおり、フーイの父も二月八日まで一三日間プルタン川の上流にキャンプ（b1）していて不在だった。そして彼らがバライ拠点に戻ってきた二日後の二月一〇日、雨が少なくなってきたということで彼らを含むバライ拠点の全員が拠点から数百メートル離れた森へ移動した（B1）。たいして遠くに行くわけではないのに、バテッは「ジョック（キャンプ移動）するのだ」と浮足立っており、子どもたちに至っては出発前からまとめた荷物をしょって歩き回るなど、ピクニックに行くような様子である。

こうして移動した場所は、水場にした川に降りるまでに砂地の坂を下る必要があり居心地が悪かったため、二月二三日に川の対岸（B1）へと移動した。その後しばらくはここに滞在し、男性は上流で大きい魚を獲ったり、女性は森で花摘みやヤムイモ採集をしたりして楽しく過ごした。森の恵みを満喫する毎日という感じである。そして三月一六日、仲買人のトラックでキャンプ移動するためにバライ拠点へ戻った。

三日後の三月一九日、仲買人のトラックと筆者の車、そしてバイク一台でプルタン川上流の支流（B2）へと移動することになった。仲買人のトラックがバライ拠点に到着したら、皆は荷物を持って荷台に乗り込む。さらに子どもたち数名は、日本の軽自動車にあたる筆者の小さな車の後部座席にギュウギュウに乗り込む。そしてバライ拠点を出発したら、助手席に乗ったバテッの男性のガイドに従いつつ、舗装道からプランテーション道へとトラックを追って車を走らせる。しかし赤土のプランテーション道は状態が悪い。大きくえぐれた箇所で車の腹をこすらないよう、タイヤを載せる場所に気をつけてゆっくりと進むうちにトラックは見えなくなってしまった。さらに傾斜が急な砂利道では手前から加速して登るが、途中でタイヤが砂利にとられて空回りしてしまう。急いでサイドブレーキを引いて体勢をたてなおし、どうにか登りきる。坂の片側は崖である。まさかこんな道を軽自動車で走ることになるとは思っていなかったが、マレー語でマメジカを意味する「カンチル」という名の小さな車は以外と逞しく、到着までに一番疲れていたのは、ギアーを切り替え緊張状態が続いた筆者の足とハンドルを握っていた手だったのかもしれない。

こうしてバライ拠点から道路に出てプランテーション道を通って到着した場所が、バライ拠点の近くを流れる川の上流だというのはとても変な感じがした。しかしバテッはこの場所を「トム・チェナロ（チェナロ川）」

とよび、プルタン川の上流の支流だといっていた。最初のころ良い水場を求めて数百メートル移動することはあったが、バライ拠点の家族とパハン州から来た数家族と一緒にこの場所に約一か月半、五月三日まで滞在した。

そして五月三日にふたたび仲買人のトラック、筆者の乗用車、バイクでキャンプからバライ拠点に戻った。その後は、拠点に留まる家族とパハン州へ行く家族、そしてルビル最上流の果樹園跡地へ行く家族などに分散した。フーイ家族もバライ拠点に留まったが、フーイの父は六月二〇～二八日（b2）、七月一三～一九日（b3）と二回、プルタン川の支流とプルタン上流へと歩いてトウ採集キャンプに出かけている。そしてふたたび八月二日に家族全員がプルタン上流の支流（B3）へと移動した。このとき一部の人びとは筏で、残りの人は陸路で移動したが、筆者は帰国のために町へと戻った。

バライ拠点のフーイ家族は、二〇一二年一～八月までの約七か月のうち七九日を森のキャンプで過ごした。乾期の七か月間のうち三割を森のキャンプで過ごしたことになる。一回のキャンプ滞在日数は平均三九・五日と、村を拠点とするバソン家族よりも長い。また三〇代のフーイの父は、家族が拠点に滞在中も森林産物採集キャンプに二七日出かけており、これは家族が拠点に滞在する期間の一割ほどの日数である。

バソン家族とフーイ家族を中心にみてみたが、若く子どものいない男性は、これよりも頻繁に移動しており、いつクアラ・コに戻りいつ出ていったのかわからないほどである。こうした人は徒歩や筏で出かけるだけでなく、車やバイクも利用する。クアラ・コのバテッにはバイクを所有する人が数名いるほか、車も一～二台ほどある。これらは安い中古車であるため頻繁に故障して使えないことも多いが、他の村に暮らす親戚の車で一緒に森へ行く若者も多く、他の村の親戚訪問も頻繁におこなわれている。

クアラ・コ村のバテッの親族が暮らすオラン・アスリ村の位置は図1—5のとおりである。クランタン州ではルビル川筋のパスィル・リンギ村（ルビル村）とアリン村、トレンガヌ州ではスンガイ・サヤップ村とスンガイ・ブルア村、そしてパハン州ではスンガイ・サット村（サット川の上流）に彼らの親戚が暮らす。村の名前に使われている「パスィル」とはマレー語で「砂州」、「スンガイ」は「川」を意味する。

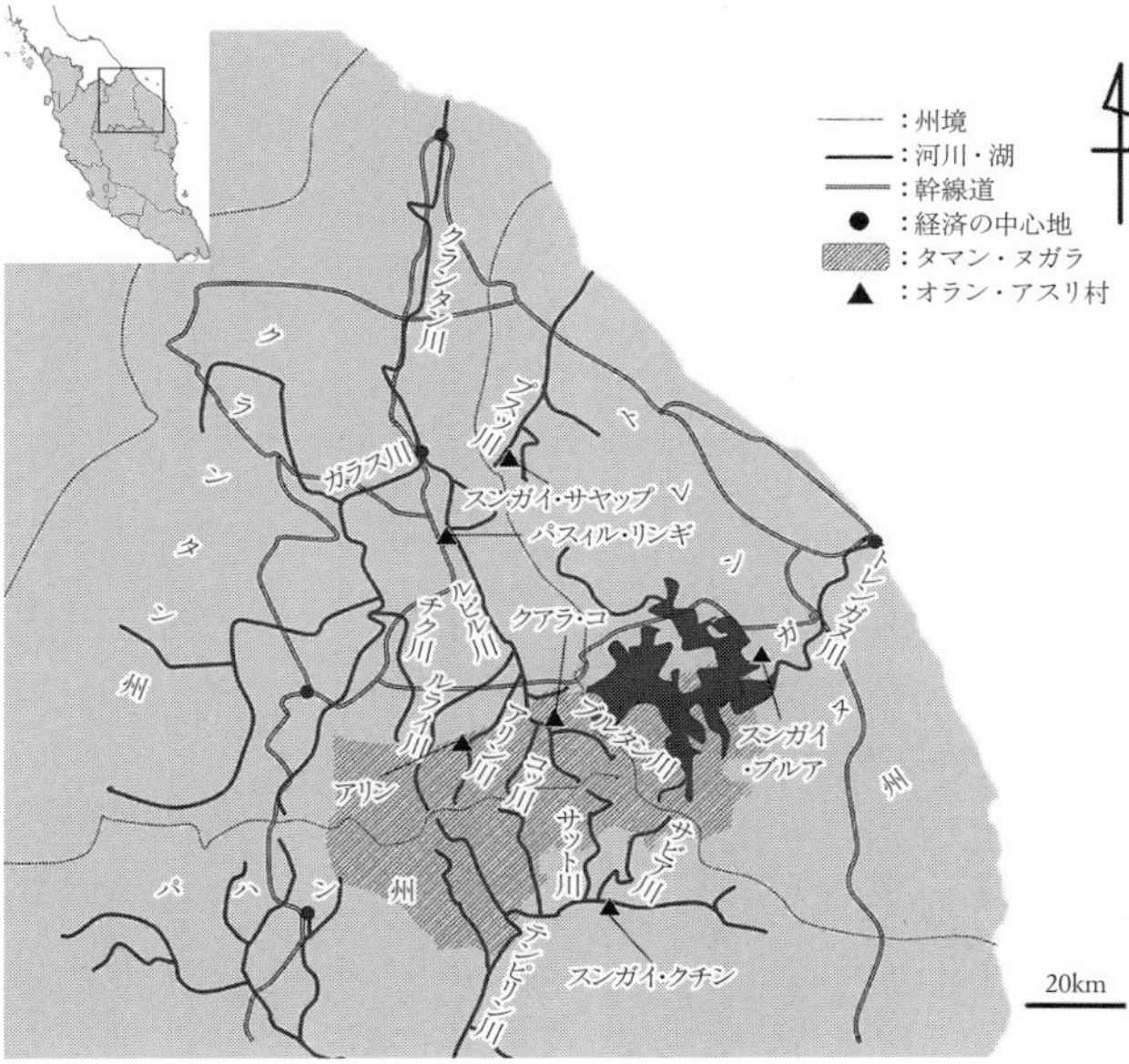

図1-5　クアラ・コ村と親戚の暮らすオラン・アスリ村の位置

クアラ・コ村のバテッはこうした村の親戚を頻繁に訪問しており、クアラ・コ村にも頻繁によそからの訪問者がある。そして訪問者は、数日から数か月、ときには一年以上もクアラ・コ村に滞在する。これはクアラ・コのバテッについても同様である。パハン州のスンガイ・サット村を除くとこうした村との往来には、車やバイクの利用が必須である。しかし彼らの親族関係は、近年彼らが車やバイクを使うようになってから結ばれたわけではなく、上の世代で形成されたものである。当時バテッはどのように往来していたのかという疑問が生じるが、これについては次章で考えることにしたい。

2 移動を伴う生活と川

ひとところに留まらずに暮らすバテッは、どのような感覚で生活場所を移動させているのだろうか。日本語には「居を構える」という表現があるように、いったん家を建てたらそこに留まって生活することが当然視されている。しかしバテッにとって「住まう」ことは、それとは異なるものなのだろう。日本語の「家」にあたるバテッ語は「ハヤ」という語だが、これは日本語の「家」と全く同じ意味ではないと考えられる。

これについて確認するために、まずはバテッがどのようなものを「ハヤ」とよぶかみてみたい。バテッはハヤという語を、拠点地に建てられた高床式の家（ハヤ・プルパ・マナ）や、キャンプ中に使われるほぼ屋根だけのシェルター（ハヤ・ルー）を表す際に使う。短期間で朽ちてしまうようなものにも、数年使えるようなものにも用いることから、彼らがこの語をその「家」の耐久性とは関係なく使っていることがわかる（図1―6）。

さらに彼らはこの語を、政府が提供したコンクリート家屋を表す際にも使う。しかしコンクリート家屋については、建物全体だけでなく、個々の部屋を表す際にもハヤという語を使う。こうしたことから、ハヤという語は、素材や大きさ、耐久性に関係なく、人が入って使う空間にたいして使われる語であることがわかる。筆者がとても興味深いと思ったのは、バテッは閉じて置いてある蚊帳については「クランブー」とマレー語の「蚊帳」という語を使うのにたいし、広げて吊るされた状態の蚊帳は「ハヤ」とよぶことである。彼らは物質とし

図1-6　少女がつくった彼女専用の家（ハヤ）

ての蚊帳（クランブー）と寝る空間としての蚊帳（ハヤ）を区別しており、家というよりも「生活のスペース」にたいしてハヤという語を使うのである（図1―7）。

物質的側面の認識が薄いハヤは、誰かに所有されるモノになることがない。特定の人が利用していればその人に使用権が認められるが、利用者が遠くへ行って誰も使っていない場合には、別の人が使っても構わない。調査初期に筆者が町の大学へ行っているあいだに、バテッの夫婦が「筆者の家」を使っていたのも、こうした認識があったためなのだろう。さらに彼らは一緒に暮らしていた家族が死亡した場合にも、別の場所へ移動するか新しいハヤをつくって生活する。その人の思い出の染み込んだ空間で生活していると、ふとした瞬間に「ここであの子がこんなことをした、あんなことをした」と思い出して悲しくなってしまうのだ。

図1-7　年長のバテッ。寝るときに使う蚊帳が吊るしてある

バテッがつくるハヤは数日から数年で朽ちてしまう消耗品であることもあり、所有されるモノという感覚が薄い。政府が特定の家族を支給対象に指定したコンクリート家屋についても、施錠されて物置となるものもあったが、二年のあいだに三回も利用家族が交代するものもあった。さらにある家族は支給から三年目にスンガイ・ブルア村へ移動していってしまった。次にその家を利用する家族は彼らの近しい親族であったが、もちろん彼らがこの家族に家の使用料を支払うようなこともない。不動産という土地に固定された所有可能な財産としての家に暮らすのではなく、生活のための空間というハヤで生活するバテッは、特定の場所に縛られずに生きてゆけるのである。

1……ジョックと川

生活空間であるハヤを意図的に移動するのが、バテッの「キャンプ移動」、ジョックである。さきほど便宜的にジョックを「キャンプ移動」と述べたが、バテッは拠点地に移動する場合もジョックという語を使う。ジョックするときは、財布など普段より持ち歩いている貴重品にくわえて、ナベやゴザ、掛布などの日用品も携えて移動する。バテッにとってジョックとは単に新しい場所に移る行為なのでなく、移動とともに新たな気持ちになる活動である。だからこそ拠点で長い時間を過ごしたバテッは、雨期明けのジョックを楽しみにしているのだ。

ジョックはバテッの移動生活を象徴する語であり、過去にルビル流域で調査をおこなったエンディコットはこの語について「居住場所を移動すること」だと述べる（Endicott 1979）。またパハン州のバテッについて調査したライは、「ある場所から別の場所へ旅をすること」と説明している（Lye 2005）。しかし、ジョックの行先がどこでもよいというわけではない。序でみたようにバテッは道路や伐採道、プランテーション道を使ってキャンプ移動をすることもあるが、ジョックの目的地は、「プヨ合流点（ワス・プヨ）」や「フンプール川（トム・フンプール）」というように水系と関係づけて表現される。場合によっては親族名を使ってジョックの目的地を表すこともあるが、そうした場所にも必ず彼らが水場として利用する川の名前が地名のように存在する。

このようにジョックの目的地が河川と関係づけられているのは、川がバテッの生活の中心であるためである。バテッは川で飲み水や調理用の水を得るだけでなく、水浴びをしたり、食器や衣類を洗ったり、さらにはトイレとしても川を利用する。季節や人によって違いはあるが、彼らは一日に少なくとも二回は水浴びをする。年長者ならまだしも、活力のある人は一日三回水浴びをするのが理想的とされるようだ。

乾期で暑いときならいいが、筆者はどちらかというと、雨期で肌寒いような朝に冷たい水で水浴びをするのは遠慮したい。温水ならともかく、十分に目覚めてない身体を冷たい水につけるのは気合がいるし、雨期の川の水は濁っている。しかし朝の水浴びをせずにそ知らぬ顔で過ごしていても、家族の誰かに尋ねられて判明してしまい、食後の皿やスス汚れた鍋を入れたタライと水汲み用のバケツを持って水場へ行く羽目になってしまうのである。

バテッの生活は川と密接な関係にあり、川なしでは生活は成り立たない。道を使って移動する場合でもジョックの目的地に河川名が用いられるのは、こうした理由があるためである。そしてさきほどのハヤという語についての理解をふまえると、ジョックというものは、異なる水場を利用するところまで意図的に生活のスペースを移動させる行為であることがわかる。バテッはキャンプを数百メートルしか移動しない場合でもジョックという語を使うが、これは彼らが移動距離ではなく、使用する水場を変えるかどうかという点を重視してこの語を使うからだ（図1―8）。

さらに、バテッが川に沿って移動する暮らしを送ってきたことも目的地が水系と結びつけられていることに関係する。とくに荷物を持って移動する際は筏を使うと早く遠くへ移動できるので、彼らは筏を活用する。図1―9に示したように、バテッは筏で川を移動する際の目印を細かく分類している。図に挙げた語にはマレー語に由来する語も含まれるが、これはバテッがマレー人と交流してきた歴史を物語っているのだろう。

図1―9にあるように「ワス」とは川や支流の河口、分岐点ないし合流点を意味するもので、川を移動するときの重要な目印だ。バテッはこの語を「ワス・チェモール（チェモール合流点）」というように川の名前と一緒に使い、川を移動するときには「チェモール分岐点」として認識する。つまり川の合流点は、川を移動するバテッにとっては分かれ道を示す場所なのである。

またここに示されているのは単なる目印であるのみならず、彼らが筏を操縦する際の手がかりでもある。たとえば「ラタ」は流れの速い浅瀬を意味し、この場所では誰かが筏を降りて筏を引っ張って歩く必要がある。また「ザム」とは曲流の内側の浅い部分のことであり、ラタと違って筏を降りて引っ張る必要はないが、座礁しないよう慎重に漕ぐ必要がある。さらに筏を漕ぐときは「トゥルック」にも気をつけなければならない。

図1-8　筏でキャンプ移動（ジョック）する家族

十分な筏の漕ぎ手として信頼されていない筆者は、一人で筏に乗ろうとするとバテッに止められてしまうのだが、それでもちょっとのあいだ筏の舵取りを任されることがある。そうしたときに気をぬいてぼーっと景色を楽しんだりしていると、別の筏に乗ったバテッに大声で「トゥルック、トゥルック」と注意されることがある。大体こういうときは、筏がするすると曲流に引き込まれている最中である。トゥルックは曲流の外縁にある深みをさし、ここは棹が届かないほどに川底がえぐれているうえに流れが渦巻いている。その流れに捕らえられると竿や手で筏を漕いで流れから抜け出さなければならず、一苦労なのだ。

砂州を意味する「パスィール」は、筏の停泊に適した場所である。川岸の多くは土の急な斜面となっているが、パスィールはなだらかな砂地であるうえに周囲の流れも緩やかなため、筏

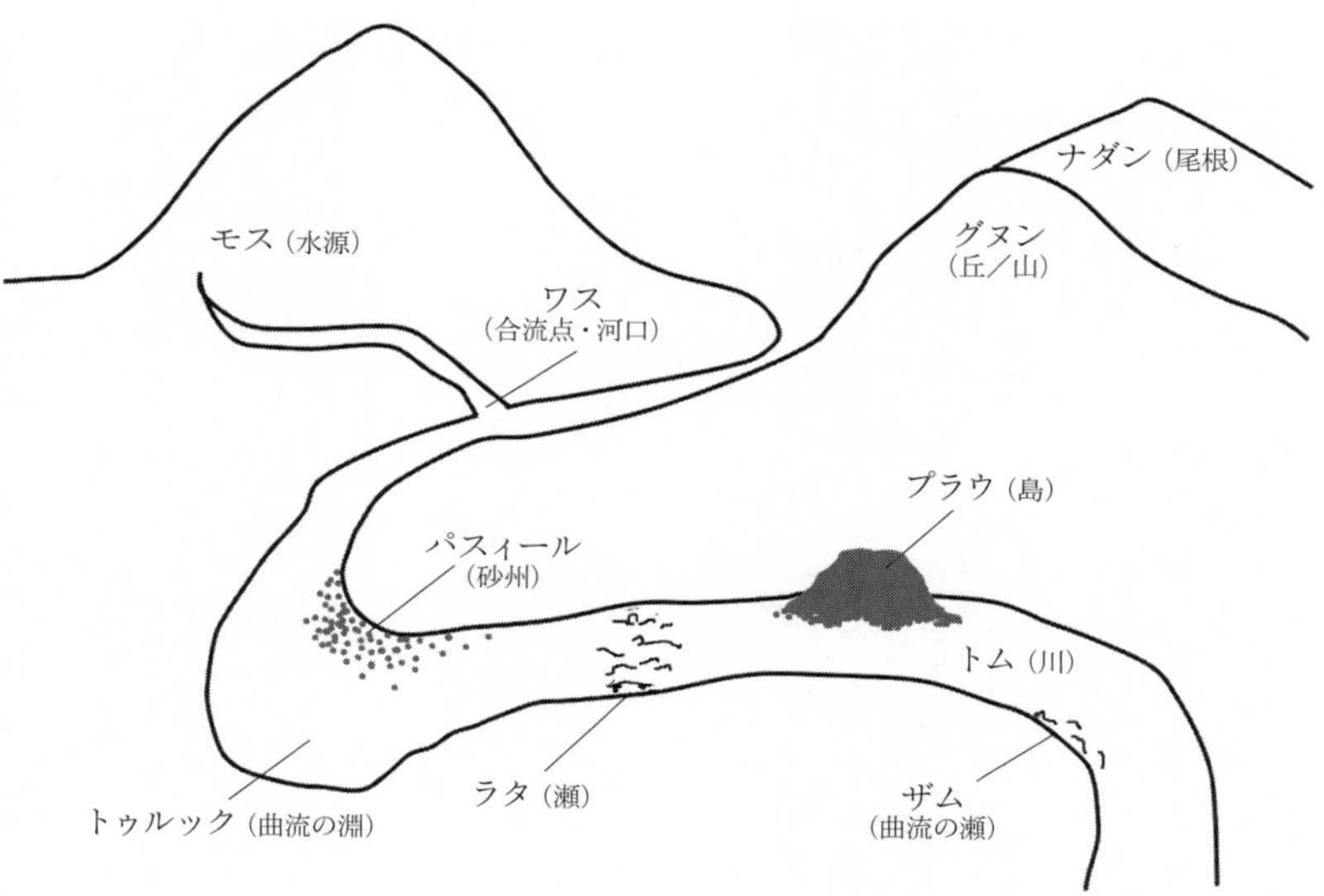

図1-9　地形と川にかんするバテッ語

を泊めてすぐに上陸できるのである。また「プラウ」とは島のことで、川のなかでもとくに目立つ目印である。

バテッはこれらの目印を、その近くを流れる川の名前を使って区別する。たとえば、カサイ川の近くにある浅瀬は「カサイ浅瀬（ラタ・カサイ）」、カサイ川の集水域にある山は「カサイ山」という具合である。さらにバテッはカサイ川、チェナロ川、何々川、というように本流に流れ込む川の名前を順番に記憶しているので、さまざまな地理的特徴をそうした川と結びつけて認識することで、浅瀬や曲流などに差し掛かったときに自分の位置を確認することができるのである。

2……季節と移動

川はバテッが時の流れを認識する際にも大きな役目をはたす。なかでも重要なのは「バンジール（洪水）」である。降り続く雨と川の増水は、時の流れを区切る特徴的な期間として意識されており、バテッは「バンジール」という語を「洪水の季節（ムスィム・バンジール）」というように使うだけでなく、さまざまな文脈で用いる。

たとえば長期調査を終えて日本へ帰国した筆者が、翌年の二〇一三年八月にふたたび彼らを訪れたときのことである。数名のバテッと一緒にドリアン採集のキャンプに出かけ、筏で川を下ってバライ拠点へと帰る途中でンガ島に立ち寄った。ここに置き忘れたという特別なヤムイモの苗を持ち帰るためである。ンガ島はハヤの柱として使われていた棒が立っていたりビニル袋が落ちていたりと、生活の跡地であることが一目でわかる場所だったが、一緒にいたフーイの父が「バンジールのときに我々はトウの仕事のためにここにジョックした」と説明した。

バンジール中、つまり洪水中にバテッがこうした川岸にキャンプすることはまずない。さらにこの発言に続いて彼は、二〇一三年五月に亡くなった彼の姉がこの場所で病気になったという思い出を語ったことから、雨期明けの二〜四月にそこに彼らが滞在していたことがわかる。つまりフーイの父は「バンジール」という語を、時の流れを区切るひとつの標識として用いているのである。

さらにバテッは「バンジール」という語を、「年」という意味でも使う。普段バテッが過去のある事点について述べるときには「誰々が生まれたとき」や「何処へジョック（キャンプ）したとき」というように、そのとき生じた出来事を用いて時を表す。しかしその思い出を共有しない筆者がいつのことか尋ねると、「一、二、三バンジールだ」と、指を折りながら当該の時点から話している現在まで何回バンジールが経験されたかを表してくれるのである。未来に関しても同様であり、筆者がふたたびいつ彼らを訪れるかについて尋ねる際にバテッの年長者は、「一バンジールか、それとも二バンジールか」と訊くのである。

こうしたバンジールを大きな区切りとする時間軸上では、雨期（ムスィム・バンジール）の次に「花の季節（ムスィム・ブンガ）」が訪れる。この時期には森に花が溢れ、また川で魚もよく獲れる。そのためバテッは浮足立って拠点地から森へとジョックを始める（図1―10）。

移動の最初にとりかかるのは筏づくりである。バテッは直径一〇〜一二センチメートルの竹を八本ほど繋げて筏をつくる。長さは四〜六メートルほどといったところだ。彼らは川沿いのどの辺りに竹が生えているか知っているので、まずはそこへ行って竹を切り出す。筏づくりには生えてきて三年以上の竹が良い。なお二年目の竹は櫛をつくるのにちょうどよい。男性が斜面に生えている適当な竹を切って川側へ滑り落とすので、川原で待っていると、竹が倒れる音に続いて「オー」という声で合図があり、斜面を竹が滑り降りてくる。途中で引っかかってしまうこともあるので、そうした竹は手で持って引きずり降ろしてやる。

ちょうどよい数が集まったら、今度はそれらを川原か浅瀬に並べて置く。そして両端と真ん中あたりに横木を渡して、竹と一緒に縛って固定してやればよい。さらに余分な竹がある場合には、一メートルほどの長さに切って筏の真ん中あたりに六本から一〇本ほど置いて固定し、子どもが座ったり荷物置場として使ったりする台とする。バテッが数名乗るにはこのくらいの本数で十分だが、トウなどを運ぶために大きい筏が必要なときには、さらに竹を足してやる。

使っているうちに竹が古くなると浮力が弱まり、段々と水が滲み沈んでくるので、そうした場合には一部を新しい竹と取り換えたり、別に新しい筏をつくったりする。筏はシーズン毎の使い捨てであるため、翌年にはまた新たに筏をつくる。雨期が終わってすぐの川には、ところどころ前シーズンの茶色い筏が引っかかっているのだが、それは使えないのである。

花の季節の後には、雨がまったく降らない日が続く「乾期（ムスィム・クマラウ）」になる。北東モンスーンから南西モンスーンへと切り替わる時期である。クアラ・コ周辺の川の水は減少し、普段は見えない川底が見えることもある。気温が上がって非常に暑くなり木陰のない村で過ごすのは辛くなるため、バテッは森にキャンプするか日中だけ村から森に避難して過ごす。森の方が涼しく過ごしやすいのである。またこの時期は一日に何度も水浴びをして体を冷やす。さすがに筆者も夜中も熱く体がほてるため、朝から夜まで何度も水浴びをする。

こうした乾期の後には、ふたたび雨が降る日が続くことがある。南西モンスーンの影響下に入ったことを示す降雨である。二〇一一年は四月末から五月上旬だったが、その数日間には白い卵型のカサをつけたシロアリタケ（*Termitomyces albuminosa*）が一斉に生えてくる（図1—11）。シロアリタケは他の時期にもまばらに生えはするが、気象条件が合うと一斉に生えるのである。このためバテッは、このキノコを「クラット・タフン」とよぶ。「クラット」は菌類を表す語であり、「タフン」はマレー語で「年」という意味だが、バテッ語では「時節の、時季の、季節の、旬の」といった意味である。

そしてこのキノコはバテッの好物だ。普段の採集活動は女性が従事することが多いが、このシロ

図1-10　花飾りをつけて一服。若葉が顔に垂れかかるのが良いという

アリタケについては男女ともに採集にくりだす。シロアリタケは、キノコシロアリ（*Macroterm itinae*）の巣から子実体（キノコ）を発生させるキノコである（日本菌学会 二〇一三）。プランテーションに大量に生えるので、大きな袋を持って家族総出で出かける。朽ちたアブラヤシの葉の陰などに白いカサが密集して生えるのを見つけたら、キノコの柄を根本の方で掴んでまっすぐ上に引っ張ると、三〇センチメートルにもなる柄が地中より抜けるのである。一時間も採集すると一キログラムを超えるので、それらを洗って茹で、食用油、トウガラシ、そして塩と味の素で味つけすると、シャキシャキと歯ごたえのあるおかずになる。これが非常に美味なのだ。なおこのキノコとりは、キノコが地中から出てきたばかりでカサが開ききっておらず、綺麗な状態である午前中に採集するのがよい。またこうして白いシロアリタケが採れる時節（タフン）は、白いドリアンの花が咲くころでもある。

そして七月頃には、花の季節に受粉したものが結実する「果実の季節（ムスィム・プロ）」になる。しかしバテッによると、毎年、果実の季節が訪れるとはかぎらない。バテッは森の漿果が一斉に結実し、毎日ドリアンを食べても有り余るというような場合にのみ「ムスィム・プロ」という語を使う。そして少ししか結実がないような年には、「季節がない（ネン ムスィム）」と嘆くのである。

「ムスィム」はマレー語で「季節」を意味する語で、バテッはそれを借用したと考えられるが、興味深いのはその使用法である。日本の感覚だと、一月、二月と時が流れるのに従って春・夏・秋・冬と季節が変化していくようにイメージされるだろう。しかしバテッの場合は、時が経過すれば自然と次の季節が訪れるのではなく、結実や開花といった自然の変化を強く感じられる時分が「季節」なのである。そのため、毎日ドリアンを食べることが期待されている時期に結実がなく、その時節が経験されないと、彼らは「季節がない」と嘆き、ドリアンを採取できる果樹園跡地へキャンプ移動することなく過ごす。

日本では、七日で一週間、三〇日で一か月、というように決められた暦に基づいて計画をたてて行動するのが一般的である。しかし自然の変化にもとづくバテッの行動は、その時々、さらに年によって異なる。熱帯のこの地域では、年間をつうじて日照時間や気温はほぼ一定であるいっぽう、モンスーンの影響によって雨量が変化し、降雨に応じて動植物の活動にリズムが生まれる。しかし雨量は年によって異なるため、森の変化は変則的であり予想が困難である。こうしたことも、状況に応じて活動を変化させるバテッの営む「日和見フォレージング」という生業様式に関係しているのだろう。

図1-11　大きなシロアリタケ(クラット・タフン)

バテッは川や森の状態にくわえ、イスラーム暦や太陽暦に基づく外部者との関係も考慮して生活場所を決定する。たとえばイスラームの断食月の後半になると、断食明けを祝う食料を持って政府系団体やNGO、宗教団体が村を訪れる。そのため彼らはこの期間は拠点地の近くに滞在する。また週末にはNGO団体が食料や衣類などの寄付に訪れることもある。こうした訪問がなされるときは事前にクアラ・コの誰かに電話が入る場合が多い。そのため報せがあったときは、キャンプに出かける予定を先延ばしして拠点地で訪問者と届けられる物資を待つのである。しかし待っていても約束した日時に約束した人が現れないことも珍しくないので、そうなると彼らはしびれを切らしてキャンプを移動する。そしてバテッが移動した後に約束していた人が無人の村を訪れ、クアラ・コのバテッは一箇所に留まれない人たちなのだと愚痴をこぼしたりするのである。

3　川とともに生きる

季節や状況に応じて生活場所を移動するバテッにとって、キャンプ地や拠点は新たな命が誕生する場所でもある。病院へ行かずに出産するバテッの場合、そのとき滞在していたキャンプや拠点が赤ん坊の出生地になる。そしてこうした場所は川と結びつけて認識されている。クアラ・コのバテッは誰がどの川のキャンプで生まれたかを知っており、個人の誕生は川と結びついた集団の記憶として共有されているのである。

マレーシアの狩猟採集民においては、このような慣習はバテッに限ったことではない。バテッと通婚がみられるスマッ・ブリ（Semaq Beri）も、個人が生まれたときに滞在していた川を「フナニ」とよんで、その人と結びつけて認識するそうである（口蔵 二〇〇四）。本節ではまずこうした個人の誕生をつうじた川との結びつきをみていく。

続いて、彼らの結婚や社会関係の築き方についてみていきたい。「ご近所」が固定され、特定の人びとと近隣関係を築く定住生活とは異なる暮らしを送るバテッの場合、結婚や他者との社会関係の築き方も特徴的だと予想される。しかし生活場所が固定していないとはいっても、バテッと川の結びつきは確固として存在する。最

表1-1　ライフステージの区分と呼び名

（○○には子や孫の名前が入る）

成長・ライフステージの目安	男性	女性
誕生して間もなく	ブラコ	
首がすわるころ〜	アワッ・カネ	
一人歩きするころ〜	アワッ	
思春期以降	ジュマガ	クダ
子の誕生以降	エイ○○／パ○○	ナ○○
孫の誕生以降	タ○○	ヤ○○

後に彼らの呼称にかんする慣習から、生活場所を移動させても川との繋がりを保つ秘訣を探ってみたい。

表1―1にバテッのライフステージの区分を示した。これを参考にしつつ、彼らの川とともにある生涯をみていくことにする。

1……誕生と命名

その昔バテッは、キャンプから離れた場所に出産用の小屋をつくってそこで出産し、出産後の小屋を汚れた場所とみなしたという(Endicott 1979)。しかし現在では、そのとき滞在していた川の近くの家やキャンプが出産場所であり、ときたま病院で出産することもある。バテッのお産は、妊婦の母親や夫の母、さらに助産経験の豊富な親戚の女性が手伝っておこなわれる。出産はマレー語と同じで「ブルサリン」というが、「誕生」については「大地に降りる（サー バテ）」と表現する。なお彼らは母親の胎内にいる子を「マコッ」とよび、これは「妊娠」を意味する語であると同時に、鶏の卵など卵全般を表す語でもあることは興味深い。

出産に関連する事柄全般をバテッはムリエンとよび、植物を使って対処する。まず生まれた子は、スヌワという植物入りのぬるま湯で沐浴する。これにはショウガ科のグロッバ属（*Globba* spp.）やカンプタンドラ属（*Camptandra ovata* ほか）を使う。どちらも丈の低い植物である。アカネ科の植物（*Ophiorrhiza discolor*）も使うことがある。あるバテッは、スヌワとして用いる植物を「森の草（ルンプット フット）」と表現していたということから、背丈の低い植物が選ばれるのだと考えられる（Endicott 1974: 99）。

そして生まれた子どもや出産後の母親の腹は、植物の灰でやさしくマッサージしてあげる。これをムラセックといい、チャテンあるいはクラウェールというキンバイザサ科の植物（*Molineria* spp.）や、キジカクシ科の植物（*Peliosanthes* sp.）を使う。科は異なるが、どちらも大きな笹のような葉をつける植物であり、その葉を燃やした灰を使う。またショウガ科のハナミョウガの一種（*Aplinia petiolata*）の葉を湯がいて母親の身体に湿布することもある。

生まれた子をバテッは「ブラコ」といい、生まれてすぐには命名しない。もし仮にこのあいだに死亡したら、死亡後は「あの誰々の子ども」というように話題にされるようになる。乳児はこの時点では、十分なバテッとみなされていないのである。

そしてある程度成長して適当な時期に、母親や祖母が子どもをどのように呼ぶか決める。命名の時期は場合によって異なるが、生後三か月から六か月ほどが多い。しかし出産時や出産後に母親が死亡した子の場合は、さらに遅くなることもある。こうして名づけられた名前は「生まれ名（クンモ・アサル）」という。バテッがつける名前は、そのときキャンプしていた川の名前や、母親が妊娠中に経験した出来事に関連する動植物の名が用いられることが多い。また女児は母親の名前、男児は父親の名前の末尾と似た響きの名前がつけられる傾向がある。

赤ん坊は命名される時分には、布で包まれたお守りを首と腕に下げている。首に下げたお守りは赤ん坊の頭髪を端切れ布に包んだもの、腕に下げるのは臍の緒を包んだものである。バテッは乳児の頭髪を切る慣習があるので、その髪と臍の緒を使うのである。臍の緒は自然ととれてしまうが、わざわざ髪を切るのは、赤ん坊の髪を切って家族に迎え入れるというマレー系の慣習と関係するかもしれない。

このように臍の緒や髪のお守りを首や腕に下げるのは、赤ん坊が「泣かないように」するためだとバテッは説明することがある。しかしこの年頃の子が泣くのは空腹のときや身体の調子が悪いときであることから、子の健康と成長を願う慣習であろう。臍の緒も頭髪も、赤ん坊の身体の一部であったものである。それらをお守りとして身に着けることで、なるべく以前と同じ状態を維持し、健康を保とうとするのだと考えられる。そしてこのお守りは、自然に紐が切れて落ちてしまうまでそのまま身に着けておく（図1―12）。

さらに乳幼児は頻繁に体調を崩すため、薬草や血液を使って治療する。バテッは血液を大人の治療にも用いるが、子どもの調子が悪いときに母親や親族の女性はよく血を使って治療する。彼女たちは腰をかがめて、自分のふくらはぎの外側をナイフで何度もトントンと叩いて傷つけて出血させ、それをナイフの刃でこそぎとって適当な葉に集める。そして集めた血液に呪文を唱え、唾を吹きかけるようにして気を吹き込んだ後、悪いところに呪文を唱えながら塗るのである。

気を吹き込むのは力のある年長者がよいとされているが、血を集めた本人がおこなうことも多い。バテッには赤ん坊の身体は母親の血液によってつくられるという考えがある。彼らにとって血液は、物質的存在に働きをもたらしたり、何らかの作用を引き起こしたりするものの源、力が形となって表れた証なのである（Endicott 1979）。そしてこの赤い液体そのものにも、生命の力をもたらす能力が宿っていると考えられているようである。

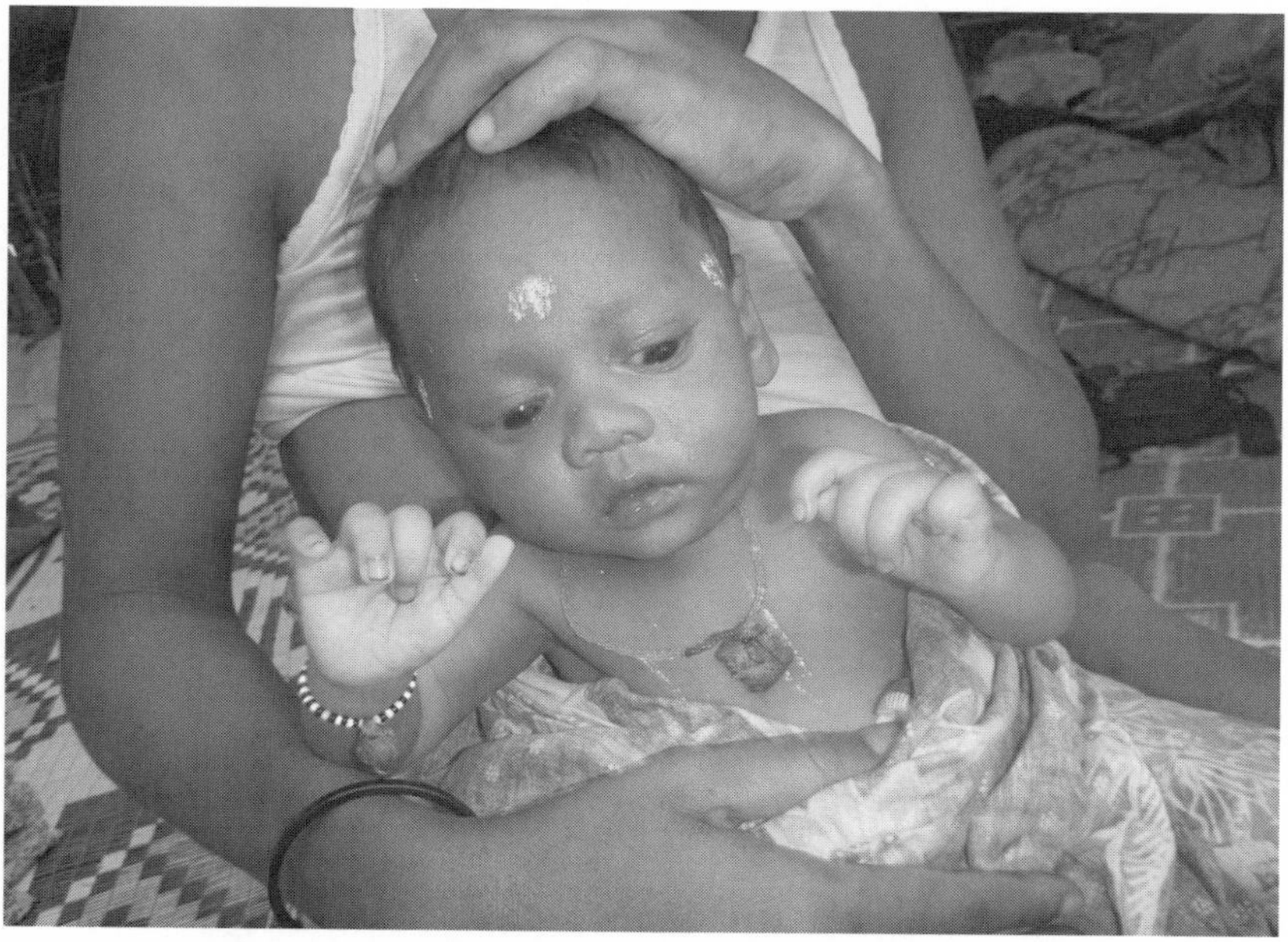
図1-12　手首に臍の緒のお守り、首に頭髪のお守りを下げた乳児

また生まれて間もない赤ん坊は薬を飲ませるのが難しいため、薬浴という方法でも不調に対処する。雨期が終わって森にキャンプ移動していたある朝、筆者がお茶を飲んでいると、プットの父が山刀で木の枝の皮をこそいでいるのが目に入った。このときは広場に簡易なハヤが丸くたてられていたため、誰が何をしているのかよく見えたのである。彼の前にある広げたビニルシートの上には枝と葉が置いてあり、風邪薬をつくっているとのことだった。

プットの父が削っていた植物の名前は「クリレ」といい、マレー人も利用するものだそうだ。植物学的にはトウダイグサ科の低木（*Homonoia riparia*）であり、この時キャンプしていた川沿いに小さな茂みをつくっていた。細長い葉の先端は少し尖っており、削られた茶色い樹皮はツンとした消毒用アルコールのような臭いがして、触った手は少しスースーとした。こうして削った樹皮をプットの父は鍋に入れ、薬を三つにちぎって一つかみ加えた。径一五センチメートルほどの鍋に入れられた樹皮は、底を敷き詰めるほどの量である。

そこに妻のプットの母が湯を三分の二ほど入れ、水を少しずつ足しながらかき混ぜて温度を確かめる。ちょうどよい温度になったら彼女は地面が少し高くなった場所に片膝を立てて座り、伸ばした左足の太ももに赤ん坊を座らせるように載せた。そして左手で赤ん坊を支えたまま、右手で鍋から薬と樹皮が混じったぬるま湯をすくい取って浴びさせる。乳児は最初びくっとしたが泣くことはなく、すべて浴びさせるまでに三〇分ほど経過していた。赤ん坊はこの雨期に生まれた首のすわっていない、名前のついていない子である。キャンプに移動する前から調子が悪く、抱くと熱をもっていて心配していたのだった。そしてその後も薬浴したり塗り薬を与えられたりして元気になった赤ん坊は、イディと名付けられることができた(図1―13)。

図1-13　乳児を薬浴させる母親

生まれて間もない子が母乳すら飲めないほどに弱ると、薬を飲ませることは難しい。長期調査の約二年のあいだに死亡した乳児は把握しているだけで七人であり、これには生まれて数時間で死亡したものも含む。そして全体の出産数は、こちらも把握しているもののみで一九である。なおこれらの出産数と死亡数は別の村から「里帰り」した女性がクアラ・コ周辺で出産したものを含む。死亡した乳児の多くはまだ名前のないうちに息をひきとった。バテッの社会において生まれてすぐの子どもというのは、お守りをつけるなどしてでも、命の維持に特段の注意をはらう必要のある存在なのである。そうであるからこそ、彼らは生まれてすぐの子に命名することなく過ごすのだろう。

無事に成長し命名された子は、一歳になるころには一人歩きを始める。しかしそうした発達が十分にみられないと、バテッはサドムを使って子どもを薬浴する。サドムとはショウガ科の植物、ボエセンベルギニア属（*Boesenbergia* spp.）やバンウコン属（*Kaempferias* spp.）などの植物を使った沐浴水である。ショウガ科ということで両者ともに清涼感のある香りがする。これらは葉を地面から株立ちさせるように出して、その中心に小さな花を咲かせる。マレー市場でもこの植物の根が、チェクールやタム・クンチという名の香辛料として売られていることがある。彼らによると、こうしたサドムで沐浴すると「子どもは歩くようになる（アワオチュップ）」のだそうだ。

また女児の場合は、適当な年に成長したらピアスの穴をあける。彼らは子どもの耳たぶに針で穴をあけた後、マンタンというショウガ科の植物（*Globba* spp.）の葉でこすり、適当な太さによった糸を入れておく。バテッの女性はこうしてあけた穴に花を挿したり購入した耳飾りをつけて装うが、彼女らのピアスの穴は概して大きく、筆者のピアスを貸してもピアスが穴を通り抜けて落ちてしまう。なかには穴の径一センチメートルを超える人もおり、葉に包んだ煙草をピアスの穴に挿して、煙草置き場として使うのである。また年長者には耳だけでなく鼻の中央部に穴をあけている人も多く、ツルや花茎を刺して着飾るのである。

こうして大人のバテッになる準備を色々とする子ども時代は、与えられた名前で皆からよび捨てにされて過ごす期間である。子どもたちは、さまざまな人から名前を呼ばれて叱られたり、用事を言いつけられたりする日々を送る。彼らは実の親だけでなく、同じ場所で生活する親族からも面倒をみてもらったり助けてもらったりして成長していく。生れ名をよび捨てにされるということは、よび捨てする人に半人前の存在とみなされていることを示している。しかしそれは単に未熟であるだけでなく、守り育てる対象でもあることも意味する。そして食物の分かち合いなど家族間のモノのやり取りも、こうした半人前の子どもを介しておこなうことでスムーズになされるのである。

しかし命名された後に死亡する子どもも少なくない。その場合は日本で「故」誰々というように、名前の前に死んだ子どもであることを表す「クポン」という称号をつける。たとえば「スレム」という子どもが死亡すると、その子について語る際には「クポン・スレム」というようになるのである。こうすることでバテッは生死の境界を保つと同時に、その人を失ったことによる悲しみを引きずらないようにしているのかもしれない。

2……結婚と社会関係

男女別々に過ごす時間が増える一五歳頃には、バテッの女性は「クダ」、男性は「ジュマガ」とよばれるようになる。これは「別嬪さん」「男前さん」という意味でも使われる語だ。思春期にあたるこの年代の女性は花やヘアピンを使って髪を飾ることを好むので、筆者はよく鏡をプレゼントするのだが、とても喜ばれる。一九七〇年代には男性も花で着飾っていたようであるが、現在では母親が男児の頭に花を挿してあげることはあっても、ある程度の年齢に達した男性は花を身に着けなくなる。

思春期を経て特定の相手と両想いになれば、彼らは一緒に暮らし始める。バテッには結婚式というようなものはなく、「夫／妻と寝る（テッククスイ／カネ）」という語が「結婚」に相当する。これはバテッと通婚関係にあるスマッ・ブリも同じである（口蔵 一九九六）。一緒に寝起きし、互いを「私の夫（クスイ イェ）」や「私の妻（カネ イェ）」とよび合い、周りが妻にたいして夫の男性のことを「あなたの夫（クスイ モッ）」というようになると、その関係が社会的に承認されたことになるのである。関係を結ぶ上で重要なのは当人同士の意思だが、若い女性が初めて結婚するような場合は、男性がその女性と一緒になる前に両親の承認を得るのが望ましいとされる。

結婚にあたって婚資がやり取りされる社会もあるが、クアラ・コのバテッはそのような贈与はおこなわない。バテッの男性は、結婚前後に現金や食料を義理の両親に分けるかたちで「贈り物」をする、あるいはより強固な分かち合いのネットワークを形成する。彼らの社会では、妻や夫が相手の居住場所ないしイエに完全に「嫁入り／婿入り」し、それまでの家族との関係が弱まるというようなことはない。むしろそれまでの親族関係を維持したまま、それが拡大していくように関係が結ばれていくのである。

男性と女性が一緒に暮らし妻が妊娠して出産となると、妻や夫の母親など親族の女性が出産を手伝う。そして子どもの命名後、夫婦は「誰々のお母さん」、「誰々のお父さん」とよばれるようになる。子どもの名前を親の呼称に使うテクノニミーである。こうした名前を「成長した名前（クンモ・プヌワ）」といい、子どものころに使う「生まれ名（クンモ・アサル）」と区別する。

またさらに「誰々のお父さん／お母さん」とよばれていた人に孫ができると、今度は「誰々のおじいさん／おばあさん」とよばれるようになる。「成長した名前」も変化していくわけである。そして子どもの場合と同様に、大人も亡くなった後は死者を表す「サロ」という敬称を名前の前につけて語られるようになる。バテッの呼称は、社会的役割、あるいはライフステージに応じて変化するのである。

バテッにとって結婚とは新たな家族と親族ネットワークができることであり、これは頼り・頼られというかたちでともに生活する仲間が増えることを意味する。彼らは獲物を仕留めたら、まずはその場にいる子どもや妻などの家族で分け合って食べ、それでも余るようであれば親やキャンプの親戚に配る。このとき夫や妻の両親には優先して渡される。食物はその場で分け合って消費するものであり、保存は二の次とされる。一九七〇年代にはキャンプの誰かが保存してある食物をとっても、盗みとみなされることはなかったという（Endicott 1997）。彼らにとって同じ場所で暮らすということは、家族の延長として生計を部分的にともにすることを意味するのだ。

さらに食事中に訪問者があったときには、その人も一緒に食べるのが理想である。子どもたちは六歳頃までは同じ皿で食事を分け合いながら食べる。目の前の人に食事を分けずに食べるのは彼らの規範に反する禁忌（ラワッチ）であり、訪問者には「食べるか（チッバ）」と尋ねるのが礼儀とされる。それと同時に訪問者の側は、よその家でくつろいでいるときに食事が始まるようだったら、その場を離れるのもひとつの礼儀である（図1―14）。

こうして食物を分かち合って食べる慣習は、なにもバテッにかぎったことではなく、狩猟採集民に広くみられる。バテッと通婚関係にあるスマッ・ブリにも、食物を食べている人を見かけた場合はその人から食物を分けてもらって食べなければならないという決まり、「ポーネン」がある（口蔵一九八一、一九九六、二〇一〇）。スマッ・ブリのポーネンでは、食物を食べている人を見かけたのに分けてもらわなかったら、見かけた人が後で

図1-14　食事を分け合って食べる子どもたち

災難に見舞われてしまうという。バテッにも同様にポーネンがあるが、バテッの場合はそこまで厳しいものではない。バテッのポーネンは食物を分けるよう依頼したのに断られたら、断られた側が災難にあうため、分けてあげなければならないというものだ（Endicott 1997）。バテッには激しい負の感情は災難を招くという考えがある。断られた側は怒りなどの激しい感情を抱いて怪我をしたり精神の不調に陥ってしまったりするという理由から、このような規範が共有されているとみられる。

こうした規範は、日和見フォレージングを基盤とする暮らしのなかで社会関係を築く役割を担っていると考えられる。バテッと同様に遊動生活を営んできた狩猟採集民のあいだでは、得られた食料はその日のうち、もしくは数日の間に消費されるのが一般的である。さらにこうした集団では、男女ともに食料の獲得に従事し、獲物にたいして獲得者が特別な権利をもつことはないという特徴も広くみられる。特定の人に特別な権利のない食物は、その場にいる人びとで分かち合われることとなる。

こうした食物の分かち合いは、その時々で異なるキャンプメンバーを結び付ける機能をもつ。決まった場所に定住する集団とは異なり、フォレージングを営む人びとは資源を求めて移動するため社会成員の構成が流動的である。同じものを食べることで人びとは社会関係を築くと同時に、それによって形成された関係が次の移動のツテにもなる。このツテを頼ってさまざまな場所へ移動することが可能となり、フォレージングの移動範囲を広く保つのにも効果的であったのだろう（Woodburn 1982）。

さらに大量の食糧を携えて移動するのは困難なので、その場で分かち合って消費するのが理にもかなっている。フォレージャーは大量に保存した食料というものを持たない。収穫時期の見込める作物を栽培したり家畜を飼育したりせず、入手した食料も備蓄とすることはない。それぞれの人が狩猟や採集で確実に食料を得られるか確実ではないなか、食物の分かち合いはセイフティーネットにもなっているともいわれている。

フォレージング集団にみられる移動性（mobility）と食物の分かち合い（sharing）といった慣習は有機的に結びついている。そのため、こうした社会を「即時報酬システム（immediate-return system）」とよんで「遅延報酬システム（delayed-return system）」の狩猟採集社会と区別することがある（Woodburn 1982, 2005）。同じ狩猟採集民であっても海洋資源に依存するイヌイトのように移動性の低い社会では、得られた食料はときに手間をかけて加工し保存されるのみならず、食料やモノの生産ないし獲得に携わった人に特別な権利が認められる。

彼らのあいだでも食物は分け合って消費されるが、それはバテッのような即時報酬型の社会でみられる食物のやりとりとは異なる。即時報酬型の社会でみられる食物の分かち合いは、我々が親しい家族のあいだで食事をともにし、タオルなどを共有することがあるのと似ている。こうした実践はすべての人が等しく権利をもち同じように食物を分配されるのとは異なり、人びとのあいだで「所有権」についての意識が生じないという方が適切だろう（ダロス・永田二〇〇五）。

同じ場所で生活する人は家族の延長である親族として位置づけられ、食物を分かち合う。それだけでなく、日常のモノのやり取りにおいても同様の感覚がみられる。バテッはナイフやナベ、掘り棒、吹矢、衣服、皿や蚊帳といったものは「誰々のナイフ」というように、特定の人と結びつけて認識している。けれどもこうした個人とモノの結びつきは、他の人の使用を妨げるものではない。

筆者がよその拠点に遊びに行って一晩すごして帰ってきたときのことである。荷物を置きに自分の寝床へ行くと、そこにあるはずの掛布や蚊帳がなくなっていた。どこにいったかフーイの母に尋ねると「誰々が持って行った」という。そこで近くにいる子どもに頼んで、その人のハヤから持ってきてもらった。こうした場合にバテッは「貸して」と依頼しないのがふつうである。彼らは、そのモノの持ち主に「何々が欲しい」と伝えるか、「誰々の何々をちょっと持ってきて」と子どもに伝えて持ってきてもらって使うのである。

これは何もモノに限ったことではない。調理をしていると、塩や調理油がみつからなかったり、少しトウガラシを加えたいが手元にない、というようなことがある。そうしたときは子どもに「調理油を誰々のところからちょっと持ってきて」、あるいは「探してきて」と伝える。そうすると子どもが、その人の家に行き「誰々が油を欲しがっている」と伝えて、もらって来る。これは同じ拠点やキャンプで生活する女性のあいだで頻繁にみられるモノの共有である。このような状況だからこそ、誰かと共有したくない大切な物、たとえば成人女性なら小型ナイフやIDカードや現金については、森へ行くときだけでなく同じ居住群のよその家へ行くとき、そして水浴びの際にも、携帯するか家族に預けるかするのである。

同じ場所で生活する人を親族とみなすバテッにとって、結婚とは、夫と妻それぞれの家族をより確かな親族として結びつけるものである。そしてこれらの人びとのあいだで、同じ場所で生活する経験が積み重なっていくと、ともに生活する仲間としての紐帯が確かなものになっていく。彼らにとって結婚とは、助け合いの仲間が増えることでもあるのだ。

もし仮に結婚した二人が一緒に生活するのが嫌になり、別々の家で生活するようになれば離婚とみなされる。結婚も離婚も当人同士の気持ちに基づく簡単なもので、書面での手続きなど必要ない。しかし離婚時には互いの仲が上手くいっていないことが大半なので、どちらかが別の場所を拠点として暮らすようになるかパハン州やトレンガヌ州の親戚のところへ移動するかして距離をおく。この際、親戚関係に問題が生じていなければ、一度結婚によって結ばれた親戚関係は当人の離婚後も維持されるのである。

3……バテッの生涯と川

バテッは生活場所を移動させながらも、川との結びつきを維持している。いかにこうした結びつきを維持しているかについて彼らの呼称にかんする慣習を手掛かりにみていきたい。先述のとおり、川の名前を子どもにつけたり、社会的役割に応じて呼称が変化するのがクアラ・コのバテッである。こうした慣習との関係から、クアラ・コの周りには「ピズィの母の川（トム・ナ・ピズィ）」、「チュラケの祖父の川（トム・タ・チュラケ）」、「ハルーの分岐点（ワス・ハルー）」というように、個人と結びつけられた川や地名が存在する。

これらはピズィの母、チュラケの祖父、ハルーが生まれた場所である。ハルーはまだ子どもなので「ハルー」

という川の名前がそのまま彼の呼称となっているが、「ピズィの母の川」や「チュラケの祖父の川」が元はどのような名前であったのか、筆者は知らない。年長者に尋ねれば教えてくれるのだろうが、彼らは普段「ピズィの母の川」などとよぶのである。

バテッが川の「元々の名前」を使わずに川と結びついた人のテクノニミーを用いるのは、成長したバテッの生まれ名をよび捨てにするのは失礼だという慣習と関係する。バテッにとって生まれ名を使い続けないことは、非常に重要である。半人前としてよび捨てにされていた子どもも、男女別々に過ごす時間が増える思春期には、生まれ名でよび捨てにされるのを恥ずかしいと感じるようになる。そのため子どもがいなくても、「誰々のお母さん」などという「成長した名前」のニックネームを使って互いに呼び合うようになる。

また子どもがいない大人にも、「誰々の父」というようなニックネームがつけられる。これは筆者にも当てはまる。子どもたちが筆者の名前をめったやたらによんで遊んでいたところ、大人のバテッが「彼女は立派な大人だからよび捨てにされると恥ずかしいのだ」と叱り、筆者に「サラの母（ナ・サラ）」という名を与えた。しかしやや子どもに軽んじられているような人は、生まれ名が用いられることもあり、筆者もいまだ生まれ名で呼ばれることが多い存在である。

こうした呼称にかんする慣習は、その人の名前が由来する川などの地名にも適用される。図1—15は、個人の名前として使用されている川や瀬、砂地などの位置を示したものである。図に示されているバテッの名前は、そこで生まれた個人の呼称である。瀬や砂地の名前は近くを流れる川の名前を使っているので、つきつめると、これらの個人名は河川名に由来することになる。そしてバテッの慣習に従うと、これらの場所や河川の呼び名は、その名前を与えられた個人のライフステージの変化とともに変わっていくのである（図1—15）。

表1―2に例を示したが、たとえばカサイ川（トム・カサイ）にちなんで「カサイ」と名づけられた男性がいたとする。彼は子どものころは「カサイ」とよばれ、川も「カサイ川」とよばれる。しかし彼が結婚し「ピサン」という子どもが生まれ「ピサンの父（エイ・ピサン）」とよばれるようになると、カサイ川には「ピサンの父の川（トム・エイ・ピサン）」という呼称が使われるようになる。そしてこのピサンの父に「ピジ」という孫ができて「ピジの祖父（タ・ピジ）」とよばれるようになると、川の方も「ピジの祖父の川（トム・タ・ピジ）」と呼称が変化する。さらにピジの祖父が死亡し死者を表す称号である「サロ」をつけて語られるようになると、川も「故ピジの祖父の川（トム・サロ・タ・ピジ）」とよばれるようになる。けれどもコミュニティの誰かは故人となった彼の生まれ名を知っているので、「故ピジの祖父の川」は次第に元の「カサイ川」とよばれるようになっていくのである。

彼らは川に言及する場合であっても、それがバテッの大人の名前と同じだと、立派な「大人の名前」をよび捨てにするのは失礼だと感じるようである。人名が使われる文脈と川名が使われる文脈を区別せずに、人の名前にかんする慣習を川名にも適用するわけである。そのため個人と結びつけられた川は、個人のライフステージの変化とともに呼称が更新されていくこととなる。こうして彼らが利用してきた河川は、特定の個人の生涯をつうじてコミュニティと結びつけられ、社会化された環境として位置づけているのだろう。

この川筋世界とバテッの結びつきは、実際にその川を利用することによってより確かなものになる。彼らは森を歩いている最中に、過去にキャンプしたことのある場所を通りかかるとそこで起きた出来事をよく語りだす。こうした語りをつうじて集団的な経験が継承され、川との結びつきが維持されるのだと考えられる。またそれだけでなく、この繋がりは景観が変化した後も記憶され維持されるようである。

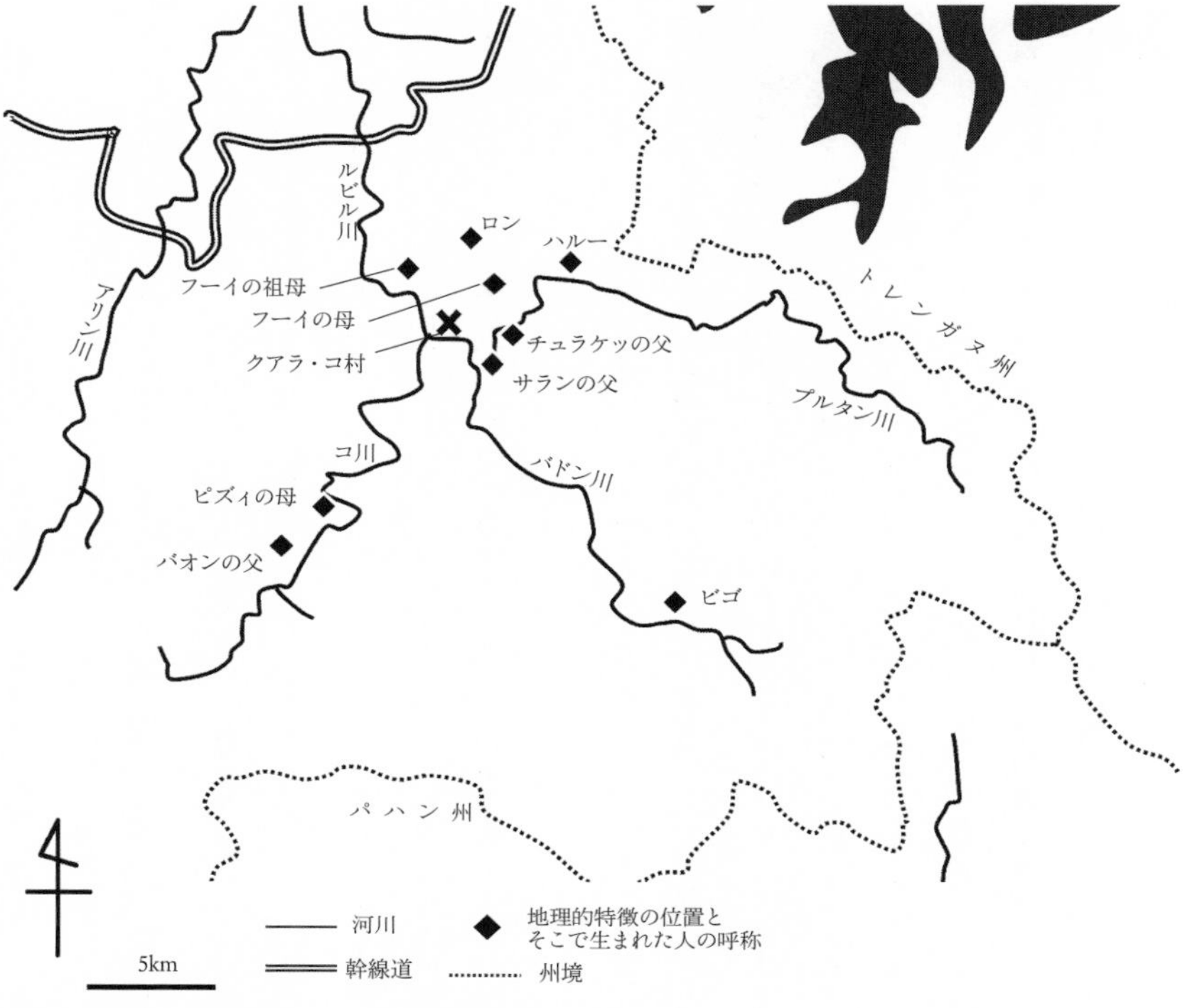

図1-15　個人名の由来となっている地理的特徴の位置

たとえば図１―15にあるとおり、フーイの祖母はコ合流点よりも下流で生まれた。彼女の年齢を考えると一九五〇年代末か一九六〇年代初頭のことである。この場所は一九九〇年代までは森が広がっていたが、現在はアブラヤシのプランテーションとなっている。しかしプランテーションとなった現在も彼らは、ここを「フーイの祖母の川」とよぶ。そのうえプランテーション内に僅かに残る茂みを流れる川を訪れて、カメを探したり釣りをしたりし、昔その場所でキャンプしたことを語る。周囲の景観が変化し森がなくなったことを嘆きながらも、過去の生活場所を利用することを繰り返して集団と川との関係が維持されているのである。

こうして彼らは個人の生涯をつうじて川との結びつきを維持するだけでなく、年長者が亡くなるときには「自分の川で死ぬ」のがよいという。そしてそれができなかった場合に「彼は死ぬ前に自分の川に戻れなかった」などと語る。この場合の「自分の川」とは、単にその人が生まれた川というものではない。むしろ、その人が生涯の重要な出来事を多く経験し、親密な親族の暮らす故郷の川を意味する。

こうした親族のいる「自分の川」で亡くなった人の遺体は、その故人が好みそうな場所の木の上に葬られる。彼らは遺体と一緒にタバコやライター、吹矢など、故人の日用品や花をパンダヌス科の植物でつくったマットやゴザで包んで木の上に置いて葬る。小さな子どもの場合は、低めの台をつくってその上に遺体を置くこともある。そしてこうした場所を表す際にも、「どこどこ川の上流」などと川の名前を使う。バテッの一生は川とともにあり、死後も川とともに語られるのである。

表1-2　川の名前と個人名の関係

ライフステージ	呼称 （日本語訳）	川の呼称 （日本語訳）
子ども	カサイ	トム・カサイ （カサイ川）
父親	エイ・ピサン （ピサンの父）	トム・エイ・ピサン （ピサンの父の川）
祖父	タ・ピジ （ピジの祖父）	トム・タ・ピジ （ピジの祖父の川）

第2章

川筋の小王国ヌガラと領域型国家

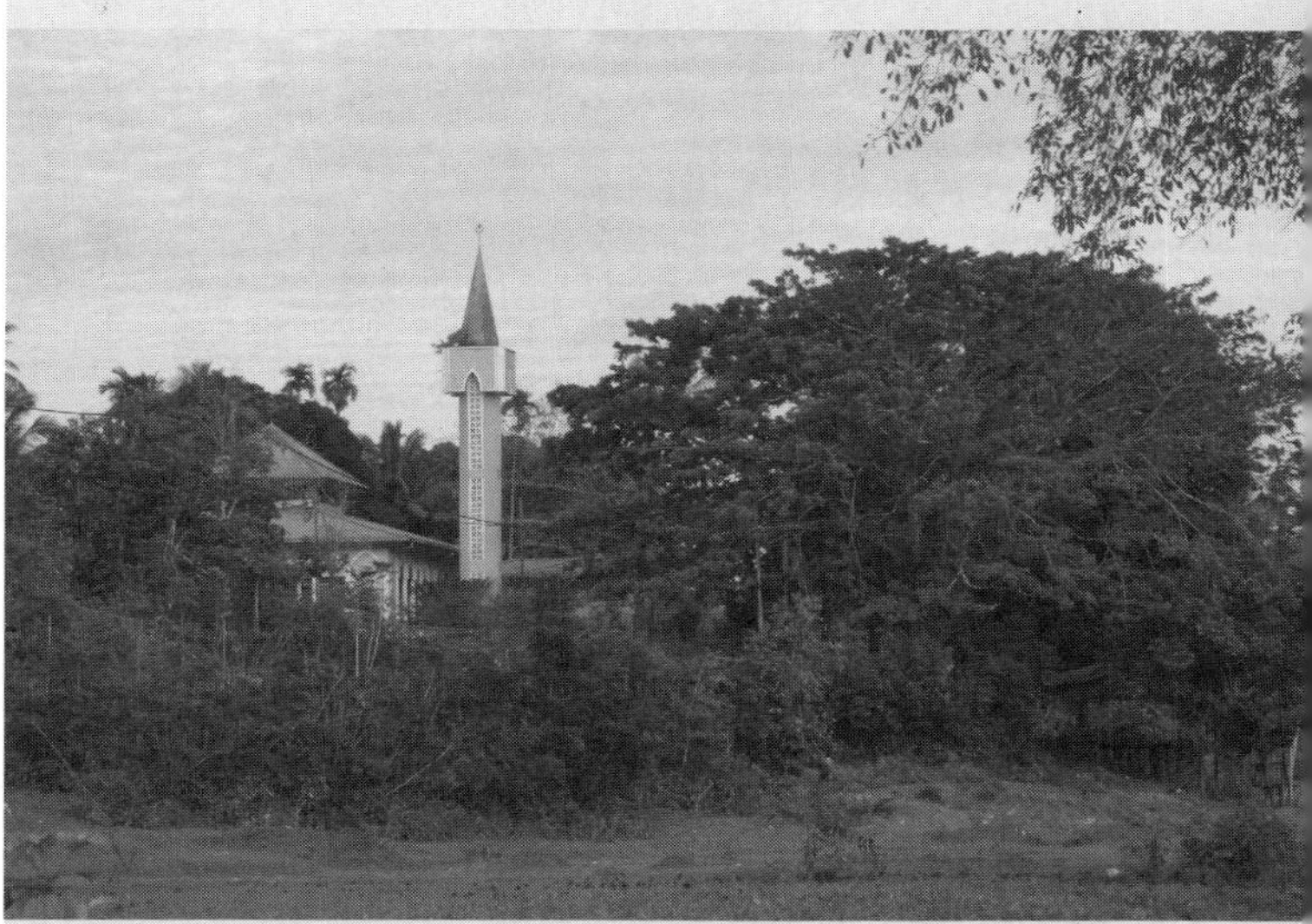

1　日和見フォレージングとヌガラ

前章でみたようなバテッと川の結びつきは、どのように形成されてきたのだろうか。「序」において、熱帯アジアでは交易の活性化とともに河口に港市が発展したことにふれた。半島マレーシアでも、東西交易の活性化とともに、上流の生産物が河口に集約されて外海との交易に充てられるようになっていった歴史がある。そうした歴史のなかでバテッの川との結びつきや、状況におうじて従事する活動を切り替える日和見フォレージングという生業形態も形づくられてきたとみられている。

当時の港市を中心に発展した政治形態は、河口部に拠点をおく政治組織が、川をつうじて運ばれてくるモノの管理というかたちで内陸奥地への影響力を行使するものであった。マレー半島から東南アジア島嶼部では、このような政治組織を表す際に「都市」を意味するサンスクリット語由来の「ヌガラ」という語が用いられていた。マレーシアでは現在この語を「国家」という意味で使うが、本章では川を使った経済ネットワークを基盤とする土着の政治形態を「ヌガラ」とよび、領域的な土地の管理を基盤とする領域国家と区別したい。

ヌガラによって成立する世界は、経済活動の活発な河口部に位置する政治組織の影響力が流域に広がっていくというものであり、国境線がひかれて土地が管理される近代的国家とは異なる。たとえ政治や経済の中心である河口に階層性のある政治組織がみられたとしても、周縁へいくほど中央の影響が定かではなくなっていき、地方では別の勢力者が力をもつ、というように分節的に存在する権力機構がしのぎを削っている状況であった。

こうしたなかバテッのような人びとは、地方で森林産物の生産など交易の末端にかかわっていたとみられる。半島マレーシアには、バテッの他にも、低身長、濃い肌色、縮れ毛といった身体的特徴を有する人びとが暮らしており、彼らはその身体的特徴からネグリトとよばれてきた。ネグリトにはおおきく六つの言語集団が含まれ、そのうち五つは日和見フォレージングを営み、オーストロアジア語族の北アスリ語群の言語を使用する。バテッ語もオーストロアジア語族に含まれるが、これはオーストロネシア語族のマレー語とは異なる系統の言語である。

オーストロアジア語族という区分自体が確固としたものではないという見解もあるが、この語族は、インドシナのメコン流域辺りを起原とするとみられている（Sidwell and Blench 2011）。バテッ語もこうした地域よりマレー半島に伝わった言語に由来すると考えられ、半島にオーストロアジア語族の言語が広まったことと、特定の集団が日和見フォレージングを営むようになったことは強く関係しているようである。まずはバテッとネグリトがどのような人びとか概観し、日和見フォレージングと川に沿った遊動生活がどのように形成されてきたのかみていきたい。

1……バテッとネグリト

バテッとよばれる人びとは、クランタン州、トレンガヌ州、パハン州に暮らしている。彼らの生活圏はクランタン州のルビル川筋（Lebir）からパハン州のテンビリン川筋（Tembiling）に至る川筋ルートの流域にあたり、

図2-1　バテッの生活圏

これは二〇世紀初頭までマレー人も頻繁に利用していた水路である。こうした川筋の開けた本流沿いにマレー人などの農耕民、そして支流域には日和見フォレージングを営むバテッというように、ゆるやかな住み分けがなされていた。またバテッの主な生活圏は支流域であったため、ルビル川筋の複数の支流より山越えして到達するトレンガヌ州の水系の上流を拠点とする人びともいた。さらにやや飛び地的に、テンビリン川筋より南のチェカ川（Cheka）の流域に暮らしてきた集団も存在する（図2―1）。

彼らは川筋ごとに多少異なる言語を用いており、ルビル川筋のバテッは、使用言語に基づき他の川筋のバテッを区別している。たとえばパハン州テンビリン川筋のクニヤム川（Keniyam）に暮らす人びとは、バテッ・イガといい、これはルビル川筋のバテッが「私」を表す際に「イエッ」というのにたいし、彼らは「イガ」と発音するためである。また普段は行き来のない南部のチェカ川のバテッについては、否定を表す「ノン」という語を用いてバテッ・ノンとよぶ（Endicott 1979）。

クアラ・コ村のバテッを含めクランタン州ルビル川筋のバテッは、バテッ・デ、バテッ・テ、バテッ・テールであり、「デ」や「テ」は「これ、この」という意味である。ルビル川筋の東側の支流では「テール」、下流では「テ」の訛りが強いのにたいし上流では「デ」の訛りが強い。しかし通婚や人の移動によって言語の訛りは変化する。そのため、その人が主な生活圏とする川の名前を用いて「何々川のバテッ」と表すのが一般的である。

いっぽうパハン州タムン川（Tamun）の人びとは、行政的にはバテッとして登録されているが、バテッは彼らを「メンテール（Mentil）」とよんで自らと区別する。この集団は二〇世紀初頭には定住して農耕を営んでいた。使用言語は他のバテッと大して違わないことから、おそらくバテッの一部が定住して農耕を営むようになったのだと考えられる。クアラ・コ村の年長者は、彼らメンテールを「食料を我々と分かち合わない人」というように説明する。こうした点をふまえると、これらの人びとは農耕への依存を高め定住するようになる過程で、食物の分かち合いの相手を限定するなど社会慣習を変化させたとみられる。そのためバテッに異なる集団として認識されるようになったのだろう。

これらバテッの生活場所に共通するのは、マレーもしくはシャム（タイ）系の農耕民の生活地のすぐ近くであるという点である。彼らの生活場所は孤立した山奥ではない。日和見フォレージングを営む他のネグリトについても同様のことがいえ、彼らは「森の奥深くではなく、マレー人（もしくはシャム人）の居住地から遠くない場所に暮らす」ことが指摘されてきた（Evans 1968: 11）。さらに二〇世紀初頭の記録にも、彼らは交易や農耕の手伝いをすることでマレー農民から刃物や食料を入手していたことが記されている（Skeat and Blagden 1906）。つまりこうした人びとは、外部から孤立して狩猟採集に依存した自給的生活を営んできたというよりも、長期にわたって農民との交易を生活の一部として暮らしてきたわけである。ネグリトは「マレー農民無しではほぼ生きられない」ともいわれるほど、近隣集団との経済的関係は重要なものであった（Schbesta 1973: 33）。

強い相互依存関係があるとなると、彼らの生業を理解するには他集団との関係を含めて考える必要がある。そこでまずは、植民地化以前より半島マレーシアに暮らしてきた集団についておおまかに確認しておきたい。なおマレーシアは、マレー系、中華系、インド系の暮らす多民族国家として知られるが、中華系とインド系の多くは植民地化以降に半島に移住してきた人の子孫であるとして、ここでは除外する。

現在マレーシアでは、先住民を総称する語として「ブミプトラ」が使われている。これは「大地の子」という意味のサンスクリット語に由来し、半島部では「マレー人（オラン・ムラユ）」と「オラン・アスリ」がブミプトラに含まれる。

「オラン・アスリ」とはマレー民族を除く半島部先住民の総称であり、一九六六年に官製用語としてつくられた（口蔵 二〇一四）。「オラン（Orang）」はマレー語で「人」、「アスリ（Asli）」は「元々の、自然の」という意味である。この語が用いられる以前、マレーシア政府は植民地行政に倣って「アボリジニ」という語を使用していた。いっぽう住民レベルでは「サカイ」や「パガン」などと、地域ごとに異なる名称が使われていたが、現在ではオラン・アスリという語が広く用いられる。二〇一〇年時点の人口は一七万五〇〇〇人、同年のマレーシア半島部の人口二三五〇万人の一％にも満たない（Department of Statistics 2010; JHEOA 2010）。

バテッもオラン・アスリの一集団であるが、オラン・アスリには、居住域や言語、生活様式の異なる一八ないし一九の集団が含まれる。一九五〇年代まで大半のオラン・アスリが現金経済に依存しない暮らしを送っていた。個々の集団は居住環境に応じて主生業が異なり、沿岸部で漁撈に従事していた集団から内陸で焼畑農耕をおこなっていた集団、狩猟採集・遊動生活を送っていた集団とさまざまである。図２―２に二〇世紀初頭のオラン・アスリ諸集団と、マレー集団の居住域を主生業ごとに塗り分けて示した。なおここでは、狩猟採集と焼畑農耕の両方に従事する集団は、主生業を焼畑農耕として示してある。

図２―２に示したように、半島南部や西部にはスマトラやシンガポールなど近隣島嶼と交流のある漁撈集団

が暮らし、なかには陸に定住せず海洋を移動しながら資源を得る集団も存在した（Benjamin 2002; Endicott 2016）。そして沿岸から低地にかけては水稲耕作や森林産物の交易に従事するマレー集団、さらにトゥムアンといった水稲・陸稲栽培などの農耕（horticulture）を営む集団が居住する。また図2―2では確認できないが、川幅の広い本流沿いの場合はかなり奥地にも水稲耕作を営むマレー農民が暮らしていた。

そして半島西部のティティワンサ山脈沿いの高地や中部に暮らす集団は、粟などの穀類の焼畑移動農耕（swiddening）と狩猟採集、そして森林産物の交易を組み合わせた生業を営んでいた。また北部の山裾から河川渓谷の熱帯雨林を生活圏とする人びとは、バテッのように狩猟採集と交易を組み合わせて遊動生活（foraging）を送っていた。ヌガラ世界の面影が強い二〇世紀初頭までは、半島高地、低地熱帯林、沿岸から本流沿いの平野というように、それぞれの生態環境によって異なる生業が営まれていた。そしてそれらの集団は森林産物や海産物の交易などをつうじて経済関係を築いていたのである。

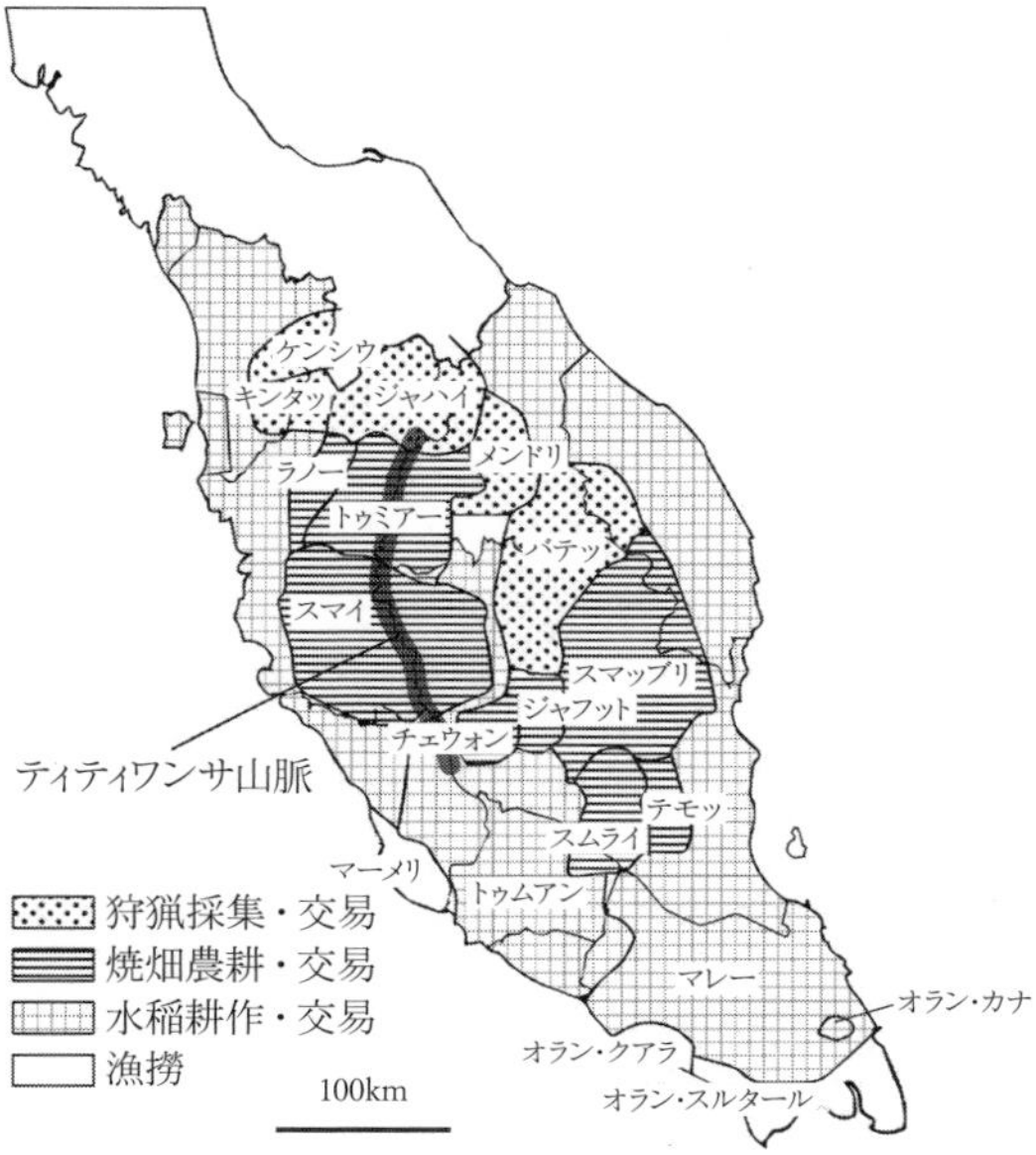

図2-2　各生業集団の居住域（20世紀初頭のおおまかな居住／生活圏を示す、地図上のカタカナは集団名）（Endicott 2016をもとに作成）

　こうしたなかでもオラン・アスリは身体的

特徴に基づき、ネグリト（またはセマン）、セノイ、ムラユ・アスリという三カテゴリーに分けられており、バテッはネグリトの一グループとされる。なお差別的であるという理由から「ネグリト」ではなく「セマン」を用いる研究者もいる。しかしマレーシアでは「セマン」の方が差別的であることから「ネグリト」という語が使われており、バテッも「セマン」と呼ばれるのを嫌う。「セマン」はネグリトを表す語として半島西部のマレー社会を中心に用いられていた語であり、半島東部のマレー社会では「森の人」という意味の「パガン」というマレー古語を用いることが多かった（Skeat and Blagden 1906）。植民地政府は半島部のネグリトにたいして「セマン」を使用したのだが、この語には「他の人に仕える人」や「奴隷」というニュアンスがあるため、マレーシア政府は「ネグリト」を使っている。

どのような人がオラン・アスリであるかは先住民法（Aboriginal Peoples Act 1954）によって定められており、出自、言語、文化・社会的要素が判断の基準とされる。この法律は、植民地政府が奥地に暮らす人びとを統治下におく目的で定めたものである。これが定められた一九五四年、マレーシア半島部はイギリスの支配下にあった。当時半島マレーシアは混乱期にあり、政府は非常事態宣言を発令して共産主義ゲリラ撲滅のため軍政をとっていた。弾圧された共産主義者らが奥地に潜伏するようになったため、奥地に暮らしてきた人びとをオラン・アスリとして法的に定義し政府の管理下におくことになったのである。当法律の制定によってオラン・アスリにかんする事項はオラン・アスリ局という政府部局の権限のもとにおかれ、現在まで大幅な改訂はなされていない。クアラ・コ村もオラン・アスリ局によって設立された村である。

オラン・アスリがネグリト、セノイ、セマンと区分されていることからも明らかなように、「半島マレーシアに元から暮らす人びと」といっても、その見た目は非常に多様である。日本の三分の一ほどの比較的小さな半島に永らく共に暮らしてきた人びとであるはずなのに、身長、頭髪、肌の色は一様ではない。とくにバテッを含むネグリトは特徴的であるといわれる。筆者もバテッと筏に乗る際は、筆者一人でバテッ二人分の重量となってしまい肩身の狭い思いをするため、嫌でもその違いを意識させられる。彼らは体格は良いのだが、身長は低い。

もちろん個人差はあるが、低身長、縮れ毛、濃い肌色と特徴的な身体をしていることもあり、バテッを含むネグリトは、「最も昔から半島に暮らしてきた人びと」などといわれることがある。半島に元から暮らしていた人の子孫であるにしても、現在に至るまでにさまざまな人と交流し通婚しているはずである。それにもかかわらず、彼らには半島の他の人びとと異なる身体的特徴がみられる。そして彼らは、インドシナのメコン流域辺りが起原とされるオーストロアジア語族に分類されるバテッ語を使う。どのような経緯で彼らはオーストロアジア語族の言語を使用するようになったのだろうか。

2……半島横断路と日和見フォレージング

半島にオーストロアジア系言語が伝わったのは、四〇〇〇～五〇〇〇年前の新石器時代とされる（Dunn, Kruspe, and Burenhult 2013）。オーストロアジア語族のなかでも半島で使用されているのはアスリ語派というもので、話者は五万人程だ（Sidwell and Rau 2014）。マレー半島では、オーストロアジア語族のアスリ語派の他に、オーストロネシア語族のマレー語（とその方言）、そしてタイ・カダイ語族のタイ語が使用されている。半島には最初にオーストロアジア語族アスリ語派の言語がもたらされ、それが使用されていたところにオーストロネシア語族のマレー語や、タイ・カダイ語族のタイ語が普及した結果としてアスリ語派が孤立した。マレーシアでアスリ語派を母語とするのはオラン・アスリであるが、半島南部のオラン・アスリにはマレー語方言を母語とする集団も存在する。

アスリ語派は北アスリ語群、中央アスリ語群、南アスリ語群に大別される。半島にアスリ語派が伝わった後、間もなくして南アスリ語群が分岐し、それからだいぶ後の約二五〇〇年前に北アスリ語群と中央アスリ語群が分岐した。そしてより後の金属器時代に各語群内での分岐が進んで、バテッ語などが生まれたとみられる（Dunn, Kruspe, and Burenhult 2013; Burenhult, Kruspe, and Dunn 2011）。

北アスリ語群のおおもとの言語、祖語に最も近い語を使うのはチェ・ウォンという集団で、彼らはフォレージングではなく焼畑農耕と狩猟採集を組み合わせた暮らしを営む。またチェ・ウォンは、中央アスリ語群話者にみられるような、ネグリトよりやや高い身長、やや薄い肌色、波状の頭髪といった身体特徴が典型とされる。このことからチェ・ウォンのように農耕を営む人びとのあいだで北アスリ祖語が形成された後、それが婚姻などの交流をつうじて、以前より半島に暮らしてきた人びとに受け入れられたと考えられている（Burenhult, Kruspe, and Dunn 2011; Fix 2011）。こうした交流の背景には、河川を使った半島横断路の利用とタイ南部サティンプラ辺りにおける港市の発展があり、バテッのような集団の日和見フォレージングも、この交流をつうじて形成されてきたとみられる（Benjamin 1985; Dunn, Kruspe, and Burenhult 2013）。

マラッカ海峡を経由する海路がひらかれる以前、東アジアや東南アジアからインド洋へ到達するには、マレー半島を横断する経路が使われていた。これは川を水路として利用するもので、四〜六世紀の中国の記録にも行路が記されている。それによると当時の人びとは、インドシナ半島の南よりタイ湾を西に渡った後、マレー半島を川伝いに東から西へと横断し、半島西岸より再び船に乗って南インド東岸に到着したという（石井・桜井一九九五）。マレー半島は鉱物資源の豊富な地として知られており、半島西部ではスズが、東部では金が採れるほか、森林資源も交易品として取引されていた。こうしたなか人が集まり都市化した地域を結ぶかたちで河川を使った半島横断路がひらかれていき、遠距離交易の活性化とともに頻繁に利用されるようになっていった（Benjamin 2013, 2014）。

半島を介した交易が活性化しヌガラ世界が形成されていくなかで、主要な水路沿いには新たな経済活動の機会が生じたとみられる。経済の中心地から他の活性地域へと物資を運ぶ運搬人や道先案内人が求められるようになっただけでなく、こうした地域の周辺では短期労働の機会も生じた。このような活動を狩猟採集活動と組み合わせて即時報酬型の生業に特化し遊動性を高めた人びとが、日和見フォレージングを営むネグリトであったと考えられる（Benjamin 2013, 2014）。

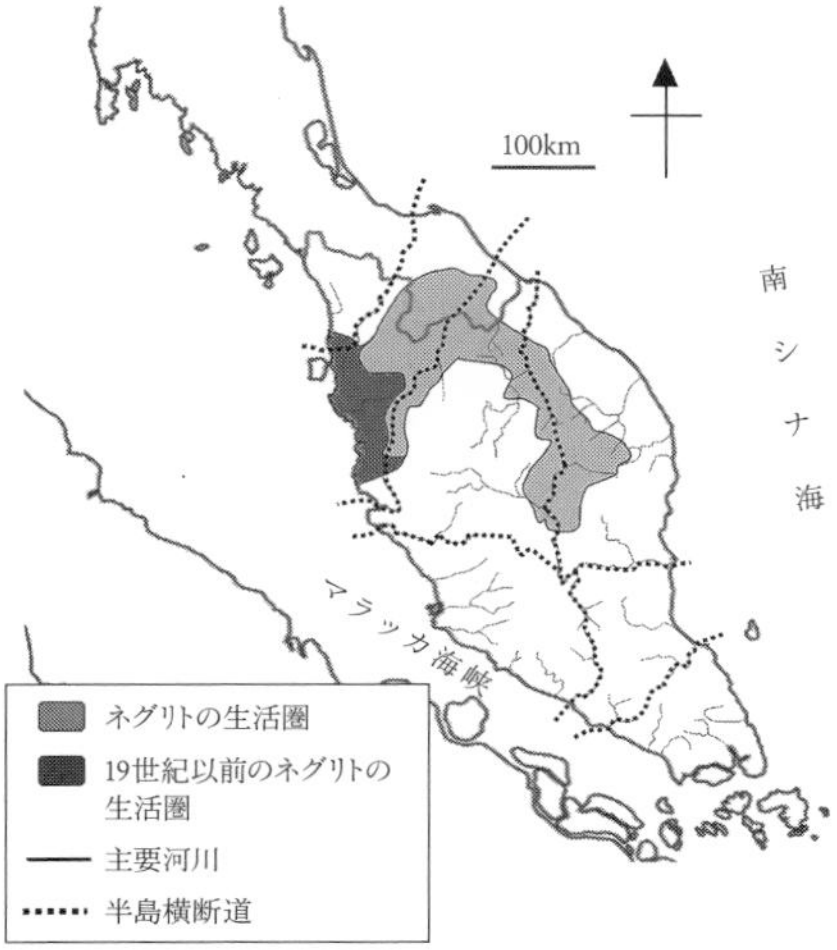

図2-3　半島横断路とネグリトの生活圏（20世紀初頭）

図2―3に過去のネグリトの居住域と、史料より明らかになった半島横断路を示した（Skeat and Blagden 1906）。ネグリトはマレー半島のタイ南部からマレーシア北部にかけて、半島横断路に沿うかたちで暮らしていた。これは一九世紀末～二〇世紀初頭の記録に基づくため、植民地化の進行によって西海岸の集団は滅びてしまった、あ

るいは他の集団に取り込まれたとみられる。けれども北部の長い横断路に沿う一帯が彼らの生活圏であったことがわかる。

彼らの交易相手は、最初はモンやクメール文明の影響を強く受けたオーストロアジア語族話者であったはずだが、それが後にオーストロネシア語族のマレー語話者へと変化した（Endicott 1997; Benjamin 2013）。しかしなぜ、近くに暮らして互いに交流があるにもかかわらず、集団間の境界が維持されてきたのかという疑問が残る。

これについては、人びとが異なる生業に特化する過程で、集団ごとにその暮らしに合った婚姻形態や社会関係の構築様式を確立していったことと関係すると考えられている。

具体的にみてみると、たとえば半島でフォレージングを営む集団の多くは、自らと親族関係にある相手との結婚を禁じている。さらに自分の兄弟の妻の妹姉など、姻戚の異性と身体的に接近することもタブーである。つまりこの社会では、姻戚との結婚が禁止されているだけでなく近づくことすら困難であり、結婚相手を遠くの集団から探し出す必要がある。

さらにそうした結婚によって地理的に離れた人びとが結びつくと、親族ネットワークが拡大される。フォレージングを営む集団は資源量に応じてそこで生活可能な人数が変化するため、両親と子より成る核家族が離合集散する社会を形成する。そしてこの際、遠方の集団との親族ネットワークが移動の際のツテとして有利に作用するわけである。

いっぽうバテッの交易相手であるマレー農民の側は、ほぼ一カ所に定住しての農耕と外部世界との森林産物の交易を営み、村内もしくは地域内での婚姻が多い。彼らの社会では血縁・姻戚内の結婚も認められるうえにイトコとの結婚も承認されるなど、より近い親戚との結婚が好ましいとされる。妻方居住が多く、農耕上の協

図2-4　農耕で利用されなくなった水牛。パハン州テンビリン川のバテッの生活圏近くにあるマレー農村には役目のなくなった水牛が多くみられる

働作業は女性のネットワークが活用されるが、外部社会との交易は男性が担当する。集団内部での結びつきを強固にするかたちで社会関係が築かれ、完全なよそ者が地域に入り込むのは困難な社会である。これはフォレージング集団との婚姻を制限することにもつながる。

中国やインドとの交易が活性化した二〇〇〇～一五〇〇年前頃までには、こうした慣習が集団内部で確立していたとみられる。そして社会慣習の成立と特定の生業への特化は、集団のニッチ構築と環境適応の両輪として発展していった。そのため主生業を異にする集団間では通婚が稀であり、フォレージングを送る集団と交易相手集団との境界が維持されてきたのであろう（Benjamin 1985, 2012, 2013, 2014）。

なおバテッは他のフォレージング集団と

は異なりイトコ婚を認めているが、これは彼らの生活圏が農耕民の居住地と重なるほど近く、経済的機会に恵まれていたことに関係すると考えられる。彼らの生活圏であるクランタン州ルビル川筋からパハン州テンビリン川筋は、タイ南部に存在した港市とパハン州の金の採鉱地を結ぶ経路として活用された。またタイ南部を拠点に栄えたパタニ王国の主要水路としても利用され、マレー系もしくはシャム系の人びとが農耕をおこなっていた一帯でもある。そのため交易路の近くには、交易や農耕民の手伝いといった経済的機会が相応に存在したとみられる。近隣の農耕民から食物を入手できるなら、わざわざ広域を移動して資源を探索する必要はない。このことからバテッは、近親間の婚姻を強く禁止してまで社会ネットワークを広げずにきたのだろう（図2―4）(Benjamin 1973, 1985, 2013; Endicott 2002)。

水路を介した交易の活性化は、権力者の台頭とその影響力の拡大にも繋がった。交易をつうじて河口で力をつけた権力者は、商人や農民、漁民からの租税によって地位を固めると同時に、彼らの経済活動の安全を保証する役割を担うようになっていった。こうして川筋や水系ごとに特定の権力者の勢力圏、ヌガラ世界が形成されていったと考えられる。

けれども半島の全住民がそのような権力者の支配下におかれたわけではない。高地で焼畑農耕を営む集団や森林部で遊動生活を送る集団、そして海洋や沿岸で遊動生活を送る集団は、集権的な政治組織から一定の距離をおいた自律的生活を営んでいた。彼らはヌガラ世界の支配下にある人びとを介して港市に集約される資源の生産にかかわっていた。権力者との関係は間接的なものに留まっていたのである（Benjamin 2002）。いっぽう権力者やマレー農耕民の側からすると、こうした人びとから得られる森林資源は低地のヌガラ世界で入手できない品として貴重であったのである。

そうしたなか一五世紀には、地方勢力のひとつとして台頭しつつあったマラッカの王がイスラームに改宗した。この当時イスラームは海洋交易ネットワークを築くうえで重要な役割をはたしていた。マラッカに続いて他の地方権力者も改宗を進め、ラジャではなくスルタンというイスラーム式の称号を使うようになっていった。そしてヌガラ世界のもとにあった人びとも徐々にイスラームを受容していったわけである。しかし権力者の統治の枠組みの外で暮らしていた集団はその潮流にはなく、ムスリムの従属者とそうでない人びと、というように分化が進んだ（Dentan et al. 1997; 信田 二〇〇四；口蔵 二〇一四）。

その後植民地支配がはじまると、英植民地政府はイスラーム教にかんする権限をスルタンに与え、ムスリムを「マレー人」とひとまとめにした。そしてマレー人をネイティブの統治対象、それ以外の土着の人びとを管轄外のアボリジニと区別した。このため沿岸部や森林部に暮らす非定住の集団や、奥地で農耕を営む集団は、アボリジニとして植民地政府の統治の枠外にあった。

けれども第二次世界大戦後の非常事態宣言期、森林部に潜伏する共産主義ゲリラを撲滅するために、植民地政府は奥地のアボリジニを法的に定義して政治的にかかわるようになった。これによって彼らも集権的な政治体制のもとに位置づけられたわけである。そしてマレーシアが独立し、非常事態宣言期が終了すると、「アボリジニ」は「オラン・アスリ」と改名された。こうして現在、バテッもオラン・アスリとしてマレーシア国家に位置づけられている。

2 領域型国家の始まり

クアラ・コ村の正式名称は「オラン・アスリ村クアラ・コ（Kampung Orang Asli Kuala Koh）」といい、一九九〇年代半ばに設立された。クランタン州ルビル上流のコ合流点（クアラ・コ）の近くに位置し、ここに暮らすのはルビル川筋で農民と経済的関係をもちつつ狩猟採集などを営んできたバテッである。彼らは元は川に沿った遊動生活を送っていた人びとだ。しかし第1章でみたように、現在クアラ・コのバテッは、車やバイクでしか行けないような場所に暮らす親戚を頻繁に訪問している。しかもこうした親戚関係は、彼らがバイクや車を利用するようになった近年に結ばれたものではなく、より上の世代でつくられたものである。筆者は調査を始めてすぐのころ、こうした関係がどのように結ばれたのかという疑問を抱いた。

さらに年長者と話していると、誰々の父や母は「バテッ・トゥ」や「スムライ」だったという話を聞いた。「バテッ・トゥ」は行政的にはメンドリという集団にあたり、クアラ・コから車で一時間以上かかる場所に暮らしている。また「スムライ」とは、アスリ語派で「農耕民」を意味する語である。こうした人びとが彼らの祖先に含まれているというのである。

前節でバテッの生活圏（図2—1）とともに少しふれたが、バテッの言葉は流域ごとに多少異なり、クアラ・コの年長者はそうした訛りをもとに「バテッ・デ（デの人）」や「バテッ・トゥ（トゥの人）」などと区別して昔話をする。その話に登場するのは、「バテッ・デ／テ」、「バテッ・トゥ」、「バテッ・テール」、「バテッ・イガ」、「スムライ」である。クアラ・コの周辺は、デやテの訛りのあるバテッ・デやバテッ・テが暮らしていた地域だ。

いっぽうバテッ・トゥは、クランタン水系の西のガラス川筋からルビル下流域を利用する人びとの総称であり、これらの人びとは、行政的にはメンドリという集団にあたる。さらにルビル川筋の東の支流や、そこから山越えして到達するトレンガヌ州のブスッ川の上流域やトレンガヌ川の上流域で生活していたのは、「バテッ・テール」というテールの訛りのある人びとである。そしてパハン水系クニヤム支流の人はイガの訛りがある「バテッ・イガ」で、彼らはルビル上流域に来ることもあった。

クアラ・コのバテッの祖先には、こうしたバテッ・トゥやスムライなどが含まれる。つまりこのように異なる言語を話す人びとと「バテッ・デ」や「バテッ・テ」、あるいは彼ら自身が「バテッ・ブトゥル（本当の人）」という人との通婚によってクアラ・コのバテッが生まれた。言語が異なるということは、これらの集団は地理的に隔たれ日常的な交流が少なかったことを意味する。そしてクアラ・コのバテッは現在も、ここに挙げた川筋へアクセスする際には車やバイクでそれなりの時間をかける。

しかし彼らは、車やバイクのない時代もこうした集団と交流していた。前節でみたように川を使って移動していたと考えられるが、それが現在は陸路の移動に置き換わっている。そこで本節では、交通路と人の移動に着目して景観の変化をみていきたい。

なお半島マレーシアで、領域区画型の土地利用と陸路の開発が体系的に始められたのは植民地時代である。つまり「国家の景観構築」の基盤がこの時代につくられた。本節でみていくのは、こうした特殊なニッチ構築がいかに実施され、バテッの暮らしにどのような影響を与えたのかということでもある。水路を基盤としたヌガラ世界から陸路を基盤とした領域型国家への変化のなか、バテッはどのような経験をしてきたのだろうか。クアラ・コの位置するクランタン水系のルビル川筋を中心にみていきたい。

1……領域型統治の始まりと鉄道の開通

ヨーロッパの探検家や行政官がクランタン州を初めて訪れた二〇世紀初頭、クランタン水系の人びとは川を交通路とするヌガラ世界のもとで暮らしていた（Skeat and Blagden 1906; Clifford 1992）。当時の幹線道にあたるのはクランタン川で、その河口のコタ・バルより川を遡行すると、クライ分岐点（クアラ・クライ）で西のガラス川筋と南のルビル川筋に分かれる。このルビル川筋の上流にコ合流点（クアラ・コ）は位置する。

クライ分岐点より下流の平地には、サワとよばれる水田が広がっており、河口のコタ・バルは経済の中心として栄えた。クランタン州が植民地となった後は河口から低地にかけて道路が建設されていたが、一年のうち約五か月は北東モンスーンがもたらす雨によって水没して通行できず、内陸への拡張が拒まれていた（Talib 1995）。そのため州の三分の二を占める上流域へは川をつうじて接近するしかなく、クライ分岐点はこうした下流と上流、またルビル川筋とガラス川筋を結ぶ要衝であった。

ルビル川筋はタイ南部パタニにあるサイ川からパハン州テンビリン川を結ぶルートの一部でもあり、タイ（シャム）とつながりのある人も農耕を営んでいた。これらルビル川筋に暮らす人びとは森林産物の交易とコメの生産に携わっていた。当時の記録によると、ルビル川の下・中流域だけでなく、現在タマン・ヌガラ公園に指定されている上流域でもマレー農民が水牛を飼ってコメを生産し、余剰分を金の採掘者のいるガラス川筋に供給していた。バテッはこうした農村の近くに暮らし、コメや塩、タバコ、腰巻用の布、ナイフなどを得るために森林産物を農民と交易するほか、農耕の手伝いもおこなっていた（Schebesta 1973; Evans 1968; Endicott 1974）。その後植民地化の進んだ一九三一年、クランタン州に大規模な陸路が完成した。クランタン川の河口から州を南北に走るかたちで鉄道が開通し、西海岸やシンガポールの港とクランタン州を結んだ。こうした港にはヨーロッパと往来する船が入港していた（図2—5）。

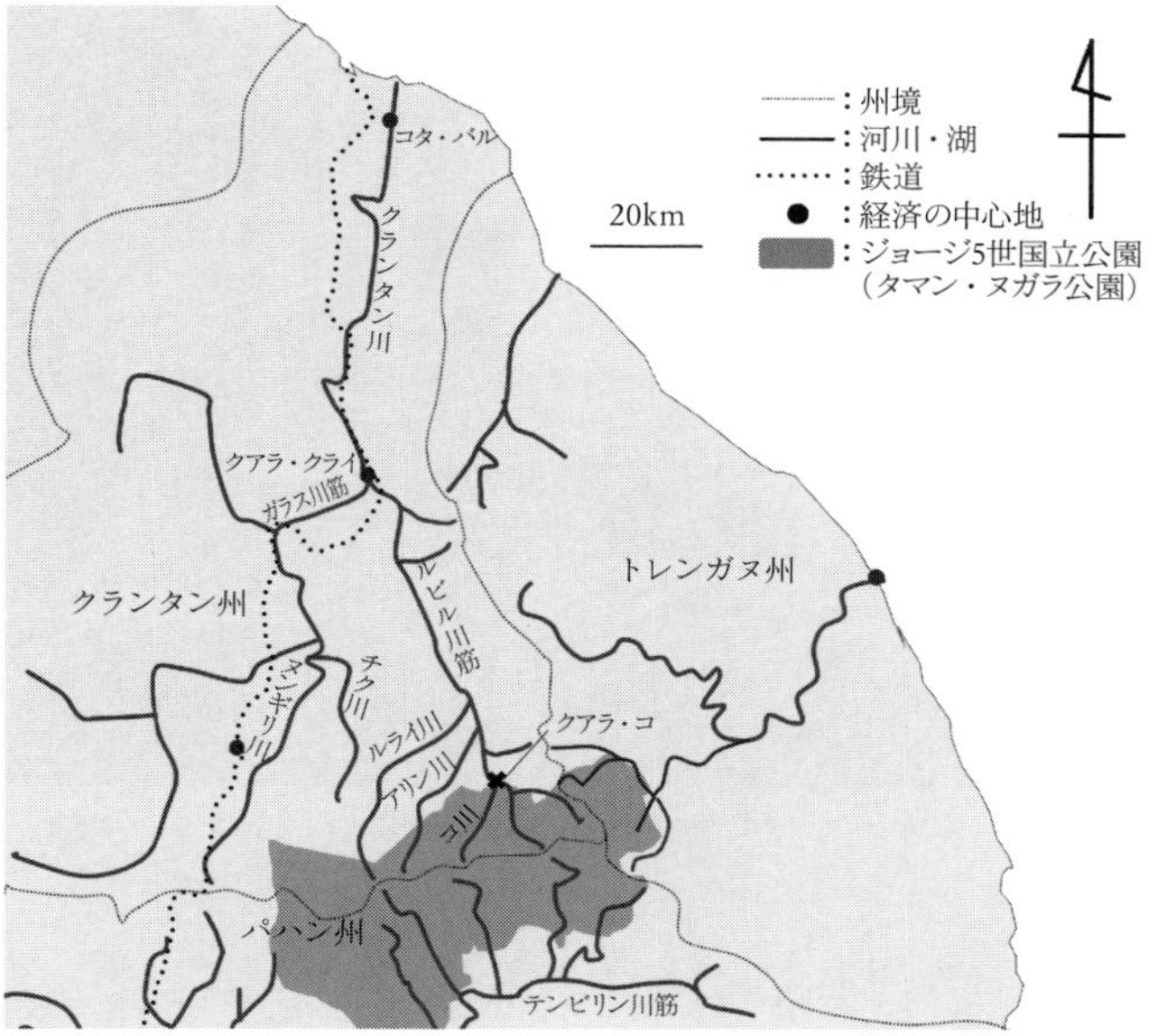

図2-5　鉄道と川筋の位置関係

鉄道の開通によってヨーロッパへの輸出品の生産が活発になり、バテッの生業にも変化が生じた。鉄道の開通後、ルビル川筋のバテッの一部はルライ支流より山越えしてガラス川筋チク支流へと移動し、トウ（*Calamus* spp.）や天然ゴム（*Palaquium gutta*）の採集に携わるようになった（Endicott 1984, 1997）。このうちトウはマレー人が仲買人となって鉄道まで運び、天然ゴムについては、バテッやマレー人が鉄道まで運んだ。そこから半島西岸の港へと運ばれた後にヨーロッパへと輸送され、トウはポロの競技用スティ

図2-6　タマン・ヌガラ公園入口を示す石標（クランタン州クアラ・コ村近く）

ックなどに、ゴムは海底ケーブル断絶材の原料となり、海を越えた通信を可能とした（Endicott 1984）。鉄道の開通とともに、バテッはそれまでの水上交通を基盤とした東西交易から、より広域の世界経済ネットワークにかかわるようになったのである。

鉄道の開通とともに進んだのは、森林産物の取引だけではなかった。ヨーロッパとの貿易拠点である半島西岸の港と結ばれたことで、クランタン流域でも鉄道沿いにゴム園が開拓されていった。当時欧米ではモータリゼーションが進み、ゴムの需要が高まっていた。そうしたなか実業家に土地を分け与え税収とするために、植民地政府は土地法の整備を進めた（河合二〇一九）。こうして領域区画型の土地利用の法的基盤が整えられていった。

鉄道沿いは人が集まる場所となり、環境の改変が進んだ。ガラス川筋ヌンギリ川に暮らすバテッ・トゥのなかには、生活環境の改変をうけて他の川へと移動を開始した家族もあった。彼らはルビル川の下流へと移動し、ルビル川筋のバテッに混じって暮らすようになった。バテッ・トゥは行政的にはメンドリに区分されるが、ルビル川筋に移動してそこの人びとと通婚し、後には行政的にもバテッと区分されるようになった。

筆者がともに暮らしたバソンの父の祖父も、この家族に含まれる。クアラ・コのバテッと話をしていると、彼らは「我々バテッはヌンギリ川でも生活していた」などと言うことがある。クアラ・コからヌンギリ川まで車で数時間を要する。まさかそんな場所で暮らしたことはないはずだ、きっと大げさに言っているのだろうなどと思っていた。そのため、しかしよくよく聞いてみると、彼らは非常に昔の事も伝えてきたのである。過去の記録と照らし合わせてみると、確かにヌンギリ川出身でルビル下流に暮らしていたバテッがルビル川筋のオラン・アスリ保留地に滞在していた記録がある。そしてその名前と家族構成はバソンの祖父の家族のものなのである（Abdullah and Yaacob 1974）。水路が主要な交通網であった当時の人びとは、その場所まで車で何時間を要するかという我々の感覚とは異なる感覚で生活していたのだろう。そして遊動生活を送る人びとは、その違いがより顕著だったと考える。

ガラス流域に鉄道が開通したのと同じころ、ルビル川筋アリン支流のバテッにも移動が生じた。アリン上流でマレー人が急増したためである。この増加はアリン上流で鉄鉱石の採掘が始まったことに関係すると考えられ、近くに暮らしていたバテッは離散していった。アリン支流の一部の家族はルライ支流へ移動し、狩猟採集に従事しながらマレー農民の手伝いや森林産物の交易を継続した。また他の家族は山越えしてパハン水系のテンビリン川筋へ移動し、世代を経てテンビリン川筋クニヤム川の言葉「イガ」を使うバテッ・イガになった(Endicott 1979)。

植民地化によってクランタン州には鉄道が開通し、ゴムプランテーションもつくられた。鉄道の近くには人が集まり経済活動が活性化したが、バテッは川を使って移動することでこれに対応していた。マレー農民などヌガラ世界で生活してきた住民についても同様のことがいえる。とくにパハン水系など他水系への移動は、ルビル上流の支流を遡って山越えし、他の水系の上流へ移動するという経路が広く利用されていた。筆者の調査時にバソンの家族がパハン州の親戚訪問に使ったのもこの経路である。現在この山越えルートを使うのはバテッに限られているが、当時はマレー農民も生活道として利用していた。

しかし植民地時代の進行とともに、生活道のはしる一帯が自然保護区に制定され、マレー人の利用が法的に禁止された。このような自然保護区の制定はなにもマレーシアに限ったことではない。帝国主義時代の当時、世界各地の植民地では開拓が進められており、その反動として植民地行政官のあいだに自然保護思想が高まっていた。そして領域区画型の土地利用という前提のもと、さまざまな植民地で自然保護区が制定されていたのである（ラートカウ 二〇一二）。ルビル上流の保護区も、こうした思想に感化されたハバック（Theodore Hubback）という行政官が制定したものだ。彼はスポーツハンティングの愛好家であり、当時自然保護を掲げる行政官にはスポーツハンティング愛好家が多かった。

保護区制定から数年後、この保護区はスポーツハンティング愛好家として有名な英王ジョージ五世の即位二五周年を記念して「ジョージ五世国立公園（King Gerge V National Park）」と命名された。それがマレーシア独立後、「国の公園」という意味の「タマン・ヌガラ」という名称に改められたわけである。保護区が制定された当時、マレー人の往来が厳しく取り締まられていたとは考えられない。しかしマレー人と異なりネグリトは区域内の保護の対象とされ、現在までバテッの利用は特別なものとされてきた（図2―6）（Kathirithamby-Wells 2005）。

この時代の変化をまとめると、植民地時代には複数の水系を横断する鉄道が建設され、クランタン流域は半島西部の港と結ばれた。これと同時に土地法が定められて領域区画型の開拓も進んだ。「国家の景観構築」が始まり、その制度的基盤も整備されたといえるだろう。さらに人びとの日常生活から自然を切り離して領域的に保護する試みもなされた。それまでルビル川筋のバテッや農民は川を水路として利用する生活を送っていたが、保護区制定にみたように、政府の側はこれらの人びとをマレー人やネグリトといったカテゴリーを使って区別し、それぞれ異なる方法で対処した。そして後にこれがより顕著なかたちで推し進められることになる。

2……混乱期における人の移動

半島では一九四一年に戦争が始まり、植民地行政が始めた陸路建設と領域区画型の環境改変は停滞することになった。太平洋戦争が勃発し、半島東海岸のコタ・バルに上陸した日本軍が鉄道に沿って南下してくると、線路の近く、ガラス川筋チク下流域で天然ゴムの生産に従事していたバテッは上流へと移動した。そして一部は山を越えてルビル川筋ルライ支流に移住し、そこからさらに一部は山越えしてパハン水系へと分散していった(Endicott 1979, 1984)。

それまでバテッは鉄道開通に伴う新たな経済ネットワークに携わり、交易への依存を高めつつあった。しかし、森林産物の取引に使われていたタイからの輸入米は流通網が機能しなくなったため入手できなくなった。さらに森林産物の消費地であるヨーロッパとの物流も停止し、ガラス川筋における経済活動は衰退した。こうしたなか、マレー農民もルビル上流へと逃げてバテッの近くで生活していた。

けれども戦争終結から三年後の一九四八年、非常事態宣言が発令されて、ルビル上流のマレー人が下流の村に移住させられることになった。この宣言は、共産主義者らのゲリラ活動をうけて発令されたものである。森林部に潜伏する共産主義者らを孤立させるために、イギリス軍政府は奥地の居住者を政府の目が届く場所へ移住させてゲリラの戦力をそぐという作戦を展開した。これによってルビル流域でもマレー農民だけが下流へと集団移住することになった。

こうしてバテッの経済的パートナーであるマレー農民がルビル川筋よりいなくなった。日和見フォレージングというかたちの生活を送ってきたバテッは、輸出用森林産物の交易の他にも、マレー農民の農耕の手伝い、トウや灯火材として使うダマールという樹脂などの交易によって得たコメに、多少なりとも依存していた。マレー農民の移住後、農民の残した果樹園などを利用するようになったバテッもいたが、それまで交易によって得ていた食料を入手できなくなったため、食べ物を探して「最長でも一〇日を超えずに」居住地を変えねばならなかった(Abdullah and Yaacob 1974: 63)。さらに狩猟採集や漁撈といった食物獲得活動を強化しても生活が苦しかったため、一部のバテッは交易相手を求めてパハン水系へ移動していった(図2—7)(Endicott 1984)。いっぽうガラス川筋チク上流には、戦後もバテッ・トゥ(メンドリ)がマレー農民と交易しつつ暮らしていた。しかしここでもマレー農民が強制移住となった。交易相手がいなくなったことにくわえ共産主義ゲリラと出くわす可能性も生じたため、この川のバテッも離散していった。そしてそのうちの数家族はルライ支流に移入し、ルビル川筋のバテッとの通婚が進んだ(Endicott 1997)。

非常事態が宣言された後、クランタン州の奥地に暮らすマレー農民の集団移住は続いた。こうして日和見フォレージングを営んできたバテッは交易相手を失っていったが、一九五六年にはルビル川筋のバテッも移住計画の対象となった。このころにはオラン・アスリ局が設立され、奥地に暮らすオラン・アスリにかんする事項を担うようになっていた。ルビル流域ではマレー人の移出後も複数のゲリラ活動が報告されていたため、ゲリラ部隊を孤立させる目的で、オラン・アスリ局は「ルビル上流で遊動生活を送るオラン・アスリをラロッの上流地点に集めて定住させる」計画を実施した（Carey 1976: 117）。

　オラン・アスリ局はルビル流域とその一帯で暮らす四〇〇人あまりのネグリトを集め、週に一回、食料を配給して作物栽培の援助もおこなった。集められた人びとは、支給されたコメや小麦粉を消費しながらそこに留まり、トウモロコシ、キャッサバ、サツマイモなどを育てると同時に、狩猟や採集活動も続けていた。

図2-7　パハン州のタマン・ヌガラ公園入口。パハン州のテンビリン川下流は現在では有名な観光地である

　しかしオラン・アスリ支局のあるクライ分岐点（クアラ・クライ）から毎週ボートで物資を届けるのは財政的負担が大きく、オラン・アスリが育てていた作物もわずかな量しか収穫できなかった。そして計画の開始から一年半後、食料配給が打ち切りとなり、集まっていた人びとは元の川へと分散していった。

　太平洋戦争とその後の混乱期の人の動きをまとめてみる。まず戦争が始まってから、バテッもマレー人も線路から離れた川の上流や奥地のルビル川筋へと移動した。そして戦後の非常事態宣言期には奥地のマレー人が下流へと集団移住した。いっぽうオラン・アスリのネグリトは川筋に残され、バテッとマレーの生活空間が大きく分けられた。その後オラン・アスリ局がバテッを保留地に定住するよう働きかけたが、その試みは一時的なものに留まり、バテッは定住することなく川に沿った遊動生活を続けていた。しかしこうしてバテッのみが利用していたルビル流域が、マレーシア独立後に改変されていくことになる。

3……保留地の設立とバテッの移動

混乱期を経てひとつの主権国家として独立すると、マレーシア政府は植民地政府の手法を継承するかたちで、領域区画型の環境改変と陸路の建設を進めるようになった。クランタン州でもヌガラの中心であったコタ・バルが州都になり、クランタン流域が州の土地として州政府の権限のもとにおかれた。土着の政治組織は植民地支配を経て近代国家の行政システムへと変容したが、バテッのような人びとの暮らしは、必ずしもそうすぐに変わるものではなかった。

バテッはマレーシア独立後もルビル流域の広域を利用する遊動生活を送っていた。彼らは特定の場所にまとまって定住するのではなく、家族ごとに川に沿って生活場所を移動させていたため、政府が流域の環境を改変するのは困難な状態だった。しかし一九六八年に非常事態宣言が再発令されたことが、思わぬかたちで作用した。

このころ共産主義ゲリラの活動が再発したため、再び非常事態を宣言して政府は奥地への介入を強めた。前回の非常事態宣言期にオラン・アスリ以外の人びとは政府の目の届く場所へ集団移住していたため、この非常事態宣言期の治安維持活動は、奥地にオラン・アスリ保留地をつくり、そこにオラン・アスリを集めて定住させ、管理下におくというものだった。そしてオラン・アスリが使っていた広大な土地は「無人の空いた土地」

になり、開拓が始められた。

ルビル流域のバテッにたいしても保留地が設立されることになった。このころバテッは、ボートで川を上ってきた仲買人と森林産物を交易しながら狩猟採集をする遊動生活を送っていた。しかし一九六九年、オラン・アスリ局は「この地域の森で生活するバテッが定住し農耕に従事することで、将来的に狩猟・採集のみに依存せずに暮らせるようにする」という目標を掲げ、大規模な定住化計画を実施した(Abdullah and Yaacob 1974: 2)。

オラン・アスリ局は、ルビル下流のリンギッ砂州(パスィール・リンギッ)にルビル保留地を設置し、流域のバテッを集めて食料支援と農耕援助をおこなった。保留地にはヘリポートが建設されたほか、医療設備、無線設備、教育施設等が整備され、マレー人のフィールドアシスタントと教師が常駐した。ルビル保留地で暮らした経験のあるクアラ・コの年長者によると、コメや「茶色の砂糖のかたまり」がヘリコプターで届けられることもあったという。陸路で奥地にアクセスするのが困難だったため、当時は現在より頻繁にヘリコプターが使われていた。

さらにオラン・アスリ局は、彼らの生活を近代化するという目的で現金収入源となるゴムを植樹した。しかし生長に時間がかかることもあり、バテッは支給された食料と、トウや樹脂などの交易によって入手したコメに依存した暮らしを送っていた(図2—8)。

ルビル保留地はルビル下流のマニッ・ウライという町と伐採道で結ばれ、車で三時間、歩いて八時間を要した(Abdullah and Yaacob 1974)。マニッ・ウライは鉄道の駅が開設されて栄えた町で、ゴム園が広くみられるようになっていた。しかし、上流へアクセスするには川を使うのが一般的であったようだ。当時オラン・アスリ局の職員は、マニッ・ウライよりさらに下流のクライ分岐点(クアラ・クライ)から船で四時間ほどかけて保留地

図2-8　現在のルビル村(元ルビル保留地)。クアラ・コとはだいぶ様子が異なる

まで上ってきていた。

保留地でバテッは三つの居住群に分かれて暮らしていた。第一は元々ルビル下流の保留地一帯を利用していた一一家族(四四人)の居住群、第二はアリン支流のバテッを中心とした一〇家族(三八人)の居住群、そして第三の居住群として、バソンの祖父を含むガラス川筋からやってきた家族など六家族(二二人)の居住群が形成されていた。日和見フォレージングというかたちで離合集散する生活を送ってきた彼らは、大勢が一か所に居住するよりも、近しい親族同士でまとまって暮らす方がよかったのだろう。なお保留地にはルビル川筋のすべてのバテッが集まったわけではなく、フーイの祖父の家族などは、ルビル上流や他の支流で生活を続けていた。

そして一九七四年、オラン・アスリ局はアリン支流にも保留地を設置した。するとルビル保留地に滞在していたガラス川筋出身の数家族は、アリン保留地へと移動した。しかし彼らは元からアリン支流を利用していたバテッと良好な関係を築くことができず、政府がアリン保留地に植樹したゴムの分配にも不満が生じた。そのため、アリン保留地を離れてルビル中流や上流へと移動した。バソンの祖父の家族もこれに含まれる。

ルビル流域で開発に向けた動きが始まった一九七〇年代についてまとめてみる。この当時はルビル下流より伐採道が拓かれ、丸太の切り出しが進んでいた。マレー人は過去に集団移住していたため、流域を利用するのはバテッのみであった。しかし彼らは治安維持のために保留地に暮らすことになっており、行政上はルビル流域の大部分は「空いた土地」となっていた。そこが開発用地とされたのである。しかし実際にはバテッは、「空いた土地」も利用しながら川に沿った遊動生活を続けていた。彼らは保留地に留まるというよりも、保留地で得られる食料や農作物を日和見フォレージングに組み込んでいた。これについては次章で詳しくみていきたい。

一九七〇年代半ば、ルビル川筋のバテッは大きく四つの集団に別れて暮らしていた。図2—9に示した番号をもとにみてみる。最も下流にいたのはルビル保留地一帯を利用する家族(①)であり、アリン支流にはアリン保留地とその周辺で生活する家族(②)がいた。そしてルライ分岐点周辺のルビル中流域を生活圏とする家族(③)もおり、ルビル上流域にも別の家族(④)が暮らしていた。

そして上流を利用していたのは、バテッ・デというルビル川筋の出身者と他の川筋の出身者が通婚した家族であった。たとえばガラス川筋のチク川やヌンギリ川の出身者であり、彼らは「トゥの人(バテッ・トゥ)」とよばれ、行政的にはメンドリにあたる。さらにパハン水系クニヤム川の「イガの人(バテッ・イガ)」やサピア川の「スムライ(スマッ・ブリ)」も含まれる(Endicott and Endicott 2008)。こうした人びとは、タマン・ヌガラ公園内の山越えルートを使って、ルビル上流からパハン水系やトレンガヌ水系と行き来し、親戚関係を築いてい

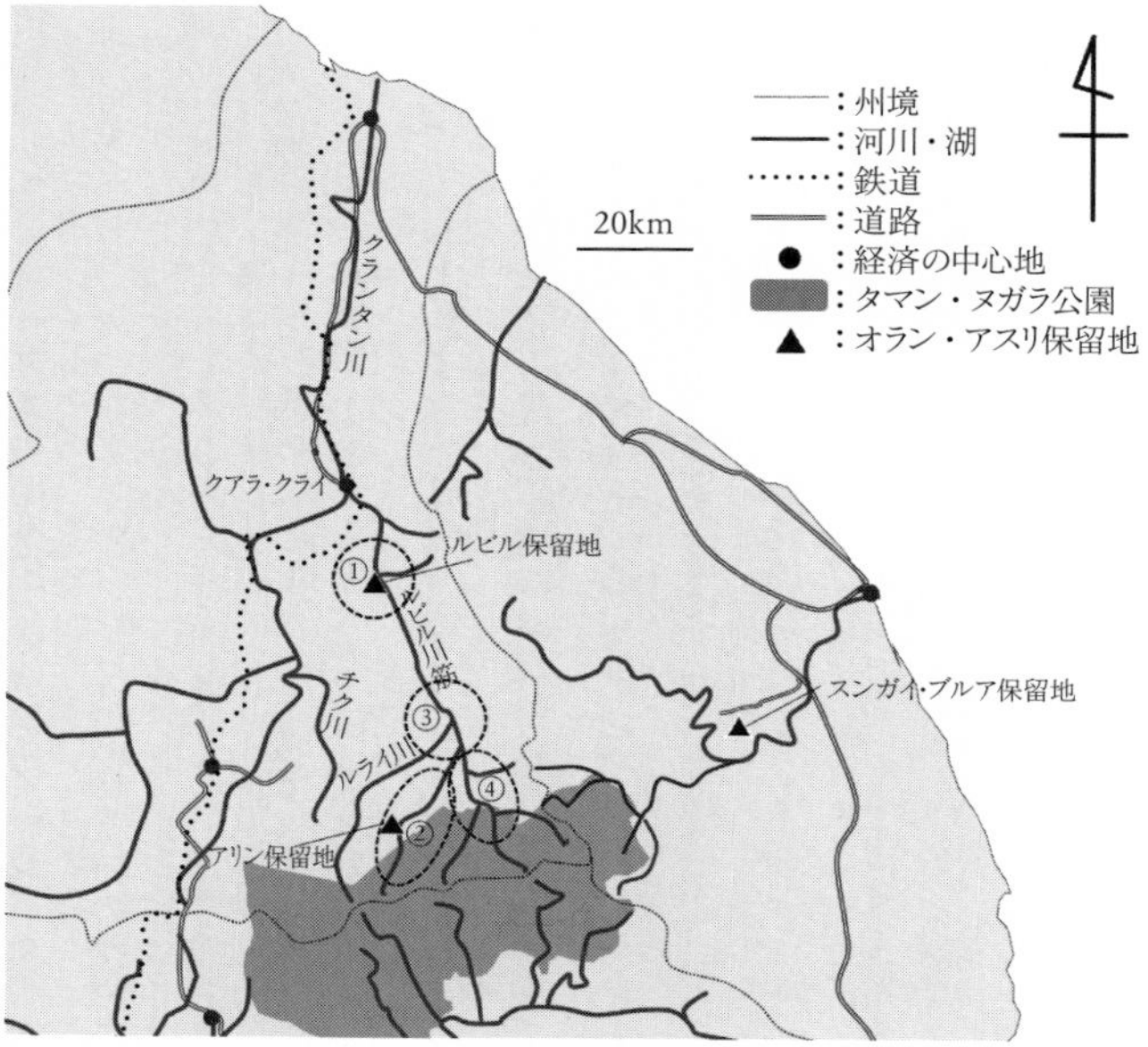

図2-9　1970年代のルビル川筋とバテッの生活圏

た。

第1章でみたようにクアラ・コの人びとの親戚が遠く離れた場所に暮らしているのは、彼らがこうして親戚関係を築いていたためである。彼らは川を頼りに山を越え、他の川筋の人びとと親戚関係を築いていた。しかし後の開発によって交流に使われた水路は分断され、彼らの移動は陸路にとってかわられることになる。第4章では、クアラ・コ集団の母体となった人びとの一九七〇年代の暮らしを概観した後、一九八〇年代以降の領域型の環境改変によって川筋世界がいかに変容したかみていきたい。

第3章

遊動生活と川筋世界の変容

1　川に沿った遊動生活

ルビル川筋では、非常事態宣言期にマレー人が下流へと集団移住した後、流域を利用するのはバテッのみという状態が続いた。この当時バテッは川に沿った遊動生活を送りながら、トウの交易をおこなっていた。本節ではこのころのバテッの遊動生活について、一九七〇年代に調査をおこなったエンディコット夫妻による研究（Endicott 1979, 1984; Endicott and Endicott 2008）を参考にしつつ、筆者のインタビューをもとにみていきたい。

もちろん当時はクアラ・コ村という村は存在せず、現在バテッが用いる「バテッ・ワス・クー（コ合流点のバテッ）」という言葉も、そのような認識も存在しなかった。そのころルビル流域には、ルビル保留地とアリン保留地という二つの保留地が設置され、オラン・アスリ局はそこにバテッを集めて定住させようとしていた。さらに当時は木材の輸出が加速しており、クランタン州でも丸太の切り出しのための伐採道がルビル下流にまで到達していた。

しかしそれより上流は手つかずの状態で、ルビル中流からアリン合流点に至る川岸など、非常事態宣言以前にマレー農民が居住していた一帯には、農村や果樹園の跡地が存在した。クアラ・コ集団の母体となったのは、こうした跡地と森を利用しながら遊動生活を営んでいた人びとである。なおこの当時、ルビル流域で生活するのはごくわずかのマレー農民と、保留地に暮らすバテッと遊動生活を送るバテッ、合わせて約二〇〇人であった。

遊動生活を送るバテッは、ルビル川の中流から上流のあいだを川に沿って移動しながら狩猟採集や漁撈活動、トウの交易や焼畑農耕に従事し、政府より支給された食料も消費する「混合経済（mixed economy）」を営んでいた。このときマレー農民は下流へと移住していたため、農民への労働力の提供はおこなっていなかった。また多様な活動を組み合わせるバテッの生業スタイルは、生活場所を移動させてさまざまな資源にアクセスすることによって成立するため、焼畑農耕であっても、作付け後によそへ移動して一定期間したら戻ってきて収穫するという放置型の農耕がおこなわれていた。

ルビル上流と中流を生活圏とするバテッは、一九七五年九月〜一九七六年八月の一年のあいだ、ルビル上流から中流のルライ合流点までをキャンプ移動するだけでなく、ルビル最上流にあるマレー果樹園跡も利用していた。さらに、ときにはルビル上流より八〇キロメートルほど下流の町、クライ分岐点（クアラ・クライ）まで、男性が筏でトウを売りにいくこともあったという。

彼らのキャンプは川沿いでおこなわれ、新たなキャンプ地への移動は、筏で川を移動するか徒歩で川沿いを移動するという方法がとられていた。ひとつのキャンプに滞在する期間はそこで得られる資源量に応じて変動し、最短で一日、長くて一か月程と開きがあるが、平均すると一週間程度であった。キャンプの規模は大人二〇人（男性一一人、女性九人）と子ども二〇人ほどというのが平均的であり、少ない場合は二家族、多いと一〇家族の核家族が離合集散する形態である。

エンディコット夫妻が調査を開始した一九七五年の九月、アリン合流点より少し上流のルビル川岸のマレー居住地跡には、数家族がキャンプをしながらトウモロコシの植えつけをおこなっていた。その後この家族は上流にいたキャンプ集団と合流し、七五人と大きいキャンプが形成された。これらの人びとはトウの仲買人と契約を結びコメや小麦粉を前払いとして受取ると、トウを探しにより上流へと移動していったが、後に数家族が分裂して下流の畑近くに移動して生活するようになった。

上流へと移動したバテッは、離合集散を繰り返しながら二〇～六〇人ほどのグループを形成し、ルビル川沿いやコ支流でトウの交易と狩猟採集をして暮らしていた。新たなキャンプ地に到着すると、バテッは寝床とする片屋根式のシェルター作りを始める。これは二〇二〇年代の筆者の調査時も同じだ。とくに決まっているわけではないが、シェルターは円形を描くような配置でつくられることが多い。男性は屋根の支えになる枝を切って地面に刺すと、彼らの気配を察知して近くの動物が逃げてしまう前に吹矢猟に出かけてしまう。そして残りのシェルター作りは妻がおこなうのである。

妻の仕事は夫が立てた支柱にヤシ（*Arenga* spp.）の葉の屋根を括りつけていくことであり、できた屋根の下の地面には、ショウガ科などの葉を集めて敷く。うまくフカフカになるように敷くと居心地の良い滞在地になる。また後から男性が床を作ることもあり、その場合は、丸太を数本並べた上に竹を割ってマット状にしたものを敷いて床とする。当時のシェルターの幅は二メートルと小さめだが、大して物を保有しないうえに、身体の小さいバテッの夫婦と子ども二人ほどが寝るにはこの大きさで足りたのだろう。

九月から雨期に入るまでのあいだ、彼らは森で得た食料だけでなく、月に一度の頻度でボートで上ってきた仲買人から得たコメや砂糖を消費していた。トウの仲買人は彼らの重要な経済パートナーであったということである。しかし雨期が始まり一一月半ばに川が増水すると、下流に暮らす仲買人がボートで上がってくることができなくなった。そのため、コ支流にいたバテッは、交易で入手した食料を消費しつくした後は、野生の動

図3-1　キャッサバを植える。バテッは現在も放置型の農耕を営む

植物に依存してすごした。

そして雨が少なくなり川が落ち着いた一九七六年一月末、オラン・アスリ局がルライ合流点の少し下流で定住化計画を開始した。上流にいたバテッ八九人とアリン支流にいたバテッ七六人が集まり、オラン・アスリ局の指導のもと、支給されるコメなどを消費しながら畑を拓いて作物の植えつけを開始した。しかしオラン・アスリ局より支給される食料のみで生活することはできなかったため、バテッは畑作業と並行してトウ採集によって足りない食料を賄うようになった。ひとつのことに執着せずに暮らすバテッの日和見フォレージングはこうした場合にも発揮される（図3―1）。

そして農耕とトウ採集を組み合わせて生活しているうち、彼らは次第にトウの採集に適した森を拠点にするようになっていき、四月末には森へと移動して、ときどき畑の様子をみに来るようになったという。畑をつくったとしても、そこに腰を据えて暮らすのではなく、畑が採集地としてフォレージングに組み込まれることになったのである。さらにその後バテッは、果実の季節に合わせて上流のマレー人果樹園跡近くに移動する予定をしていた。

一九七〇年代半ばのルビル流域は、川沿いに森やマレー農村跡が存在し、バテッは家族単位で川に沿って生活場所を移動させながら、狩猟採集、植物の植え付けと採集、そして交易用トウの採集をして暮らしていた。またバテッが川に沿って移動していたのと同様、彼らとやり取りをするトウの仲買人やオラン・アスリ局の職員もボートで川を上ってくるというように、川を交通網として利用していた。クランタン川の上流に位置するルビル流域は、いまだヌガラ世界としての側面の強い空間だったのである。

過去に彼らの経済的パートナーであったマレー農民は流域からいなくなっていたが、トウの仲買人が彼らの経済的パートナーとしてコメや日用品を定期的に届け、バテッが採取したトウを広域の経済ネットワークにのせていた。またオラン・アスリ局も食料配給をおこなっていた。バテッはこうした経済的機会を自給的な狩猟採集と組み合わせて暮らしていたが、トウを探して移動することは、彼らの食料資源の獲得にもプラスに作用したとみられる。トウを探してキャンプを移動することは、それまで彼らが狩猟採集をおこない資源が減少していた場所から資源の豊富な新しい場所へ移動することにもなるからだ。次に彼らがどのようにトウ採集や食料の獲得をおこなっていたのか、具体的に生業についてみていきたい。

2 動植物利用と交易

本節ではルビル川筋に沿って遊動生活を送っていた時代のバテッの生業についてみていきたい。なおここでは、先にふれた一九七〇年代のルビル流域におけるエンディコット夫妻の研究（Endicott 1969, 1974, 1979, 1984; Endicott and Endicott 2008）と、同時期にトレンガヌ州のスンガイ・ブルア村のスマッ・ブリを対象に調査をおこなった口蔵が、一九七〇年代のバテッとスマッ・ブリの生業を比較した研究（口蔵二〇一三）をもとにしつつ、筆者のインタビューによって得た情報を組み合わせて記述する。

一九七五年九月〜一九七六年六月の約半年年間でバテッが生業に費やした時間は、成人男性で平均して一日四時間七分（二四七分）、成人女性で二時間五五分（一七五分）であった。これは週休二日の労働時間に換算すると、男性は一日につき五時間から六時間ほど、女性は四時間から五時間ほどの労働時間に等しい。それぞれ男性と女性の内訳を図3―2に示した。男性はトウ採集に費やす時間が最も多く、それについで吹矢猟、ヤムイモ採集という順になっている。いっぽう女性はヤ

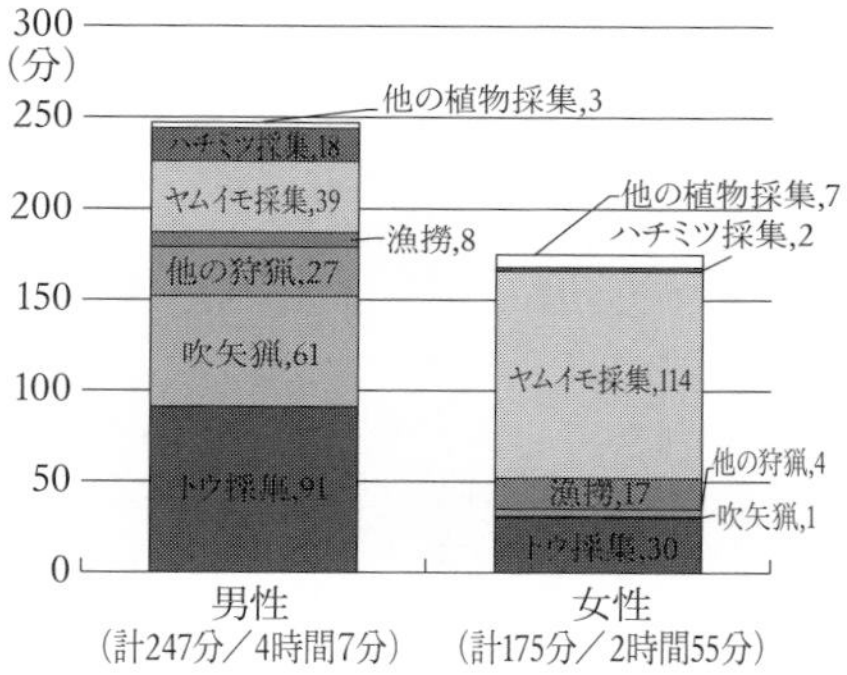

図3-2　一日あたりの生業活動時間の平均値

ムイモ採集に費やす時間が最も多く、トウ採集、漁撈という順である。これについてそれぞれ具体的に活動をみてみたい。

1……狩猟

バテッがおこなう狩猟は、吹矢猟、掘り棒を使ったタケネズミ猟、山刀を使った手づかみ猟の三つに大別できる。なお頻繁に目にするイノシシは、ワナを仕掛けておけばすぐに獲れそうであるが、彼らはワナ猟をおこなわず、ワナ猟は得意ではないと言っていたそうだ。バテッに限らず、遊動生活を送り思い立ったらすぐにキャンプを移動させるネグリトの多くは、あまりワナ猟をしない。これはワナ猟という活動が、獲物がワナにかかるまで待たねばならない、どちらかといえば遅延報酬の営みであるためだと考えられる。

吹矢で仕留めるのはリスやサルなどの樹上性の動物であり、手づかみ猟は陸生のカメ、センザンコウ（*Manis javanica*）、ヤマアラシ（*Hystrix brachyuran*）などの林床性の動物を対象とする。そして竹の根元に巣をつくるタケネズミは、掘り棒で巣を掘って捕らえる。男性が狩猟活動に充てた時間の平均は生業活動時間（二四七分）の三五・九％（八八分）であるのにたいし、女性は全生業活動時間（一七五分）の二・九％（五分）しか狩猟活動に費やしていない。

男性の狩猟活動のなかでも吹矢猟は全生業活動時間の二五％ほど（六一分）を占め、約三七％を占めるトウ採集に次いで高い割合を占める。

バテッが吹矢猟に出かける際は、吹筒と毒針の入った針筒を携帯する。吹筒は外筒と内筒より成り、外筒は約二一〇センチメートル、内筒はそれよりやや短く、約二メートルである。筒の内径は約一センチメートル、吹口には樹脂でつくった丸型の黒いマウスピースがついている（図3―3）。

毒針はヤシ科の植物（*Arenga westerhoutii* など）の葉軸でつくった針に、円錐形の風受けをつけたものである。風受けは針材より軽いヤシ科植物（*Eugeissona tristis*）の葉軸でつくる。針の長さは二〇センチメートルほどで、先端部にはクワ科ウパス属（*Antiaris toxicaria*）の樹液を塗って針毒とする。二〇一〇年代の筆者の調査時にも、バテッは同様の吹矢セットを使用していた。獲物を見つけたら静かに近づいて狙いを定め、両手で吹矢を握って吹口に口をあてがって構えたら、勢いよく息を吹き込んで針を射る。針が刺さった獲物は、毒の効き目にもよるが短い場合で数分、長くて二〇分ほどで木から落ちてくる。

図3-3　吹矢の手入れ

当時の吹矢猟の対象は、サル、ジャコウネコ、リス類、鳥類である。ほぼ同時期のトレンガヌ州のスマッ・ブリの吹矢猟では、二種のコノハザル（*Trachypithecus obscure, T. melalophos*）が捕獲全体の約九〇%を占め、そこにシロテテナガザル（*Hylobates lar*）と二種のマカク属のサルを加えると、全体の約九八%を占めたという。このことから、バテッが吹矢で捕獲した動物もこうしたサルが大半を占めていたと考える。

しかし、バテッはスマッ・ブリより小型動物を多く捕獲していた可能性も指摘されている。各集団の一日一人あたりの平均捕獲量を比較すると、スマッ・ブリは三・一三キログラム、バテッは二・二四キログラムとスマッ・ブリのほうが多いが、狩猟の成功率はスマッ・ブリ三二・三%、バテッ四八・六%とバテッのほうが高い。このことから、バテッは獲物を見つけ次第、大きさに関係なく狩猟していた可能性がある(口蔵 二〇一三)。小動物を見つけ次第狙えば成功率は上がるかもしれないが、捕獲量の平均値は大型動物のみを狙った場合に比べて低くなるためである。

筆者の調査中も、バテッはリスでもサルでも獲物を見つけたらとりあえず吹矢を構えて捕えようとし、小さい獲物なら狙わないというようなことはなかった。スマッ・ブリと一緒に森を歩いたことがないので何ともいえないが、バテッの吹矢猟は、どれだけの肉を得られるかという獲物の大きさや重量よりも、目の前に現れた獲物、すなわちチャンスを逃さないことを重視する傾向が強いのかもしれない。

吹矢猟以外の狩猟として、タケネズミ猟、手づかみ猟などがあるが、これらの活動に費やした時間の平均値は男性二七分、女性四分となっており、こちらも男性の方が多い。

タケネズミ猟は、竹の根元にあるタケネズミ(*Rhizomys sumatrensis, R. pruinosus*)の巣の出入り口の穴を探しだして掘り、巣にいるネズミを捕らえるものである。穴の奥から出てこないときには燻し出しをすることもある。道具は掘り棒が用いられ、最後の一撃を加えるのに山刀が使われることもある。タケネズミ猟に従事した場合の一日の一人あたり捕獲量は男女ともに一キログラムほどであることから、捕獲量に性差が影響しない活動だとみられる。

その他の狩猟動物として、サイチョウ(*Buceros* spp., *Aceros* spp. ほか)、コウモリ(*Tylonycteris pachypus* ほか)、ヤマ

アラシ、センザンコウ、水生のカメとスッポンが挙げられる。バテッは森を歩く際には、刃渡り三〇〜四〇センチメートルほどの山刀（マレー語でパランという）を携帯するので、林床性の動物は、その山刀を使って打ち叩いて手づかみする。またカメを除くこれらの動物は、木の洞や穴などを棲み処とするため、そうした動物の痕跡を見つけた後に狩猟の準備を整えて出直すこともあった。

こうした動物のなかでも、サイチョウの捕獲方法は興味深い。サイチョウはメスが木の洞の巣に留まって卵を温めるため、そこを捕らえるのだ。サイチョウには、メスが巣で卵を産んだ後、つがいのオスが巣の入口を土でふさぐ習性がある。その際、嘴が入るほどの隙間を残しておき、巣のメスにオスが餌を運ぶ。そのためオスが巣にエサを運ぶのをみつけて、巣のある木に登るか木を切り倒してメスを捕えるという。彼らはこうした動物の習性をよく知っているのである。コウモリについては、コウモリが休んでいる木の洞を見つけたらその木を切り倒して捕らえればよく、センザンコウやヤマアラシについては、木の根元や洞にある巣をみつけ、そこを燻して出てきたところを捕えたり、窒息死させたりする方法が用いられる。

さらに水生のカメについては、枯れ枝や落ち葉の溜まった川の淀みや岩の下などに潜んでいるのを、足や木の枝、山刀をつかって探して手で捕まえる。スマッ・ブリの事例ではインドシナオオスッポン（*Trionyx cartilaginous*）は、大きいものでは三〇キログラム近くもあったそうで、大型のカメは銛でついて捕らえていた。バテッも同様の方法を用いていたと考えられる。

2……漁撈

バテッの漁撈は、釣り、網漁、手づかみ漁などの方法を用いる。男性が漁撈に費やした時間は、生業活動時間の三・二％（八分）と非常に少ない。いっぽう女性は生業活動時間の九・七％（一七分）とそれより多い。狩猟とは逆で漁撈は男性より女性がより多くの時間を費やす活動である。

その女性の漁撈とは、釣りである。道具はヤシの葉軸でつくった棹に、交易で入手した釣り糸と釣り針をつけたものである。小川に影がさす早朝もしくは夕暮れ時におこなわれることが多く、獲れた魚は一〇〇グラムを超えることはないが、家族に行き渡る程度の量にはなったという。

いっぽう網漁は、男性が川幅の広い大きい川でおこなう。市販のナイロン製の刺し網（幅約九〇センチメートル、長さ約三・五メートル）を日が暮れるころにかけておいて、翌朝に網を揚げると、比較的大きい魚を獲ることができる。しかし当時、川沿いに住むマレー人が網漁を盛んにおこない魚に依存した暮らしを営んでいたのと比べると、バテッの網漁は単発的におこなわれるのみであった。

筆者もパハン州のテンビリン川沿いの古いマレー村へ出かけたとき、まさに川の魚を日々食べて暮らしているのだろうという人に出会った。話をしたところ、毎日のように川に小舟をだして網を回収しているのだが、おそらく、季節や天候に応じて、いつごろ、どこに網をかけるというような活動が日課になっているのだろう。川幅の広い川ではさほど流れが急ではなく安定しているので、そうしたことが可能とみられる。しかし、元は支流を利用してきたバテッは、そうした網漁は生活の一部とならずにきたのだと考えられる（図3―4）。

しかしバテッは刺し網漁以外の方法も組み合わせて暮らしている。浅瀬では投げ網漁もおこない、また魚が

図3-4　現在も舟が主な交通手段であるパハン州テンビリン川。向こう岸にも船が泊めてある

群れているのをみつけた際には、数人で魚を岩影に追い込んで手で捕まえる。さらに魚毒漁もおこない、これはカキノキ（*Diospyros* spp.）の樹木の樹皮やヤムイモの一種（*Dioscorea piscatorum*）をつぶして川に流し、麻痺して浮かんできたところを捕らえるというものだ。支流域も本流沿いも利用するバテッは、漁撈もひとつの方法に特化することなく、場所に応じてさまざまな方法を使いわけている。

3……採集と農耕

採集は女性が多くの時間を費やす活動である。彼らが採集する食物として、ヤムイモ（*Dioscorea* spp.）や野生のバショウの花、シダ類、ヤシ科植物の髄、ショウガ科の植物、キノコ、堅果類が挙げられる。堅果にはパンギノキ（*Pangium edule*）やウリ科植物（*Hodgsonia capniocarpa*）が含まれる。またバテッは、七〜八月の果実の時期にはマレー果樹園跡へ行き、ドリアン（*Durio* spp.）、ランブタン（*Nephelium lappaceum*）、ランサッ（*Lansium domesticm*）といった漿果を入手し、この時期はそうした果実のみを食べて過ごしていた。

採集活動のなかでバテッが最も時間を費やしていたのは、ヤムイモ採集である。ヤムイモとは、ヤマノイモ科ヤマノイモ属のイモの総称である。「とろろいも」として食されるナガイモ（*D.ioscorea polystachya*）やヤマイモ（*D. japonica*）もこの仲間であり、日本では比較的アクの少ない種類を生で食べるのが一般的だが、バテッは約二〇種のヤムイモを焼いたり茹でたりして食べる。一九七〇年代半ば、ルビル上流を利用するバテッは、エネルギー摂取量の三三％をヤムイモより得ていた（Endicott and Bellwood 1991）。

ヤムイモを掘るには、ヘラ状の鉄をつけた掘り棒を使うのが一般的だが、掘り棒を持っていない場合は適当な木を切って先を尖らせ即席の掘り棒とする。バテッはヤムイモのツルと葉を見つけたら、その状態を確認し（種類によってはツルがある程度枯れたもののほうがよい）、根本より少し離れた地面を掘っていく。男性は生業活動時間の一五・八％（三九分）、女性は生業活動時間の六五・一％（二一四分）をヤムイモ採集に費やしていた。ヤムイモ採集は、女性が最も多くの時間を費やす生業活動である。コメとこのヤムイモが、彼らの主な主食なのである。一九七〇年代には女性は約二日に一度、男性は約七日に一度の頻度でヤムイモを採集していた。なお一度の採集に費やすのは四～五時間であり、性別に関係なく一日の採集活動で得られるイモは一人平均四キログラムほどであった。これは夫婦と子ども二人という平均的核家族の一日から二日分の食料を賄うのに十分な量である。

ほぼ同時期のトレンガヌ州のスマッ・ブリと比較すると、バテッは頻繁にヤムイモ採集をおこない、多くのイモを消費していた。これはスマッ・ブリがトウ採集に多くの時間を費やし、それによって得たコメに強く依存していたのと対照的である。トレンガヌ州のスマッ・ブリの生活圏には伐採道が拓かれており、それを使ってスマッ・ブリはトウ採集のキャンプ移動をしていたということから、そうした環境の違いが関係するとみられる。

バテッが採集したイモの五七%をタコップという種類（*D. orbiculata*）が占め、これは細く長いイモをつける野生種だが、ある程度攪乱された日照のある林床に生える。次に多かったのがミツバドコロ（*D. hispida*）で総量の一七・二%を占め、これは毒抜きが必要なイモである。また他にはレムとよばれるイモ（*D. pyrifolia*）などが採集されていた。さらに先述のとおり雨期のあいだコ支流に滞在していたバテッは、川の増水によって外部と往来できない一一～一二月の約二か月間、コメを消費しつくした後は、ヤムイモなど野生食物のみを食べて過ごしていた。コ支流にはマレー農村跡があるので、放棄された畑に生える野生化したヤムイモがそれを支えたのだと考える（図3—5）。

図3-5　ヤムイモ（ゴヨウドコロ）掘り

ヤムイモ以外の採集物で重要なのは果実類だ。果実を採集する際、バテッは熟れて地面に落ちたものだけでなく、枝についたものも木に登ったり、木を切り倒したりして採集する。バテッはとても木登りにたけており、小さいころからよく木に登って遊ぶ。太さ一〇センチメートルにも満たない枝の上で飛び跳ねるようにして枝をしならせて遊んだりするのだが、見ているこちらがハラハラとしてしまう。成長すると女性はあまり木登りをしなくなるが、反対に男性はより高い木に登るようになる。

しかし樹高一〇メートルを超すような木の幹は太く、低い位置に手をかけるような枝もでていない。どこから手をつけて登ればよいのかという感じで筆者はお手上げだが、バテッの男性はこうした木に登るコツを心得ている。まずは腕で幹を抱えるように掴んだら、足の裏を幹につけて前屈姿勢のような体勢になる。そしてそのまま幹を伝い歩くように足を進め、腕とのバランスをとりながら、どんどんと上の方へ登っていくのである。

もし果樹の幹が太すぎたり他の木が邪魔をするなどして、直接その木に登れないようなときには、近くの登りやすい木に登って、そこから伝い渡る。目的とする果樹の近くの木の枝から果樹の枝に伝い移るのだが、バテッ語にはこうして腕で木の枝から枝に伝い渡る動作を表す「プベック」という動詞もある。もし飛び移ることが難しそうであれば、近くの木の枝から目的とする果樹の枝までトウを張って、それを伝って移動する。また果樹を切り倒して実を採集することもさほど珍しくなく、果樹は他の植物と同様に枯渇することのない資源とみなされていたようだ。

こうした果実にくわえて、ハチミツもバテッの好物である。ハチミツ採集は、蜜源である花の開花に左右されるが、一九七六年のルビル上流はハチミツの当たり年だったようである。四月よりバテッはハチミツ採集をおこなうようになり、五月から六月には大量のハチミツを採って、ほぼ毎日ハチミツと蜂の子だけを食べて過ごし、それでも余った分はマレー人に売ったり、コメや日用品と交換したりしていた。

ハチミツは巨木の高い位置につくられたミツバチ（*Apis* spp.）の巣から採集する。樹種が決まっているわけではないが、ハチの巣がつくられることで有名なのはマメ科の大木（*Koompassia excelsa*）である。バテッは夜にハチミツ採集をするが、その準備は明るい昼の間に済ませておく。まずは、ハチの巣のある木に伝い渡るための梯子にする渡綱をつくる。ハチが巣をつくる木は、枝が茂りすぎたり幹が太すぎたりして登るのが困難な場合がほとんどなのだ。渡綱は、ハチの巣のある木へ隣接する木からトウを二本、五〇センチメートルほど間隔をあけて平行に張れば完成である。さらに、樹皮でカゴを作ってトウの紐を結び、そこに葉を入れて燻りだし用の道具をつくっておく。以上で昼間の準備は完了である。

日が落ち暗くなってハチの活動が低下したら、ハチの巣を木から外す作業にとりかかる。木登りの上手い人が、松明と樹皮のカゴにつけた紐の端をもって渡綱をかけた木に登り、そこからハチの巣のある木に移動する。二本平行に並んだトウの渡綱の右側に右手と右足をかけ、左のトウに左手足をかけて、這い上るようにして渡綱を移動していく。そして巣の近くにたどり着いたら、仲間が樹皮のカゴの中の葉に火をつけてくれるので、そのカゴを地面から引き上げて巣に近づけてハチを燻し出す。煙に驚いた蜂が逃げたところでカゴを巣の下に移動させ、巣を枝から外しとってカゴに入れて、ゆっくりと地面に降ろす。

ハチの動きが鈍くなっているとはいえ、木に登った人はハチに刺されて痛い思いをする。しかし、痛い思いをしてまでも手に入れたいほどに魅力あるものがハチミツなのであろう。また採集した巣にいるハチノコは生もしくは茹でて食べられ、ミツロウでは蝋燭も作られるのである。

またバテッは森の植物を採集するだけでなく、自分たちでも植物を植えてフォレージングに組み込んでいた。図3—2ではこれを「他の植物採集」と記したが、バテッの農耕は、種を播いたり苗を植えたりした後、そこに留まって作物の成長を見守って収穫につなげる、というようなものとは異なる。一般的にイメージされるこうした農耕は、必要ならば間引きしたり害獣を追い払ったりと手をかけて将来の利益に結びつける遅延報酬型の活動である。

しかしバテッの場合は、さまざまな活動を組み合わせることで遅延的報酬への依存を弱めたかたちで農耕をおこなう。一九七〇年代に栽培されていたものとして、コメ、トウモロコシ、キャッサバが挙げられる。彼らは小規模に土地を伐採して生えている草木を燃やした後、近隣の高地マレー農民から手に入れたこれらの種、根、苗などを混ぜて適当に植える。そして作付けが終わった後は遊動生活を続けて、そこに戻ってきたときに動物の被害にあわずに残ったトウモロコシなどを収穫するのである。

また先にみたように、オラン・アスリ局がルライ下流で定住化を目的に実施した農耕支援計画も最終的には、バテッの遊動生活に組み込まれた放置型の農耕という結果に終わった。最初バテッは、オラン・アスリ局が支給するコメを消費しながら、気の向いた人が伐採や作付けといった農作業に従事していた（図3—2の「他の植物採集」には収穫の時間のみを示している）。しかし支給されるコメが十分な量でないことから、彼らは農耕に並行してトウ採集にも従事するようになった。そして次第にトウ採集のために別の場所へ移動して、時々畑の様子をみにくるというようになり、仕舞いには森を拠点とし移動のついでに畑に立ち寄るようになったのである。

同じころ、トレンガヌ州スンガイ・ブルア村のスマッ・ブリもオラン・アスリ局の勧めによって農耕をおこなっていた。彼らは、コメ、トウモロコシ、バナナ、キャッサバ、サツマイモ、タロイモ、ヤムイモ、カボチャなどを混作していたという。しかしコメは鳥害にあい多くの家族が耕作を放棄した。二家族は一か月ほど見張りをして鳥を追い払ったというが、ゾウによる被害もあって作付面積の五分の一ほどしか収穫できなかった。このことから、見張りをせずに畑から離れた場所で生活していたバテッの作物は、大部分が野生動物に食べられたとみられる。

4……トウの交易

農耕民が下流へと移住した後、トウの交易はバテッが外部のモノを入手するほぼ唯一の手段だった。川が主要な交通路であるルビル流域に暮らすバテッにとって、トウの仲買人は彼らを広域の経済へと結びつける役割をはたしていた。バテッはトウの他にも、ヤシ（*Calamus castaneous*）で作った屋根材、灯火材にする樹脂、薬草、沈香、フサマメ、マット材として使われるパンダヌスの葉、サイチョウの嘴などを単発的にマレー農民と交易していたが、それらはトウと比べると微々たる量であった。

バテッの男性はトウ採集に最も多くの時間を費やしており、平均して生業活動時間の三六・九％（九一分）を充てていた。なお女性は生業活動時間の一七・二％（三〇分）をトウ採集が占める。さらにトウ採集はバテッが生活場所を移動する主な理由でもあった。トウ採集のように特定の資源に特化した活動は、多様な資源を活用する自家消費的な狩猟採集とは異なり、一定範囲の資源がなくなると他へ移動しなければならない。そのためこうした交易はバテッの移動を促し、フォレージングを促進させるかたちで生活に組み込まれてきたと考えられる。

このころバテッが交易するトウは、植民地時代に取引されていたものから多少種類が変化していた。彼らは家具のフレーム材として使われる径五～八センチメートルのマナウという太い種類（*Calamus manan*）と、魚網や紐の材料として使われる細い種類（*C. caesius* など）を取引していた。これはおそらく、需要の変化を反映して

図3-6　仲買人とトウを取引するバテッ。現在の仲買人は先代の親戚である

いる。

トウはヤシ科のツル植物で、木に巻きついたものを剥がしとって採集する。太いマナウの場合は、木に登ってトウの先端を切り落とすか、木を切り倒してトウを幹から外しとる。太いトウが高く巻き付いている木は大体が巨木である。幹周り五メートルを超えるような木も、バテッは足場を組んでオノで切り倒してトウをとる。そしてトウの表面にびっしりと生えたトゲを山刀でこそぎおとし、九フィートの長さに切って数本ずつ束ねて仲買人と取引する（図3—6）。

いっぽう細い種類は、ツルを引っ張って木から引きずり下ろした後、一八フィートに切って二五本ずつ束ねたものを、半分に折り曲げて引きずって運ぶ。太い種類のマナウは九フィート一本で〇・二三リンギ、細い方は一〇〇本あたり八〜一〇リンギだったという（Endicott 1974）。

マナウの取引価格は同時期のスマッ・ブリの

取引価格〇・八～一リンギと比較すると、かなり安い（口蔵 二〇〇七）。ルビル流域のバテッと取引していた仲買人はボートでトウを運搬していたのにたいし、トレンガヌ州でスマッ・ブリと取引していた仲買人は、奥地まで拓かれた伐採道を使い、トラックでトウを運搬していた。こうしたことから、水路での運搬と陸路での運搬にかかる手間の違いが価格に反映されていると考える。

ルビル川筋のバテッは四、五組のマレー系の仲買人と取引をしており、仲買人はルビル下流のクライ分岐点や、それよりやや上流のマニッ・ウライに暮らしていた。川を使ってアクセスするしかない一九七〇年代は、バテッが暮らす上流までわざわざ川を遡ってくる人はオラン・アスリ局の職員と仲買人に限定されていた。なお仲買人が暮らすクライ分岐点とマニッ・ウライ、どちらも鉄道の駅がある場所である。仲買人はこうした場所からバテッに渡す現金、コメ、タバコ、日用品などを携えてボートで上ってきてバテッと契約を結ぶと、コメなどを先払いして下流へと戻っていく。そして決められた日に再びボートで上ってきて約束した場所で取引をする。このときに先払い分の物資以上のトウを採集した人は、新たに現金や食料などを手に入れることができる。

仲買人とバテッは取引に貨幣を使うこともあったが、物々交換のようなシステムも用いており、「マナウ何本分」として物が価値づけられていた。たとえば二〇〇本のマナウ・トウを仲買人に渡したバテッは、タバコ二箱（マナウ・トウ二五本分）、ネックレス二つ（マナウ・トウ二五本分）、海水パンツ一着（マナウ・トウ五〇本分）、コメ一袋（マナウ・トウ一〇〇本分）を受け取り、さらにマナウ・トウ二五本のつけでシャツ一枚を受け取った。このころルビル流域には商店がなく、外部とのアクセスも川に限られていた。バテッが現金を使う機会は仲買人との交換に限定されていたので、こうした方法が採用されたのであろう。ボートで上ってきた仲買人との交易はバテッの生活において重要な地位を占めていたが、それによって得られる食物や物品は、店で何かを選んで買う場合と比べると、種類が限られていた。

そのこともあり、バテッは仲買人と契約を結ばずにトウを採集して下流のクライ分岐点まで売りに行くこともあった。集めたトウを筏に載せて男性数名で川を下って行くのである。トウを売る相手はマレー系や中華系の業者であり、上流で仲買人と取引するより高い値で売ることができた。そしてその稼ぎで鍋やナイフといった好みの品を購入して上流へ帰ったのである。けれどもこうした機会は稀で、この時代には、仲買人がバテッの経済的パートナーとして、またバテッを広域の経済活動へと結びつける仲介役として重要な役割をはたしていた。

トウの交易によって得た食料は、バテッの摂取エネルギーの四二・〇%を占める(口蔵 二〇一三)。彼らの主食であるコメとヤムイモを比較すると、ヤムイモは三四・三%、コメは三〇・一%の貢献度であることから、わずかながらヤムイモの貢献度が高い。また摂取タンパク質に占める割合では、トウの交易によって得た食料が全体の二八・二%、野生食物が七一・八%と、野生動植物が高い値を示した。

このことから当時のバテッの暮らしは、トウの交易が重要な地位を占めながらも、狩猟採集によって得た食物にも強く依存していたことがわかる。当時ルビル流域の大部分は森であったため、バテッが現金を得てもそれを使う場所がなかった。現金を使う機会が仲買人との交易に限定されていたことが、野生動植物と購入食品とのバランス、また食物獲得活動に費やす時間とトウ採集に費やす時間のバランスに関係したと考えられる。

3 道路の開通と川筋世界の変容

一九七〇年代のバテッの暮らしは、川を遡ってくる仲買人とトウを交易しながら野生動植物に強く依存しつつ、川に沿って移動する遊動生活だった。ルビル流域に陸路は拓かれておらず、人びとは川をつうじて交流していた。また非常事態宣言期にマレー農民が下流へと移住していたことにより、流域を利用するのはバテッに限定されており、彼らは川に沿って広範を移動しながらフォレージングをすることができたのである。

しかし一九八〇年代に入ると、流域で大規模な領域区画型の環境改変がおこなわれるようになった。半島マレーシアでは一九七〇年代頃より積極的に開発計画が実施されるようになっていたが、それがルビル流域でも始まったのである。連邦土地開発局（ＦＥＬＤＡ）による開発計画もそのひとつで、この計画は土地を開拓してマレー系を中心とした貧困層に与え、ゴムやアブラヤシなどの商品作物栽培を支援することを目的とする (Ahmad-Noor 2004; Andaya and Andaya 2001)。ルビル流域では、それまで州政府の開発計画地として丸太が切り出されていた一帯がＦＥＬＤＡ開発用地に転換された。そして開発用の区画にゴムやアブラヤシが植えられ、入植者用の家屋、イスラーム礼拝所、学校、診療所などを備えた入植村が設立されていった。

このプランテーション開発によってバテッが利用する川は分断され、キャンプをしながら移動できる川沿いの森は縮小していった。ルライ分岐点周辺の中流域もプランテーションとなり、一帯を利用していたバテッの一部はアリン保留地の集団に加わり、他の家族は上流へと移動していった。そしてその後も開発は上流へと進み、アリン支流の森はルビル川筋の森から切り離された。これによって下流のルビル保留地からアリン保留地まで川を使って移動することはできなくなったのだが、新たに開通した道路が二つの保留地を結ぶことになった(第1章の図1―5を参照のこと)。

このころバテッは、トウにくわえて沈香も取引するようになっていた(図3―7)。沈香とはジンチョウゲ科のアキラリア属(*Aquilaria*)等の樹木が黒っぽく変色したものであり、香料の原料になる。何等かの理由で木がダメージを受けて菌に感染したりすると、黒味を帯びた樹脂が分泌され、その成分が香料のもとになるのである。樹脂を含んで重くなることから、サンスクリット語で「重い」ことを意味する「ガハル(gaharu)」という名でよばれており、バテッも同様の名を使う。

マレーシアでは植民地化以前より、中東や中国、日本に沈香を輸出していた。しかし一九三〇年代に取引が下火となった後、戦後は取引自体が停止していた。それが一九七〇年代後半より再び取引されるようになり、価格が著しく上昇したのである(Lim and Awang 2010)。

マレーシア産の沈香は、シンガポールに集積された後に、中東や台湾、香港などへ輸出される(Barden, Awang, Mulliken, and Song 2000)。一九七〇年代後半とは、多くの地域で第二次大戦からの復興が一段落した時期であり、中東や台湾などの沈香消費地の社会・経済状況が変化した時期とも重なる。このころ中東諸国では、石油開発によってもたらされた資本を元に経済発展を迎えており、一部の人びとの生活水準が向上していた(小山 一九八一)。このような経済発展によって沈香の需要が高まったと考えられる。さらに台湾ではこのころ、農地改革によって小作農が自作農になる過程で、一部の地主の資本が商工業へと転換され、経済構造が変化していた。そ

図3-7　沈香採集（2012年）

れにくわえて外国資本の受け入れもあり、経済の発展期を迎えていた（隅谷・劉・凃一九九二）。戦後一定の期間を経て、こうした沈香の消費地とマレーシアを結ぶ輸送網も機能するようになり、それがルビル流域のバテッの生業にも影響を与えたとみられる。

一九八一年にはルビル保留地のバテッは沈香採集に長時間を費やすだけでなく、仲買人として働く人もいた（Endicott 1984）。クアラ・コのバテッが暮らす上流ではいまだ物々交換のようなシステムが用いられていたが、ルビル保留地では現金でのやり取りが主流となっていた。輸送網の発展によって彼らの生活圏にも商店ができつつあったためである。さらに質の良い沈香を得られればトウ採集よりも多額の収入になったようで、このころルビル保留地のバテッはバイクに乗ってアリン保留地を訪問するようになっていた。

ルビル流域の中流・下流域で水路から陸路への転換が進むなか、ルビル川筋と東のトレンガヌ水系を結ぶ経路でも変化が生じた。この一帯では丸太の切り出しとともに伐採道が拓かれていたが、そこに水力発電ダムが建設されることになった（Kathirithamby-Wells 2005）。近代化によって増加するとみられた電力需要に応えるためである。ここはトレンガヌ水系とクランタン水系を結ぶ交通路として、マレー人とオラン・アスリの両方が利用してきた流域だった。水力発電ダムの建設によってこの川の道は湖の底に沈んだが、湖の北側にはトレンガヌ州とクランタン州を結ぶ道路が建設されていった。

ダム湖に沈んだ一帯にはマレー農村も存在し、パハン水系サピア川とつながりのあるスマッ・ブリの生活圏でもあった。マレー人は先に他の場所に移住していたが、スマッ・ブリは一九七〇年代末もルビル流域と往来しバテッと通婚していた。第二次非常事態宣言期であった当時、こうしたスマッ・ブリにたいしてオラン・アスリ局はスンガイ・ブルア保留地に定住するよう働きかけていた。そのためダム建設用地は行政上は利用者のいない「空いた土地」であった。しかし実際には、そこは保留地での暮らしと森でのキャンプを組み合わせて生活するスマッ・ブリの利用空間だったのである（口蔵二〇〇五）。

そして一九八五年にダムは完成し、ルビル上流からトレンガヌ水系へ至る山越えルートは消滅した。水路を使うことはできなくなったが、スンガイ・ブルア保留地とルビル上流は、伐採道をもとにつくられた舗装道で結ばれた。そして現在、クアラ・コのバテッとスマッ・ブリはこの道路を親戚訪問に使っている。

一九八〇年代は、ヌガラ世界の要素が色濃く残るルビル川筋が、陸路と土地開発というかたちで領域国家へと急激に変容していく時代だった。植民地時代に導入された土地制度と行政システムを土台に開発プロジェクトが実施されて以前とは異なるニッチが構築され、ルビル流域の人やモノの流れも陸路を基盤としたものに変化していった。

第二次非常事態宣言という特殊な社会状況が、こうしたプロジェクトの実施を下支えした。この時期には、国の治安維持を掲げて奥地にまで保留地がつくられていき、奥地を利用する遊動の民は保留地に居住していることになった。そして、「無人となった」空間が開拓され、アブラヤシプランテーションがつくられ、領域国家の政治システムに組み込まれていった。

これと同時に伐採道路が舗装され、アブラヤシの運搬やプランテーション村の人びとの生活道として利用されるようになった。プランテーション村の人びとは、自らの食料ではなく、商品となるアブラヤシを生産し、購入食品を消費する。こうして、奥地にも現金経済のネットワークが形成されていった。また、プランテーション村の人びとやアリン保留地のバテッは、ルビル下流の村や町ではなく、道路で結ばれたヌンギリ川筋の村や町を頻繁に利用するようになった。道路の開通によって、川筋にとらわれない人の流れが形成されたわけである。

こうしたなか一九九〇年代初頭には共産主義ゲリラと政府の関係は落ち着き、オラン・アスリ保留地は「オラン・アスリ村」と改名された。保留地に留まらずに遊動生活を送ることを選択したバソンの祖父やフーイの祖父の家族は、このころ上流に残された森とタマン・ヌガラ公園の森で生活していた。より上流に開発が進むなか、上流にいたバテッは全員が山越えしてパハン水系へと移動し、パハン州での生活を試みた。彼らは一年ほどパハン州で生活したが、一部の家族が戻ってきてタマン・ヌガラ公園とその周辺に残された森で生活を続けていた。

一九九〇年代半ばになると、このルビル上流域にも、FELDAによってプランテーションがつくられることになった。このころ貧農支援を活動目的にしていたFELDAは民営化し、外国人労働者を雇うようになっていた。アブラヤシの需要は増加傾向が続いており、大規模なプランテーションを運営するために、より賃料の安い外国人を雇用するようになっていたのである。このプランテーションの建設によってバテッ以外の住民がふたたびルビル上流に戻ってきたのだが、プランテーション従業員の八割以上がインドネシア人やバングラデシュ人だった。こうした人びとは、非常事態宣言期以前にルビル流域で生活していたマレー農民とは異なり、バテッが手伝うような農耕を営むことはなく、バテッの交易相手になることもなかった。

プランテーションが拓かれる際に、オラン・アスリ局は森で生活していたバテッに道路沿いの場所で生活することを勧めた。そして彼らに、チェーンソー、草刈り機などを供与し、水道、共同の水浴び場とトイレ、そしてコンクリート家屋を提供することを約束した。こうしてクアラ・コ村が設立されたのである。

クアラ・コ村にバテッが一定期間滞在するようになってからは、ガラス川筋のFELDAプランテーション村に暮らす行商人が週に一度はクアラ・コ村を訪れ、トウや沈香の仲買人がトラックで訪れるようにもなっていた。クアラ・コのバテッもバイクや車で他の村の親戚を訪問できたが、そうした乗り物を利用できる機会と人数は限られている。そのため彼らは村の近くの拠点を利用するほか、川沿いの森が残っているルビル最上流でキャンプするようになった。またそこから山越えしてたどり着くパハン水系との往来も継続しておこなっていた。彼らが筏や徒歩で移動する生活圏は、ルビル川筋の中流や上流域ではなく、ルビル川の最上流域からパハン水系上流域へと変化したわけである。

第4章

継承される生活と動植物利用

1 移動を伴う生活と二種のハヤ

筆者がルビル上流のクアラ・コ村で調査を開始した二〇一〇年、ルビル川を行き来する人はおらず、近くにあった農村の跡形もほとんどわからなくなっていた。ルビル流域から農民が集団移住してから半世紀が経過している。そのあいだにルビル上流の景観は様変わりし、クアラ・コ村まで道路が延びていた。クアラ・コのバテッは、村より下流に広がるプランテーション内の道路をぬけて遠くへと出かけていく。しかし上流のタマン・ヌガラ公園などの森では、現在も川の道を使うなど川との繋がりも維持しているという状況である。

こうした暮らしのなかでバテッは動植物をさまざまな用途に利用する。現金経済と深くかかわるようになった現在も、引き継がれてきた知識や技術をさまざまに応用している。このような自然利用にかんする知識について、人類学ではエスノ・サイエンス（ethnoscience）や民俗分類（folk taxonomy）という名で長い研究の蓄積がある（寺嶋・篠原 二〇〇二；松井 一九九七）。

そのなかでもとくに伝統的な知識が一九九〇年代頃から注目されるようになった。はるか昔から自然とかかわってきた人びとの知識を自然環境の管理や保護に役立てるという目的で、「伝統的生態学的知識（traditional ecological knowledge）」について研究されるようになったのである（Williams and Baines eds. 1993; Berkes 1999）。また先住民はさまざまな資源について知っているだけでなく、開発によって生じた利益が十分に彼らに還元されていないという理由から、資源開発や先住民の権利の確立のためにこうした知識を役立てようとする研究もある(Sillitoe, Bicker, and Pottier 2002)。「先住民の知識(indigenous knowledge または indigenous environmental knowledge)」というこの流れは、先住民の生活環境が急速に変化するなかで世界的に注目されてきた。

バテッの動植物とのかかわりについても、こうした側面から捉えて「先住民であるバテッ特有の伝統的知識」と示すことが可能なのかもしれない。しかし彼らには長くマレー農耕民と交流してきた歴史があり、一緒に暮らしているとマレーの語彙や慣習も取り込んで生活の一部としているのがわかる。また彼らはさまざまな購入品も取り入れて、動植物利用と組み合わせて暮らしていることも実感する。どこまでが「先住民バテッの伝統的知識」なのか明確に区分するのは困難である。バテッの動植物利用は、受け継がれてきた技術・知識を活用しつつも現在の状況に合わせて変化している。

しかし環境や生活が変化しても、川はバテッの暮らしにおいて重要なものであり続けてきた。さらにフォレージングもバテッの生の本質をかたちづくるものであり続けているようである。現在もバテッは、拠点での暮らしと森でのキャンプというように、移動を伴う生活を送る。川に沿った遊動生活は、拠点地を組み込むかたちで引き継がれており、彼らは現在も環境から資源を得るフォレージングを続ける。

村を生活場所として組み込んだ暮らしのなか、バテッは滞在場所に応じて居住空間をつくりわけている。数日から数週間しか留まらない予定のキャンプでは、一九七〇年代と同様に床が地面と接した家(ハヤ)をつくる。しかし村やバライ拠点といった場所には、高床式の耐久性のある家(ハヤ)をつくるのである。逆にいうならば、それまで利用していなかった場所でも、バテッが高床式のハヤをつくりだしたら、彼らはそこを長期的に利用するつもりだということだ。

この新たな高床式タイプのハヤにも、過去からのハヤづくりの技術が生かされる。これは「ハヤ・プルパ・マナ」といい、切妻屋根をしている。床と壁は竹でできている。「プルパ」というのは、板状にした竹を表すマレー語「プルプ」に由来する。そして「マナ」とはバテッ語で「昔の」という意味だ。小さいもので幅三メートルほど、大きいものだと八メートルほどにもなる。ハヤの内部にトタンの切れ端を持ち込んで、そこで火を焚く。ハヤの内部に仕切りはない。夫婦と子どもでひとつのハヤに暮らすのが一般的だが、大きいハヤの場合は娘夫婦や親戚が一緒に生活することもある。

高床式タイプのものも、ハヤづくりは基本的に夫婦でおこなう。力のいる作業や高いところに登っての作業は男性が担当する。いっぽう女性の担当は、ヤシの葉で屋根をつくることである（図4―1）。礎石は置かずに、径一五センチメートルほどの丈夫な木を地面に埋め込んで柱とする。そして地面から〇・五〜一メートルほどのところに床をつくる。梁や桁などは、木を組み合わせてツルで縛って固定する。骨組みが完成したら、ヤシ科の植物でつくった屋根材をかぶせ、壁と床には竹を平らにしたもの（プルパ）をつける。

このプルパの作り方は、竹の性質をうまく生かしている。筒状の竹を板状にするのは難しいと思うかもしれないが、実はそうでもない。竹の節を狙って細かく縦に切り込みを入れていくと、その上下にも良い具合に裂け目が入る。適当に切れ込みが入ると筒を開くことができる。そして今度は節の内側を削りとって、内側からも切り込みを入れて板状に整えてやるのだ。これを壁や床など、目的とする箇所にはめ込むのである。

屋根には彼らが昔から使ってきたヤシの葉を葺く。しかしヤシの葉だけでは雨漏りするため、一番高くなった辺りを中心にビニルシートをかぶせる。長期間使用していると雨漏り箇所が増えてくるため、そのつどビニルを追加していく。つぎはぎ状にビニルが被せられた屋根はあまり美しくないかもしれない。けれどヤシ材で

図4-1　ヤシの葉で屋根をつくる。後ろに家の骨組みがある

は防げない雨漏りも防いでくれて、夜中に雨漏りで眠りを妨げられることがなくなる。寝ている最中に顔に雨水があたって目が覚めることほど、嫌なことはないのだ。

いっぽうキャンプなどで使用するハヤは「ハヤ・ルー」という。一九七〇年代に使われていたハヤと構造は同じだが、現在はビニルシートを使う。ビニルシートは雨漏りを防いでくれる画期的な材料であり、現在のバテッのハヤづくりに欠かせない。

ハヤの大きさは家族サイズと使えるビニルシートの大きさによって異なる。このタイプのハヤは誰でも短時間でつくれるため、夫婦ごとに個別のハヤをつくって生活する。思春期の子どもが自分だけのハヤをつくって寝ることも多い。筆者も女性に手伝ってもらって自分用のハヤをつくることもあった。しかし、どうしてもそこは子どものたまり場になってしまう。自分のス

図4-2　筆者がキャンプ中につくった家(ハヤ)。すぐに子どもたちに乗っ取られて一緒に寝ることになった

ペースを確保するのは無理だとわかり、面倒くさいこともあって断念した(図4―2)。

このハヤは家というよりも、片流れ式屋根の雨よけという感じである。柱になる枝は基本的に四本、長さ一・二〜二メートルほどのもの二本とそれより短めのもの二本だ。これらは二股のものが好んで選ばれる。股になった部分に横木を載せて縛ると安定するためである。地面に四本の柱を立て、そこに横木を渡してツルで固定する。数日しか使用しない場合は、この骨組みにビニルシートをかぶせ、飛び出たビニルシートを適当な枝に括りつけて屋根とする。

低い柱のある方がハヤの奥側となり、奥の横木の上に男性の必需品である吹矢を置く。また寝るときには、この木の適当なところに紐を結わえて蚊帳を吊るす。このハヤはほぼ屋根のみで奥側しか壁がないため、寝転がってごろごろしていても一緒にキャンプしている人が何をしているのかすぐにわかるのである。

ビニルシートの持ち合わせがない場合や長期間そこに滞在する予定なら、ヤシの葉で屋根をつくる。ヤシの葉で屋根を葺いたほうが落ち着くし、ビニルシートのみだと陽があたると暑くなり、居心地が悪いのである。屋根材にはヤシ科の複数の種を使うが、代表的なのはコブダネヤシ属のタドゥック（*Eugeissona ristis*）というものだ。これは葉の裏にトゲがあるため、そのトゲを落としながら採集する。

採集するのは最低でも一二〇センチメートルほどは小葉のついたものがよい。葉軸についたトゲをこそぎ落としながら刈り取り、裏返して地面にきれいに重ね置く。採集した葉はそのまま運んでもよいが、それだとバラバラになってしまう。そこでバテッはスモールにして運ぶ。スモールとは葉を編み込んでまとめたものである（図4—3）。

図4-3　ヤシの葉を編んだスモール

葉を編み込んでスモールにするには、まずは裏返して重ねた葉の根元側に立つ。そして右側の小葉をひと握り左側へもっていき、その上から左側の小葉ひと握りを右へ、というように重ねてやる。さらに続いてまた右側の小葉をひと握り左へという様に編み進めていく。小葉を裏返して編み込むため、注意しないとすぐにほどけてしまう。腕や膝で網目を押さえながら先端部まで編み進め、最後に残った短い葉を捻ってとめる。これでスモールの完成だ。これを頭に載せて運び、ハヤをつくる場所に到着したら地面に下して捻って止めた部分をほどく。そうすると、編まれた葉がパラパラと自然に広がっていく。このほどける様子を見るのが、なんとも楽しいのである。

運んだ葉は小葉を折り曲げて屋根材にする。葉の裏側が自分の体側にくるように胸の辺りで持ち、右手で小葉を一枚ずつ外側へ折り返していく。葉軸より数ミリメートル離れたところを人差し指と親指でつまんで指をずらしながら手首を返すと、葉軸近くの太い葉脈だけ折れる。そしてリボン状の小葉はもう片方の小葉に重なった状態になる。先端の方まで折ると、葉軸から一方向へリボン状の小葉が斜めに垂れ下がった屋根材の完成である。この屋根材はハポイといい、重ねて置いておく。

屋根材がある程度完成したら、ハヤの奥側の横木の脇に細い枝を立てる。先端が細くなった長くしなりのよいものが良い。この細い枝を骨として、屋根材のハポイを括りつけていくのである。ハヤの大きさに合わせて三本ほど骨を立てたら、そこへハポイを二枚重ねにして括りつける。括りつけるのに紐は必要ない。ハポイの小葉を二枚程つまんで骨になる枝の裏側より手前にまわし、捩じって留めるのである。ハポイの左の端を左の骨に、そして右の端は右の骨に括りつけて固定し、約一〇センチメートル上に次のハポイを括りつける。こうして同じ手順を骨の先端部まで繰り返していく。しなる枝を使ってはいるが、骨の先端ほど高い位置で作業をしなければならず、二の腕がやや辛い。

先端までハポイを括りつけたら、骨の適当な個所にツルを縛りつける。ツルを引っ張って骨をしならせながら地面に立てた棒に結んで固定する。こうして半ドーム型の屋根になる。しかし大きなハヤだと中央部分が垂れ下がってくるため、そこはつっかえ棒にする棒を立て掛けて固定する。ハヤの正面に立つと、奥側より立ち

図4-4　床に葉を敷いて居心地のよい家（ハヤ）にする

上がった緑の屋根が手前へしなだれる様にアーチを描いて、それを棒が支えるという形になる。そして最後に、この上にプラスチックシートを被せて雨よけとすれば完成である。

屋根が完成したら床を整える。まずは木の根や枝を取り除いて地面を平らにする。そこに葉をふかふかになるように敷きつめる。少しの傾斜や木の根でも、意外と寝心地に影響するので丁寧に地面をならす必要がある。また敷き詰める葉の葉軸にも気を抜いてはならない。太くなった葉軸は取り除いてやらないと、背中にあたって寝心地が悪いのである。一番良いのは大きく厚い葉をつけるショウガ科の植物を集めて使うことである（図4―4）。

さらに長期滞在するときは、適当な丸太を並べた上に、板状にはがした樹皮を乗せて床にする。そうすると生活空間を清潔に保てるし、雨が降っても床から水が滲みてくることがない。地面に葉を敷いただけのハヤでは、夜中に大雨になると、上からは雨漏り、横からは雨が吹き込み、下からは水が滲み出すという悲惨な状況となって寝ている場合ではないのである。しかも川岸にキャンプして豪雨となったときには、夜中に起こされて、「川が溢れだすかもしれないから、ちょこちょこ眠ってすぐ逃げられるよう備えておくように」と伝えられた。これは上流へドリアン採集キャンプに出かけた帰りの夜のことで、川岸にはドリアンを積んだ筏が二艘泊めてあった。「川が溢れるのなら筏のドリアンを移動させなければ、けれども既に枕元には大量のドリアンが置いてあるから薮に運ぶしかないだろうか。起きて懐中電灯をつけて雨のなか作業をするのは嫌だな」などと考えていたら寝てしまい、気がついたら朝になっていたのである。

2 動植物の利用と認識

バテッはさまざまな動植物を食物として利用する。彼らは、継承されてきた知識を土台としつつ新たな技術も取り入れながら、こうした利用をおこなっている。森の素材とプラスチックシートを組み合わせてハヤをつくるのと同じである。また移動して食物を得るため、魚や植物については、それがとれる場所と結びつけて認識している。

筆者が彼らの生活時間を調べたところ、バテッの男性は平均して二三八分、女性は一〇五分を生業活動に費やしていた。男性の生業時間は、週休二日で一日につき五・五時間の労働と近い値である。これは二〇一〇年一二月から二〇一二年八月まで毎月五～七日間、男女それぞれ三～六人の朝八時から夜九時までの活動を記録したり、インタビューをして得られた時間を平均した値である。なお二〇一一年の六月と一〇月については調査をおこなっていない。また子をもつ親世代を対象としたために、男性がキャンプへ出かけて三人分のデータしかとれない月もあった（図4―5）。

一九七〇年代には、男性は平均二四七分、女性は平均一七五分を生業に費やしていたことと比較すると、とくに女性が生業に費やす時間が短くなっている。またその内訳をみてみると、一九七〇年代には交易用のトウ採集に充てる時間が男性平均で九一分、女性平均で三〇分であったのにたいし、二〇一〇年代には現金獲得に充てる森林産物の採集が男性平均で一四三分（センザンコウ猟、トウ採集、沈香採集、薬草採集の合計）、女性平均で三分となっている。いっぽう彼ら自身の食物獲得については男性平均で九五分、女性平均で一〇二分である。男女差が拡大しており、さらにこうした生業活動が生活場所によっておおきく異なるのが興味深い。

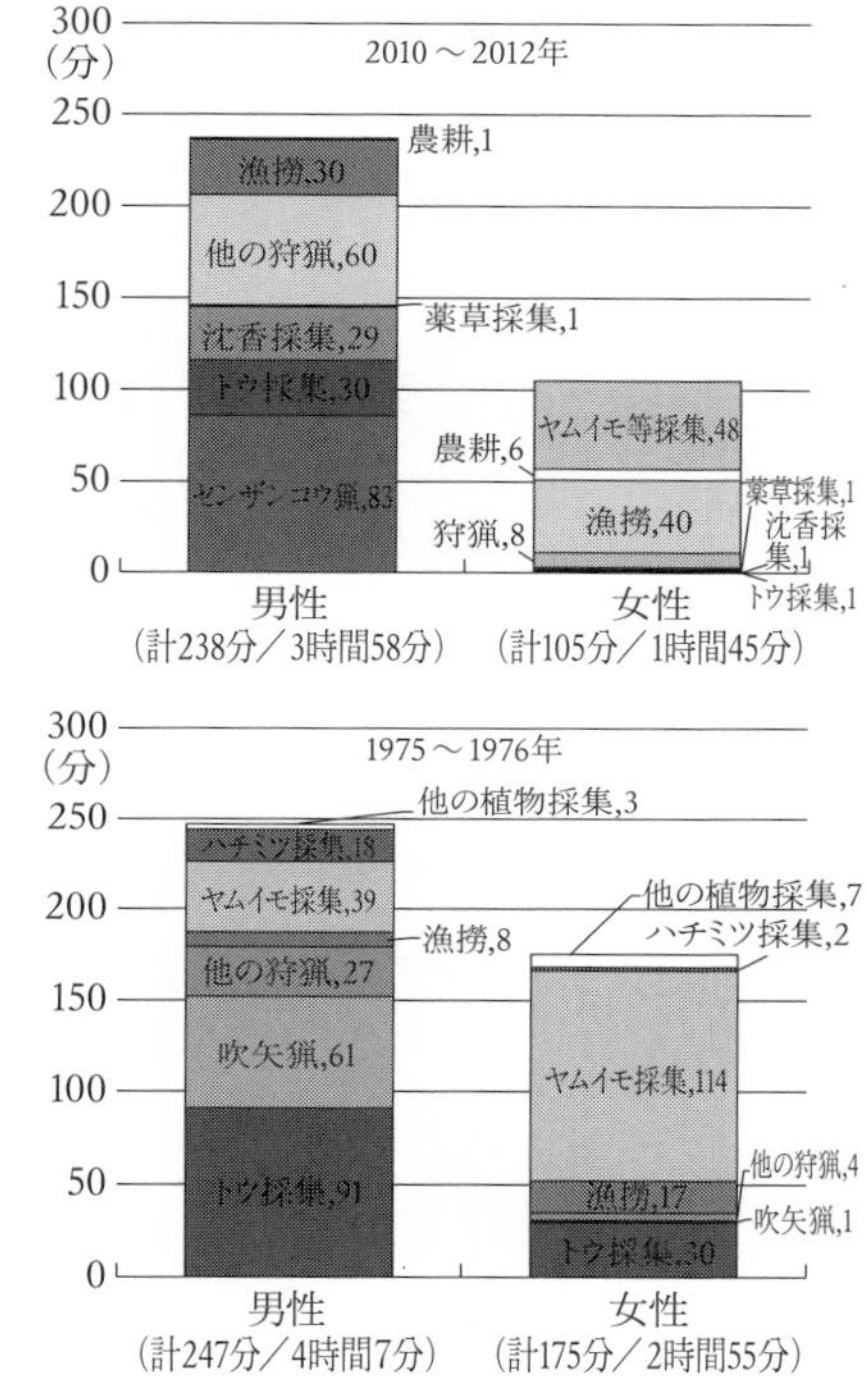

図4-5　一日あたり生業活動時間の平均値（上は筆者の査期間中の値を示したグラフ、下は第3章で示した1970年代のグラフ）

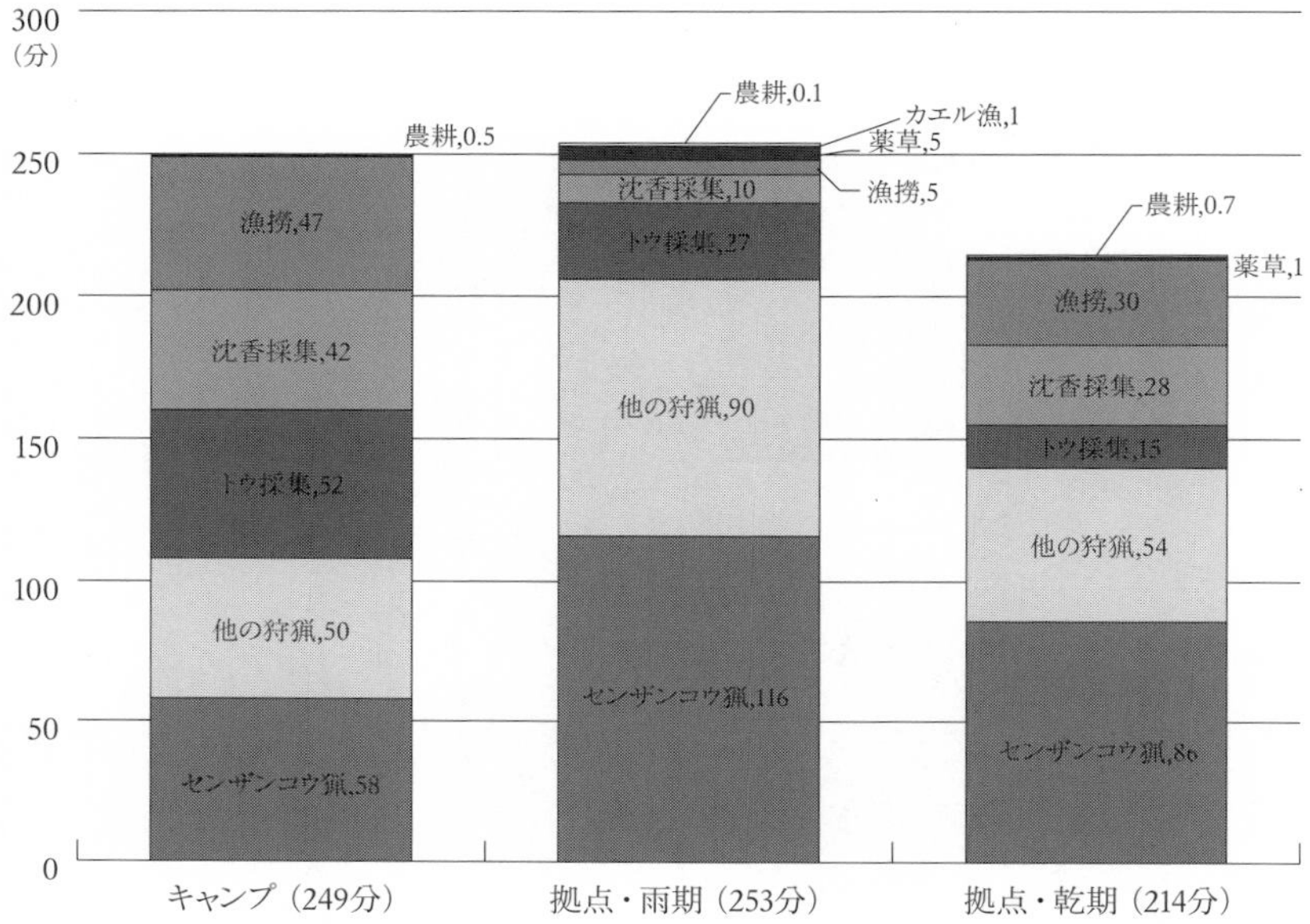

図4-6　男性の一日あたり生業活動時間の平均値(季節・生活場所別)

バテッが生業活動に費やした時間を、雨期と乾期、拠点とキャンプに分けて図4―6と図4―7に示した。男女ともに乾期の拠点で生業時間が少なめである。また女性は雨期の拠点地で多くの時間を漁撈、すなわち釣りに費やしており、乾期よりも生業活動時間が長い。いっぽう男性は「キャンプ」においてすべての活動が同程度の割合となっているが、これはトウ採集を目的としたキャンプ、沈香採集を目的としたキャンプ、といった複数のキャンプを平均したためである。具体的にこれら生業活動についてみていきたい。

ここまで「動物」や「植物」という語を使ってきた。しかしバテッ語にはそれに相当するカテゴリーは存在しない。動植物は個々の名前でよぶか、使用用途がそのまま動植物の名称になる。たとえば味付けせずに主食として食べる植物は「バブ」であり、塩や味の素で味付けし副

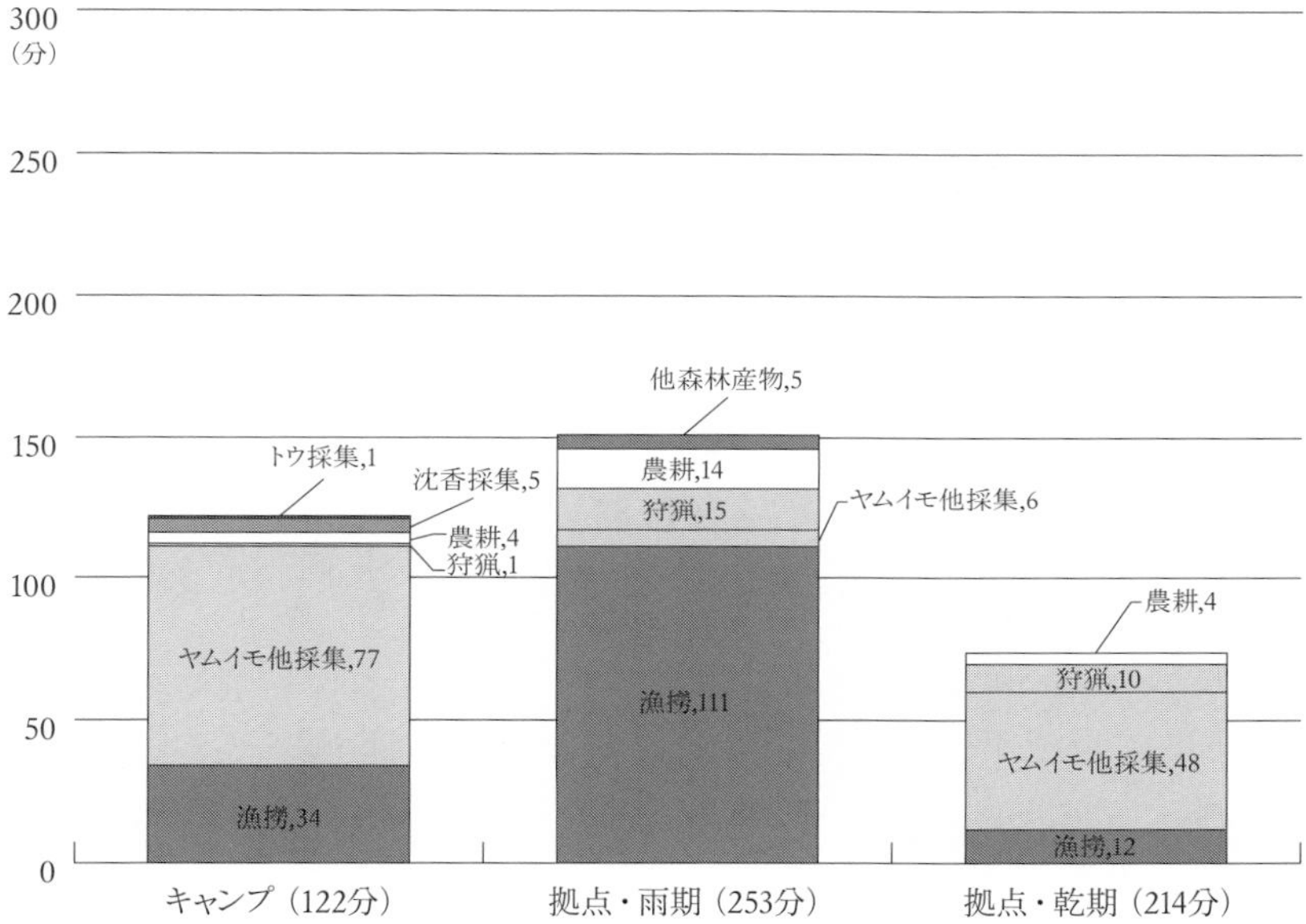

図4-7　女性の一日あたり生業活動時間の平均値（季節・生活場所別）

食として食べる生きものは「アイ」である。

バテッの食事は、主食であるバブと副食のアイやサユールより成る。基本的には大きな皿にコメを盛って、そこに調理した肉や魚もしくは野菜などの副食をかけて食べる。コメの代わりにヤムイモや小麦粉を練って蒸したものを食べることもある。バテッの基準にしたがうと、コメやヤムイモはバブ、肉や魚はアイ、そして植物性の副食はサユールである。しかし彼らは購入した鶏肉や魚類については、アイではなくサユールと分類することが多い。この語は「野菜」を意味する「サユール」というマレー語からの借用であり、近年になって使われるようになったとみられる。また「アイ」という語には「ご馳走」というニュアンスがある。

彼らは食物の分類に対応するかたちで「食べる」という動詞も使い分ける（表4―1）。日本語はご飯もおかずも「食べる」という動詞を使うが、バテッは少し異なる。コメなどのバブと葉物類のサユールにたいしては「チッ」という動詞を用いる。いっぽう肉や魚などのアイには「レム」という動詞を用いる。レムは単に肉や魚を食べるというよりも、肉を骨からとって塊をよく咀嚼して食べるというニュアンスがある。そのため、小さく切って食べる購入した小魚や鶏肉にはチッという動詞を使うと考えられる。これが購入した魚や鶏肉をサユールとみなすことに関係するとみられる。このほか漿果類は「プロ」、堅果類は「クブ」とよばれ、どちらを食べるときにも「チッ」という動詞を使う。しかしプロを種子ごと口に入れてしゃぶる場合には、「ルーット」、さらに小さい粒を口に含むような場合は「ママッ」という動詞も使う。

表4-1　食の分類

食物の分類	対応する動詞	例
バブ	チッ	米、ヤムイモ
アイ	レム	肉や魚
サユール	チッ	野菜
プロ	ルッート、ママッ	漿果
クブ	チッ、ママッ	堅果

食事の回数は人によりけりである。幼い子どもは一日三回から四回ほどであるのにたいし、食事は一日一回で代わりにお茶を沢山飲むという年長者もいる。彼らは非常に甘い紅茶を日常的に飲む。すべての家庭で、起床後すぐに火をおこして砂糖もしくはコンデンスミルク入りの紅茶を飲むことが共通する。また森から帰ってきたときも、まずは紅茶を飲んで喉をうるおす。家に訪問者があったときにも紅茶をふるまうのが理想とされ、それとなく紅茶の入ったヤカンとコップを差し出したり、「お茶を飲むか（アム テーバ）」と尋ねたりするのである。

バテッの社会では、すべての人が同じように同じ食物を食べてよいわけではない。女性は月経中や産後一定期間は肉や野菜など味付けされたものを食べることが禁止されている。バテッと通婚がみられるスマッ・ブリでは、成長段階ごとに食べられるものが決まっていたり、月経中の女性にたいする非常に厳しい食物規制がある（口蔵 一九八一）。月経中や産後の女性にたいする規制はバテッも共通するが、成長段階に基づく規制はバテッにはみられない。スマッ・ブリの場合は、その動物の臭い、行動、習性などを理由に、それを食べることのできる人とできない人が決まっており、幼い子どもは食べられる動物の種類が最も少なく、年を増すごとにより多くの種類を食べられるようになっていく。

バテッの女性の月経中と産後の食の規制は、過去にはとても厳しかったようである。昔は肉、塩、トウガラシ、ミルク、砂糖、ナッツ、キャッサバ、葉野菜を摂取することが禁じられていたという（Endicott 1979）。しかし現在は砂糖入りの紅茶は飲んでよいことになっている。時代の変化とともに彼らの慣習も変化してきたのである。

月経中や産後の女性は、アイやサユールといった味付けされた食物を食べるとフラフラになってしまうという。そのため、これらの食物を食べることが禁止されている。しかし小麦粉を蒸したものやヤムイモなどのバブだけを食べて過ごしていると、三日目あたりから力が湧かなくなってくる。バテッの女性も「バブしか食べていないから力がでない」と言う。こうして身体は他の食物を欲しているのだが、彼女たちは慣習ということで副食を食べずに過ごす。そして月経後に普通の食事をとろうとしても、ゆっくりでないと食べられず、また十分に消化できない状態になってしまうのである。

さらにクアラ・コのバテッは、大人の女性はハチミツも食べてはならないという。先行研究にそうした記述はみられないので、これは何等かの理由で近年共有されるようになった決まりだと考えられる。

また、食べ方についての決まりというものもある。ある夜、大きなスッポンを数匹獲ったということで内臓を調理したものを「おすそ分け」してもらった。歯ごたえがあり、噛んでいると甘みと旨味がでてきてとても美味しい。コメにかけて食べ、満腹になったのでごろごろしていた。すでに歯も磨いたので、後は寝るだけである。

すると少しして、同じ人が今度は同じスッポンの肉を調理したものを持ってきた。彼は筆者にこれも食べろと言う。もう満腹なので食べられないと伝えると、それでもいいから少しだけでも食べろと言うのである。どうやらカメの内臓を食べたら肉も食べないと後で体調不良になるらしい。そこで筆者は、数名のバテッがじっと見つめる前で頑張って一切れ口にしたのである。

こうした決まりがあるのは、おそらくカメの内臓が美味しく彼らの好物であることと関係する。ふだんはカメの内臓だけで複数人が満腹になることはなく、肉と一緒に分け合って食べる量しか入手できない。誰かが内臓のみを独り占めしないよう、こうした決まりができたのだろう。

このほか人によっては特定のサルや魚などのアイを食べられない場合がある。その動物を食べて腹痛になったりした経験から、その人と相性の悪い食物とみなされているためである。

次は、こうした食料をバテッがどのように手に入れているか、狩猟、漁撈、採集という順でみていきたい。

1……男性の狩猟

彼らは一九七〇年代と同じく吹矢を使って樹上の生きものを狩猟する。しかし狩猟場までバイクで移動したり、懐中電灯を使って夜間に吹矢猟をおこなうなど新しい試みもみられる。

狩猟の実践

一九七〇年代にはバテッの男性は八八分（生業活動時間の三五・九％）を狩猟に費やしていた。現在ではキャンプ中は五〇分（生業活動時間の二〇％）、雨期の拠点では九〇分（生業活動時間の三五・五％）、乾期の拠点では五四分（生業活動時間の二五％）となっている。雨期の拠点では狩猟場までの移動と獲物の探索に時間を要するため、多くの時間を狩猟に費やす。いっぽう乾期に男性が拠点に滞在するのは、森のキャンプから拠点に戻って森林産物を売り、その金で買い物を楽しむのが主な目的である。そのため、さほど頻繁に狩猟に出かけることはなく、平均時間も雨期より短くなっている。いっぽう女性が狩猟に費やす時間は、一九七〇年代には平均五分であったが、現在は八分とやや増加している。とくに女性は拠点に滞在中に狩猟時間が増え、乾期の拠点では平均一〇分、雨期の拠点では平均一五分となっている。これらはタケネズミ猟とタケコウモリ猟に費やす時間であり、次節で詳細を述べる。

男性の狩猟の大半を占めるのが吹矢猟である。吹矢猟には、男性一人もしくは二人、多くても三人ほどで出かける。大人数だと人の気配で獲物が逃げてしまうことがあるので、バテッは少人数で吹矢猟に行くのを好む。基本的に女性は同行しない。多くは拠点地から森まで歩いて行くが、狩猟する森までバイクや乗用車で行って、そこから歩いて森に入ることもある。そして森を歩きながら獲物を探したり、サルが好む木の近くなどで獲物が来るのを待ったりするのである。また、吹矢猟を目的とせずに森を歩くときにも、獲物と出くわしたときのために吹矢を携帯することがあり、獲物の気配がしたら皆から離れて猟をする（図4―8）。

吹矢で仕留めた獲物を調理する際は、塩（と味の素）のみで味付けする。ちなみに味の素はバテッも好む調味

図4-8　筏で移動する夫婦(妻が吹矢と釣竿を握っている)

料で、彼らは「アジ」とよぶ。香辛料は吹矢の毒と相性が悪いため使ってはならない。獲物についた毒は解体時に捨てるのだが、それでもバテッは塩以外のものを混ぜようとはしない。また毒がついた部分は黒くなっているためすぐにわかるのだが、うっかり見逃すこともあるようである。

調査を始めて間もないある晩、バソンの父がコノハザルのカルドスを獲ってきた。皆の集まる火のそばへ顔をだすと、解体はすでに終わっていた。鍋の中で肉を茹でているほか、集まった人は焼いた肉を切り分けて食べている。隣にいたシラの父が「食べるか」と尋ねたので欲しいと答えると、筆者の握りこぶし大の塊をくれた。それまで筆者は、皆がある程度肉を食べ終わったころに顔を出すため、小さな塊にしかありつけていなかった。まさかこんなに大きな塊をもらえると思っていなかったので、多少遠慮しつつも、嬉しくなってかぶりついた。

しかし塩をつけながら食べていると、苦みを感じる。美味しいとはいえない味、どちらかというと不味いのである。けれどまだ数回しかサルの肉を食べたことのなかった筆者は、不味いと思いながらも「きっとサルの肉はこういう味なのだろう。せっかくバソンの父が獲った貴重な肉を大量にもらったのだから、きちんと全部食べないと失礼だ。いつかはこの味にも慣れて美味しく感じるようになるのだろう」と頑張ってどうにか食べきった。これが間違いだった。

肉を食べて雑談をした後、筆者は寝床に戻った。しかし寝ていると、ふと目がさめた。何やら気分が悪い。腹が痙攣しているのである。そのとき自分が食べた苦い肉が吹矢の毒のついた部分だったのだと悟った。暗かったため、シラの父が肉を切り分けるときに気づかなかったのだろう。とりあえず、腹が異物を出そうとするのを感じるので、そのことに専念する。夜なので川のトイレに行くにも懐中電灯が手放せない。口をゆすいだり

図4-9　吹矢で仕留めたコノハザル。これはタロッと呼ばれる種類。彼らにとってサルは単なる食べものではなく、その「命をいただく」畏怖の感情を抱く獲物である

水を飲んだりしながら行ったり来たりを繰り返しているうちに朝になり、体力も気力も消耗しつくしていた。そしてその後は女性や子どもの手で腹を温めてもらったり、クムヤンというサトイモ科の植物（*Homalomena* spp.）の葉を丸めて作ったカイロを臍の上に置いたりしながら、火のそばに寝ころがって過ごした。ほぼ一週間を寝て過ごし、砂糖入り紅茶を薄めて飲む日が続いたので、消化器と体力の回復に多少時間がかかった。しかもバソン家族は、カルドスの肉と筆者は相性が悪いのだと言って、カルドスの肉を筆者に食べさせないようになってしまったのである（図4―9）。

吹矢で捕えるアイのほか、手づかみで狩猟する林床部のアイとして、マメジカ、オオトカゲ類、カメの仲間、ヤマアラシなどがある。これらの動物は見つけたら追いかけてナイフや石を使って捕まえればよく、小型のシカを獲る際はヤリを使うこともある。また一九七〇年代の記録にはなかったオオトカゲ類もバテッは狩猟対象としている（Endicott 1979）。クアラ・コのバテッは昔からオオトカゲを食べていたと述べることから、クアラ・コが他の村と異なるのか、あるいは一九七〇年代の調査時に観察されなかったのかもしれない。こうした生きものも、皮を焼いてこそぎ落とした後に解体する。カメは甲羅が下になるように裏返して火にかけた後、腹と甲羅の間に

ナイフを入れて甲羅をはがす。そして内臓は木の枝に刺して炙ったり、甲羅に入れて火をとおして食べる。これはクセがなく非常に美味である。またヤマアラシは解体している最中に胆石が出てくることがあるので、それを仲買人に売ると三〇〇リンギ以上になる。漢方薬の原料になるようである。

また一九七〇年代には狩猟対象とされていなかったイノシシであるが、調査期間中に一度だけバテッがイノシシを仕留めたことがあった。獲ったのは父親がスマッ・ブリで母親はバテッという、スマッ・ブリとバテッの両方の社会で育った男性である。彼は小さい個体を山刀で叩いて獲ったという。しかしこれは例外的で、二〇一〇年代初頭の調査時には多くのバテッはイノシシを狩猟の対象とみなしていなかった。

ところが二〇一七年には一部の若い男性が数人で協力してイノシシを獲るようになっていた。イノシシ猟をおこなうようになったのは二〇一四〜二〇一五年に生じた大洪水以降だという。この洪水によってクアラ・コ一帯は水没し、バテッは高台に逃れて一〜二週間ほど過ごした。そのときにイノシシを食べてしのぎ、狩猟法を身につけたのだという。その方法とは、数人で鉄筋の先を尖らせて作ったヤリをイノシシに刺すというものだ。刺した後に大急ぎで走って逃げて木に登り、イノシシが弱るのを待ってから捕らえるのが鍵だという。彼らは状況に応じて新たな狩猟法を取り入れる臨機応変さがある。しかしそれでも、ワナ猟をおこなわないというのは興味深い。

林床にいるマレーグマも、木の周りにワナを仕掛けておけばすぐに捕まえられそうである。しかしバテッにとって、マレーグマは落ちたドリアンを食べに来る害獣であり、狩猟の対象、アイではない。樹上の動物なら逃げても吹矢の向きを変えれば狙いを定めることができるが、地上を走って逃げる動物は吹矢での狩猟には向かない。また林床性動物の狩猟に適していても、ワナ猟だとワナを仕掛けてから待つ必要がある。ヤリや吹矢で獲物を獲るのとは異なり遅延報酬型の活動である。そのため、他の動物を獲れる状況では、ワナをかけてまでしてこうした動物を獲ろうとは思わないのだと考えられる。

吹矢

吹矢猟に使う道具は、吹筒のガノン、針筒のバヌー、そして吹針のトゥンライという三点セットだ。これらは一人前とみなされる一〇代後半より年長の男性ならば全員が持っている。基本的に三点とも植物を使って手作りする。しかし水道パイプのようなプラスチックの筒を針筒として使ったり、吹筒を固定するのにビニル紐を使ったりすることもある。バテッの男性は当たり前のようにこれらを自作する。吹筒が壊れたとしても自分で直せるし、他の場所へこの三点セットを持たずに移動したとしても、作成に時間はかかるがナイフさえあればどうにかなるのである。

吹矢の本体である吹筒は長さ二メートルほど、竹筒の先に黒い吹口がついている。これは外筒・内筒・吹口という三つの部分より成る（図4―10）。材料は本体になる竹筒と吹口にするアカテツ科の樹木（*Palaquium* spp.）の樹液を固めたもの（タマン）、さらに竹を繋ぐ際に粘着テープとして使うヤシの葉軸の皮（チャリップ）、そして部品を固定する際に使う細いトウ（*Daemonorops macrophylla*）である。またトゥムジュンという樹脂の粘着剤の他、蜜蝋も潤滑剤として使う。こうした材料にくわえ、山刀、端切れ布と火があれば、吹矢を作ることができる。

吹筒は内筒から作りだす。内筒は内径一・五センチメートルほど、長さ八〇～一二〇センチメートルの竹を二本組み合わせたものである。一本の竹でも良いのだが、長くまっすぐで状態の良い竹は、なかなか手に入らない。そこで二本の竹を繋ぐのである。

竹の繋ぎ目はヤシの葉軸の皮、チャリップで覆って固定してやる。チャリップは内筒と同じくらいの太さの筒型をしている。タバール（*Arenga* sp.）やタドゥック（*Eugeissona tristis*）というヤシの葉軸の外皮で作る。ヤシの葉軸を三〇センチメートルほどに切って炙り、布をあててぎゅっと握る。そのまま葉軸を引っ張ると、環になったまま外皮をずらし取ることができる。これがちょうど内筒の太さと同じくらいなのである。

竹を繋ぐには、片方の竹筒の端を削って細くして別の筒をはめ込むという方法をとる。細くした竹筒の繋ぎ目になる辺りに樹脂の粘着剤を塗り、そこにチャリップを半分ほどはめ込む。そしてもう片方の竹の端にも粘着剤を塗って、チャリップに差し込む。こうして筒を繋ぎ合わせてチャリップを手で押さえてなじませれば内筒は完成である。

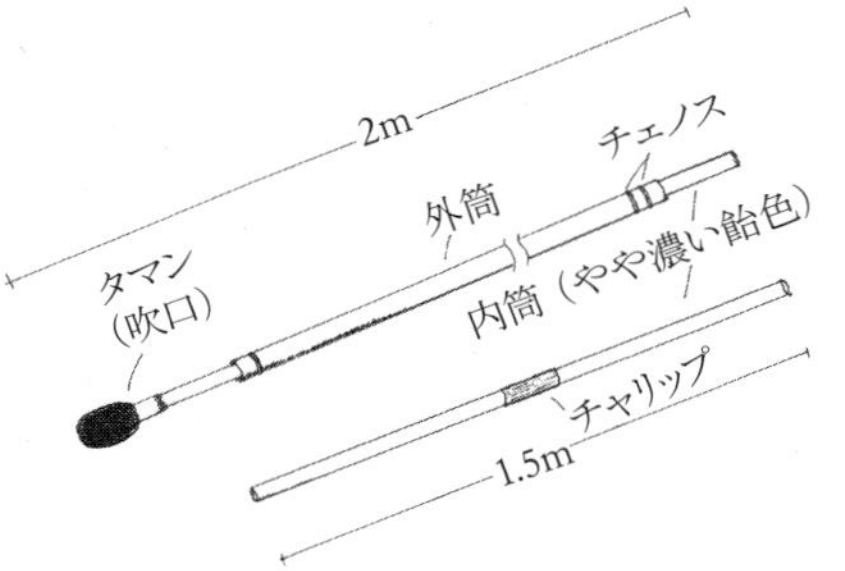

図4-10　吹矢（外筒と内筒）

内筒に装着する吹口（タマン）は、黒いゴムの塊を一〇センチメートルほどの竹にくっつけたものである。反対側はギザギザの切り口になっており、外筒を上からはめ込むことができる。まずは内筒より少し太めの竹に一〇センチメートルほどの辺りに切り込みを入れ、折り取るようにしてギザギザの切り口にしておく。そしてもう片方の口には、ゴムの塊をつけて手で整形する。このゴムはアカテツ科の樹液を集めて湯で温め、柔らかくしたものである。

吹口が完成したら内筒に装着する。その後は内筒の先端近くに蜜蝋を塗って布で拭いてなじませ、滑りがよくなったところで外筒に挿入する。外筒は内筒より径が一回り大きい竹一本、もしくは数本を繋いだものである。吹口の竹に少し被さる程度に外筒を差し込むと、外筒の先端より二〇センチメートルほど内筒が飛び出たかたちになる。こうして外筒、内筒、吹口を合体させたら、外筒と吹口の繋ぎ目や竹と竹の繋ぎ目に、トウを編んでつくったチェノスという環を被せて固定する。外筒の先端部や吹口近くに模様を彫って装飾する人もいる。外筒は内筒を保護するカバーであり、猟の成功は内筒と吹口の状態に大きくかかっているのである。

吹筒の材料である竹は決まった場所にしか生えていないため、バテッはそうした場所で竹をまとめて採集し、川でよく洗って火に当てながら布でこすって真っ直ぐにしておく。適当な長さにした竹を数本保有しておき、竹の調子をみて取り替えながら使う人もいる。良い竹の群生地が見つかったときには、男性たちは大急ぎで出かけていく。吹筒の状態が猟の成功を左右するため、良い竹は男性にとって貴重なものなのだ。

丹精こめてつくった吹筒には手入れがかかせない。とくに内筒は真っ直ぐで、筒のなかを針がスムーズに通る状態が良いとされる。筒を真っ直ぐに整形するには火を使う。大きく火をおこしたそばに座って、筒を目の高さに掲げ、端から見て曲がり具合を確認して火にかざす。炎で筒を温めたら布で挟んで力を加えてこすり、また様子をみて火にかざす。これを繰り返して矯正するのである。吹筒の本体である内筒は頻繁に手入れされるため、蜜蝋色と煙に燻された色の混じった、外筒より濃い茶色をしているのである。吹筒の手入れは暑いなか火にあたる大変な仕事である。しかし筆者は火をおこせないとき、こうしたところで火種をもらってくるのでなかなか助かるのである。

さらに内筒の内部は専用の道具で掃除する。この道具はヤシ科（*Caryota* sp.?）の繊維を細いトウに結びつけたものである。トウの先に繊維を結びつけてハタキ状にしたら、その繊維を柄の側へ折り返して縛る。この先端がバラバラにならないハタキを筒に出し入れする。どことなく猟銃の手入れと似ている。猟銃も同じように銃身内にブラシや布切れを入れて掃除する。

吹口であるタマンについては、取り外して火にかざして温め、柔らかくして手で形を整える。さらに外筒が割れてきた場合には細いトウを編んで作ったチェノスの環を被せて補強するが、ビニル紐で縛って応急措置とすることもある。

吹矢で仕留める動物

バテッが吹矢で仕留めるアイ（動物）を表4—2に挙げた。コノハザルの仲間、テナガザルの仲間、そしてコロブス属などのサルが「大きいアイ」と認識されている。なかでもアイの代表格として認識されているのは、タロッとよばれるコノハザル（*Presbytis obscura*）である。これは目の周りが白く「眼鏡をかけている」のが特徴だ。テナガザル科のクボン（*Hylobates lar*）とバテウ（*Symphalangus syndactylus*）については、調査期間中に一度も狩猟されるのを見たことがない。一九七〇年代にバテッがどの程度これらのサルを狩猟していたかはわからないが、同時期のスマッ・ブリの調査では、バテウにあたるフクロテナガザルは狩猟されておらず、クボンにあたるシロテテナガザルも森で遭遇する率が低かった。森で出くわす回数を比べると、最も頻繁に狩猟されていたコノハザルは一〇六回遭遇しているのにたいしシロテテナガザルは七回のみである（Kuchikura 1988）。

こうしたことから、これらのサルはそもそも個体数が少なく、バテッが出くわす頻度も低いのだと考えられる。しかしこれら二種のサルはよく響く声で鳴くために、その鳴き声から存在が認識されているようである。とくに早朝、まだ霞がかった森に声を響かせて鳴くのである。エムリンの母はこれらの鳴きまねをしてくれた。ク

表4-2　吹矢猟の対象と認識されている動物

区分他	バテッ語の名称	学名（和名）	バテッによる説明等
大きいアイ	タロッ	*Presbytis obscura*（メガネコノハザル）	「眼鏡」をかけている（眼の周囲に白い縁取りがある）
	カルドス	*Presbytis melalophos*（スジコノハザル）	タロッと類似するが、「眼鏡」はかけてない
	クボン	*Hylobates lar*（シロテテナガザル）	ホーウッホーウッホッホッホッ……と鳴く
	バテウ	*Symphalangus syndactylus*（フクロテナガザル）	キャーウッキャウキャウッ……と鳴く（クボンより高い鳴き声）
	バワッチ	*Macaca nemenstrina*（ブタオザル）	
	ジレウ	*Macaca facicularis*（カニクイザル）	
小さいアイ	テウォッ	*Nycticebus coucang*（スローロリス）	夜に活動する
	ワッ	*Ratufa* spp. ほか（オオリス類ほか）	ワッ・ニョールなど下位カテゴリーがある
飛ぶアイ	カジョ	*Cynocephalus variegatus*（マライヒヨケザル）	
	ブマ	*Petaurista petaurista*（オオアカムササビ）	
夜に獲るアイ	クンスィン	*Paradoxurus hermaphroditus*（マライパームシベット）	夜にプランテーションで獲るアイの代表格
	チュプ	*Arctogalidia trivirgata*（ミスジパームシベット）	

ボン（シロテテナガザル）は「ホーウッホーウッホッホッホッ……」という声で鳴き、バテウ（フクロテテナガザル）は、それよりもやや高い声で「キャーウッキャウキャウッ……」と鳴くのだそうだ。なおフクロテナガザルのオスは大きく膨らむのど袋をもつ。

マカク属のジレウとよばれるカニクイザル（*Macaca facicularis*）やバワッチとよばれるブタオザル（*M. nemenstrina*）は、森だけでなく道路に群れているのを捕らえることもある。カニクイザルのジレウについては、この肉を食べた日、もしくは食べてから半日は水浴びをしてはならない。筆者もバソンの父が獲ってきた肉を分けてもらおうとしたら、「これを食べた後は水浴びをしては駄目だよ」と確認してから肉が渡された。

これは、プランテーションにキャンプした雨期の夕方のことだった。釣りから帰って水浴びを済ませよそのハヤで雑談をして戻ると、バソンの父が肉を持って森から帰ってきていた。バソンの父に水浴びについて確認された筆者は、大人のバテッはあと一回寝る前に水浴びするのが理想であることを知っていたが、本音としてはもう水浴びをしたくなかった。そこでとりあえず「わかった、わかった」と言って肉をもらったのである。肉を食べながらなぜ水浴びをしてはいけないか尋ねると、ジレウの臭いが水に移るためだと彼は説明した。ジレウは臭いの強いアイだそうだ。食べたところ筆者にはよくわからなかったが、このサルは他のサルと比べると小型で多くの人に肉が行き渡らないこと、また頻繁には獲れないことなどが、こうした慣習に関係すると考えられる。

このときバソンの父は肉だけを持ち帰ってきた。バテッは仕留めた獲物はキャンプに持ち帰って解体することが多いが、拠点地に滞在中などは森で解体して内臓などを食べ、残った肉を持ち帰ることもある。そのほうが運びやすいし、家には多くの家族がいるため、どうしても子ども優先で肉を分け、大人の取り分が少なくなってしまうのである。獲物の解体は道具さえあれば森ですぐにできる。毛を焼いて山刀でこそぎ落した後、腹の部分を開いて内臓を処理し、各部位に切り分けるというものである。森に行くときにバテッは山刀だけでなくタバコに火をつけるライターも携帯しているので、獲物を仕留めたらすぐに火をおこして解体し、調理することができるのである。

図4-11　リスを祖父に調理してもらう孫

アイのなかでも多くの人に肉が行き渡らない小さいアイとしては、ロリス科やリス科の動物が挙げられる。リス科のワッについては「ワッ・ニョール（ココヤシのワッ）」や、「ワッ・マタ・チヤッ（チヤッの目のワッ）」などと下位カテゴリーがある。これらは森のキャンプに移動後の数日間によく獲れる。朝方キャンプ周辺の木々をこうしたリスが飛び回っているところを子どもが見つけて騒ぎだし、彼らの兄や叔父が吹矢で仕留めるのである。仕留められたリスは猟を見守っていた子どもにすぐに渡され、子どもが自分で調理するか、母親などに調理してもらって彼らのおやつになる（図4―11）。さらに小さいアイのなかでも「飛ぶアイ」として、ヒヨケザルの仲間やムササビの仲間もバテッの食べ物である。

夜に獲るアイというものもある。プランテーションで獲れるジャコウネコの仲間である。これは近年になって頻繁に食べるようになったアイだ（表4―2）。多くの狩猟動物は森に暮らすのだが、ジャコウネコは夜になるとアブラヤシの実を食べにプランテーションにやって来る。そこで懐中電灯を持ってプランテーションを歩きまわり、アブラヤシの木から木へと飛び移るジャコウネコを探すのである。プランテーション内にはアブラヤシ運搬用のトラック道が張り巡らされているため、暗いなか歩くのもさほど危険ではない。また森と比べると見通しがよいので懐中電灯で遠くまで照らすことができる。しかしこうした吹矢猟に従事するのは二〇代から三〇代の若い人に限られており、年長者はわざわざ夜間吹矢猟に出かけることはない。なお獲れるジャコウネコは二～三キログラムほどで、一度の猟で二、三匹は獲れることが多い。

表4―2に示したようにバテッが大きいアイと小さいアイを区別するのには理由がある。毒針を獲物の大きさに応じて使い分けているのである。彼らは吹筒と同じように針も一本ずつ手作りする。針はルンという白い風受けの部分とプルパという針の部分より成る。長さは二〇センチメートルほど、風受けの部分は径一センチメートルほどの円錐形である。風受け部分はヤシの葉軸の内側を使うことが多いが、軽くて柔らかい木なら何でもよい。ヤシの葉軸を使う場合は、外皮を剥いで四〇センチメートルほどに切ったもの数本を簾状に縛ってまとめ、火の近くに吊るして乾燥させる。こうすることで加工しやすくなるうえに、軽くなって針がよく飛ぶようになるのだ。乾燥したら二・五センチメートル毎にナイフで筋を入れてポキポキと切り分けて温かい灰の上に並べて置き、さらに乾燥させる。

風受けの材料を灰の上に並べて乾かしているあいだに、針を作成する。針（プルパ）は、アウェイ・ランカールというトウ（*Eugeissona tristis*?）で作る。このトウを適当な長さに切って数本に割いて竹串のようにした後、ナイフの腹と手の指を使って表面をこそいで細くし、形を整える。できあがったら火のそばで乾かしておいた風受けを差し込む。

続いて風受け部分の形を整える。これには乾燥させたビワモドキ科（*Tetracera scandens*）の葉を使う。表面が紙やすりのようにザラザラした葉である。なおバソンの父は森へこの葉を探しに行くのが面倒だからと、プランテーション村の売店で紙やすりを買ってきて使っていた。この葉で風受けの下の方を包みこむように持ち、針を太ももに置いてクルクルと転がすと、ちょうどよい具合に削れて滑らかな円錐形になる（図4―12）。

図4-12　吹針をつくる男性（彼の膝元に針筒が置いてある）

完成した針は火のそばに並べながら作業をすると余分な水分がとんでよい。そして針がある程度たまったら、今度はトゥムジョンという黒い樹脂を塗る。樹脂に火をつけて、その炎で針を炙りながら形を整えるのである。この時にトゥムジョンを塗った部分が黒くなり少し粘着性をおびる。この針に毒を塗れば毒針の完成である。

矢に塗る毒はドックといい、マレーシアでイポーとよばれるクワ科の樹木（*Antiaris toxicaria*）の樹液を濃縮したものである。バテッの男性は拠点地の周辺のどこにこの木が生えているか記憶しており、必要なときに採集に出かける。筆者が同行したときには、幹周り一・七メートルの木から採集した。「これがドックの木だ」と告げられた木の幹には、地面から三メートル辺りの高さまで×の形に傷がついていた。そしてこの傷は上の方ほど少なくなっていき、V字型の傷になり、さらに上を見上げると葉の茂った枝が付いているようだった。彼らは長年にわたってこの木からドックを採集してきたのである。

森を歩きながらドックを集める竹を採っていたので、まずは火をおこしてそれを炙る。太さ五センチメートルほどの細い竹を二五センチメートルほどの長さで斜切りにし、幹に突き刺して樹液を集めるのである。幹を傷つけて樹液のよく出る箇所を探したら、そこの樹皮を剥ぎ取って竹筒の尖った口を差し込んで固定する。うまく筒に流れこまない場合は、幹に斜めに切り込みを入れて樹液の通り道をつくってやる。切り口からにじみでた白い樹液はこの道を伝って筒の中へと落ちてゆき、一時間も経たないうちに必要な量が溜まった。そして竹筒を取り外して葉で蓋をし、帰路についた(図4—13)。

図4-13 吹矢の毒(ドック)を採集する

集めた樹液は時間が経つと茶色く変色してくる。これを竹のヘラにつけて火にかざし、色が濃くなり粘り気がでてきたら吹矢の針に塗る。片手に毒のついたヘラ、そしてもう片方の手に針の風受け部分を持って、手首を返しながら針をヘラに擦りつけてやる。これで毒針の完成だ。針のどの辺りまで毒を塗るか、重ね塗りをするのか、重ね塗りするとしたら何回重ねるかといったことで毒の量を調整し、針につけた毒の量

図4-14　針筒。塗った毒の量に応じて風受けに×印や－印がついた針が入っている。奥に吹筒がある

がわかるように風受けのルンの頭に印をつける。

印をつけるには、毒を塗っていない別の針を使う。毒を塗った針の風受けの頭に、樹脂のトゥムジュンで黒くなった別の針を押しあてると黒い印がつく。そしてたとえば、サルの仲間であれば×印のついた毒の多い針を、リスなどの小さいアイならば針の先端部にのみ毒が塗られた－印の針を使うわけである。

そしてできあがった針は針筒に入れる。針筒は径一五センチメートル、長さ三〇センチメートルほどの竹製である。枕にちょうどよい大きさで、ちょっと横になった際にこれを枕代わりに使う人も多い。この筒のなかに細い竹で作った針入れが丸めて入っているので、その竹の穴ひとつひとつに針を入れて収めるのである。針を入れると風受けの頭についた×や－の印が見えるかたちになる。なおこの針入れは細い竹の両端を紐で編んで簾状にしたものである（図4―14）。

また簾状の針入れが丸めて入った針筒の中心部には、針を作る際にでた削りカスや黄土色のワタが詰められている。このワタはスレン・ダギンといい、火で温めて擦り傷や切り傷に貼って絆創膏のように使う。森を歩いているとヒルに噛まれたりするので、このスレン・ダギンをちょっと貼っておくのである。さらに針筒のバヌーの底には、蜜蝋が塗ってあり茶色くなっている。そして筒の口の部分にはトウで編んだ環、チェノスの大きいもの、あるいはロープが巻きつけてあり、そこに紐をつけて肩や首にかけて持ち運ぶことができるのである。

2……女性の狩猟

吹矢猟や手づかみ猟に従事するのは男性が中心だが、タケネズミ猟とコウモリ獲りは女性が頻繁におこなう。タケネズミ猟は一九七〇年代には男性の従事率が高かったが、二〇一〇年代の調査時は夫婦と女性数名というグループで出かけることが多くなっていた。これは男性が食物獲得としての狩猟ではなく、現金獲得活動にかなりの時間を費やすようになったことにくわえ、タケネズミ猟に使用する掘り棒を所有しなくなったことも関係しているのだろう。

一九七〇年代には男性もヤムイモ採集にかなりの時間を費やしていたことから、女性とは別に男性も掘り棒を所有していたとみられる。しかし現在、とくに若い夫婦は、掘り棒の管理は女性が中心となっている。掘り棒は妻が管理するものが一家に一本あるのが基本であり、男性が掘り棒を使う機会が減少している。こうしたことも男性の従事率の低さに拍車をかけているのかもしれない。しかし例外的に、年長の男性は頻繁にタケネズミ猟に出かけていた。こうした人は加齢によって肺活量が低下し吹矢を吹くことができない。しかしタケネズミ猟ならば彼も参加できるので、「自分でも肉を得られる活動だ」といって勇んで出かけるのである。

タケネズミは体長三〇センチメートルほど、尾を入れると四〇センチメートルにもなる動物である。ベージ

図4-15　タケネズミを解体する。大きさにもよるが、獲れた獲物はその場で解体して食べることが多い

ュ色の大きなモルモットのようだが、竹をかじる前歯がビーバーのように口から伸びている。基本的にひとつの巣穴につがいで暮らしているため、一度の猟で二匹分の肉を得ることができる。猟の方法は一九七〇年代と同じであり、竹の根元に巣の出入口である穴をみつけ、そこを掘ってタケネズミを捕まえる。二〇一一年七月一七日の猟では、成人男性二人、女性五人で交代して穴を掘りながら約六時間でオス（三・六キログラム）一匹とメス（二・五キログラム）一匹を仕留めた。六時間で一人あたり約一キログラムを獲得したことになる。可食部はこれより少ないが、なかなかの量である（図4―15）。

このようにオスとメスを仕留めた後、巣穴に子どもがいた場合、バテッはそれを捕まえて竹筒に入れて餌を与え、しばらく面倒をみる。タケネズミにかぎらずサルなども仕留めた動物に子どもがいると、彼らは連れ帰って世話をするのだが、いつの間にか逃げ出していなくなってしまったり、死んでしまったりするのである。

さらにコウモリ獲りは一九七〇年代には重要な活動でなかったようだが、現在では雨期に村に滞在する女性が頻繁におこなう活動である。女性の狩猟活動は、このコウモリ獲りとタケネズミ猟によって占められる。キャンプ中より拠点にて狩猟活動の時間が多いのは、キャンプ中はヤムイモ等の採集活動に七七分と多くの時間を費やすためである。

雨期に女性たちが獲るコウモリはタケコウモリ（*Tylonycteris pachypus*）という種類である。これは竹の節を棲家とする。竹林内は地面に竹の葉が積もっているため、雨でも楽に歩き回れる。ナイフを片手に上を見上げ、小さな細長い穴のついた竹を探して歩く。この穴からコウモリが出入りするのである。穴をみつけたら竹を切り倒して穴のある節を割り、噛まれないように気をつけながら、中に潜んでいるコウモリを捕まえる。ひとつの節に数匹潜んでいるため、それらを逃がさないように注意しながら、捕らえたコウモリの頭を強くつまむようにして一撃を加え、袋に入れるか羽に棒を刺して集める。一匹の大きさは四センチメートルほどと小さい（図4―16）。

このコウモリは昆虫を主食とするため独特の臭いがする。また一匹約四グラムと肉も少ない。一人が一度の猟で獲れるのは平均して六匹、五〇グラムほどであることから、バテッの男性のなかには「子どものおやつ」とみなす人もいる。しかしこれは近場の竹林で女性や子どもでも獲ることのできるアイである。そのため他の獲物が獲れない雨期に、肉や魚を食べたいと騒ぐ子をもつ母親にとってはありがたい食料なのである。獲ったコウモリは表面の毛を焼いた後に腹部を開いて洗いながした後、油で炒めるなどして塩と味の素で味つけして食べる。

女性は拠点滞在中の方がキャンプ中より多くの時間を狩猟に費やす。これはキャンプ中は多くの時間をヤムイモの採集に費やすいっぽう、周りに動物が少ない拠点でもアイを獲って子どもに食べさせなければならないことと関係する。とくに雨期はこの傾向が強い。森林の減少とともに狩猟に費やす時間が減ったのかと思いきや、バテッの女性たちは竹林でのアイの獲得に以前よりも多くの時間を費やしているのである。

図4-16　タケコウモリ

3……漁撈と川の生きもの

多くの人は狩猟採集民と聞くと、狩猟動物が食の中心を占める暮らしをイメージするかもしれない。しかしバテッの場合は魚や水棲のカメもかなり重要である。雨期が明けて花の季節に森へキャンプするとき、彼らは「上流へアイをたくさん食べに行く」のだと言う。ここでアイがさすのは魚や水ガメなどの川の生きものである。水量が落ち着いた川の恵みを謳歌するのが、この時期のキャンプの大きな目的のひとつなのだ。

上流にしか生息しない魚がいるように、バテッは川の生きものを「本流のもの」と「支流のもの」というように生息環境に結びつけて認識する。また漁法も場所に応じて使いわけている。彼らが用いる漁法は網漁や釣りなど、一九七〇年代と変わっていない。しかし女性は雨期の拠点にて多くの時間を釣りに費やしており、これは彼らの生活と環境の変化に伴う近年の特徴である。いっぽう男性は雨期はほとんど漁撈をおこなわない。しかしキャンプ中には多くの時間を漁撈に費やし、また乾期も魚を獲りに川へ出かける。こうした男女の違いはそれぞれが用いる漁法と関係する。

男性が従事するのは網漁と素潜り漁である。川幅の広い本流沿いでは網目の大きい刺網で魚を獲る。川の上流に網をかけると、長さ五〇センチメートル、二キログラムにもなる大型の魚を獲ることができる。雨期が明けてすぐの川の水が冷たい時期は獲れる魚も多い。また本流沿いにキャンプした場合には、夕方川の適当なところに網を張っておいて翌朝その網をあげると、ナマズの仲間やコイ科の魚など、新鮮な魚を朝から食べることができるのである。

獲れた魚はその場で鱗をとって内臓や浮きを処理する。この作業は川でおこない、内臓などは川に捨ててよい。処理した後の魚は煮て塩や味の素などで味付けして食す。魚を調理するときは吹矢で獲った肉の調理とは異なり、トウガラシやショウガ科の植物など香辛料を入れてよい。また魚の場合は、川沿いに生える植物と一緒に調理することもある（図4—17）。

さらに雨期明けに本流で網を張ると大量の魚が獲れるため、一度に食べきれないことも多い。その場合は魚を枝に串刺しにして火のそばに置くか、木や竹で作った台に載せて燻して燻製にする。こうしてできた魚の燻製を、焼いたりちぎって煮たりすると、香ばしいおかずとして食せるのである。

いっぽう標高の高い場所にキャンプすると、近くにあるのは川幅の狭い支流である。バテッの男性は数人で川に沿って移動しながら網目の小さい網を使って追い込み漁をおこなう。川の一箇所に魚を追い込み、小石を

図4-17　獲れた魚を捌く。本流で獲れる魚は大きい

投げ入れたり棒で水面を叩いたりして魚を驚かして網目に刺すのである。また、こうしたときに投網を投げて魚を獲ることもある。

魚だけでなくカメも重要なアイである。木の陰や深みになっている所は、魚だけでなくカメが潜んでいる。こうした場所では素潜りをしたり、棒でカメを探ったりして捕らえる。また川岸寄りの窪みには魚がいることが多いので、そうした場所を狙って素潜り漁をおこなう。川の中・上流域では硬い甲羅をもつ水棲のカメが獲れる。いっぽうラビやパランとよばれるインドシナオオスッポン（*Trionyx cartilagineus*）などのスッポン類はクアラ・コの近くでは見つからない。これらのカメはより流れの緩やかな場所に生息するため、クアラ・コより下流へと車やバイクで出かけて漁をする。

バテッの男性が漁撈に費やす時間は、キャンプ中では平均四七分（キャンプ時の生業活動時間の一八・七％）と長めである。彼らは魚の多い上流にキャンプした際、頻繁に網漁や素潜り漁をする。また拠点地に滞在中も、乾期であれば上流へと魚やカメを探しに出かける。そのため三〇分（乾期の拠点における生業活動時間の一四％）と比較的多くの時間を漁撈に費やす。拠点滞在中はキャンプ中ほど頻繁に漁撈をおこなうわけではないが、漁場までの移動時間が含まれている。いっぽう男性が雨期に漁撈に費やす時間は平均五分（雨期の拠点における生業活動時間の約二％）と少ない。雨期は男性が漁をする川は増水して近づくことができないためである。

バテッの男性は一九七〇年代には一日平均八分（生業活動時間二四七分の三・二％）を漁撈に費やしていた。現在では年間のデータを平均すると一日あたり三〇分となり、漁撈に費やす時間は増加している。たまたま観察日の行動の違いが影響している可能性もあるが、それにしては差が大きい。バテッは川の魚が減少していると語り、タマン・ヌガラ公園に勤める人も同様の話をする。このことから、以前はキャンプ地のすぐ近くで魚を獲れたのにたいし、現在は魚を獲れる場所まで移動する必要が生じた可能性がある。その移動の時間が上乗せされていることも、一九七〇年代との差に関係するのだろう。

いっぽう女性の漁撈は釣りと貝の採集である。女性は雨期の拠点にて一日平均一一一分（雨期の拠点における生業活動時間の七四％）と多くの時間を漁撈に費やしている。それにたいし乾期の拠点では平均一二分（一六％）、キャンプ中は三四分（二九％）と大幅に少ない。なお一九七〇年代には一日一七分（生業活動時間の九・七％）であったので、雨期の拠点における一一一分という時間は驚くべき値である。

先にふれたが、雨期のあいだ村周辺ではアイを入手しにくい状態になる。道路と接した村の周りに森はなく、アブラヤシプランテーションが広がる。男性が吹矢猟をする森までは距離があるし、雨期の森はぬかるんでいてヒルも多く歩きにくい。かといってプランテーション内もぬかるんでいるので、夜にジャコウネコ猟をするのも大変である。吹矢猟に行くといって出かけても、男性が肉を持って帰ってくることは稀である。そうしたなか、女性たちはアイの獲得に勤しむのである。

雨期に本流に近づくのは危険だが、プランテーション内には小川の流れる草地がある。女性たちはこの小川で釣りをするのである。村に滞在する母親たちは、雨期は毎日のようにプランテーションへと釣りに出かける。餌は適当な場所で掘ったミミズである。プランテーション内の小川は黄土色に濁り、細いところで幅五〇センチメートルほどだが、太い箇所だと三メートルほどにもなる。彼女たちは川に沿って移動しながら、川幅の広い場所や木陰になっている場所を探して糸をたらして待つ。そしてひとつの釣り場である程度の時間を過ごしたら、次の場所へと移動してまた釣りを続けるのである。

釣り道具は一九七〇年代と同じくヤシの葉軸に糸を結んだだけの簡易なものである。手元に錘もあれば使うが、こうした仕掛けで獲れる魚は大きくてせいぜい一五センチメートルほどだ。乾期には筏に乗って本流を移動しながら釣りをすることもあるが、雨期になると本流は増水して危険なため、小さい魚しか生息しない小川や伐採道沿いの池での釣りのみになる。

ただでさえ小さい魚しか釣れないような道具でプランテーション内の小川で釣れるのは、一〇センチメートルにも満たない魚ばかりだ。雨期の釣りを平均すると、一人一時間あたり二三・六グラムほどの獲得量になる。これは内臓などをとって処理した状態の値であり、一日の釣りは六時間程度なので一日平均一四一・六グラムの魚を得られることになる。日本で売られている切り身魚ひと切れほどの重さに等しい。しかし彼女らには食べさせなければならない子どもがおり、人によっては子ども九人分のアイを手に入れなければならない。こうしたことをふまえると、一日頑張っても十分な量を釣るのは困難といえる。

短時間で十分な量の魚が釣れることはまずないので、釣りの時間は必然的に長くなる。雨期の女性の釣りは朝から夕方まで、昼食もなしに休みなく続けられる。母親たちは、食器洗いや子どもが汚した寝具の洗濯など朝の仕事が終わったら、連れていく子どものお茶と炊いたコメを持って、遅くとも一一時までには家を出発する。そして釣り場を変えながら魚を探して帰宅するのが夕方五時、遅いときには七時を過ぎるのである。多少のメンバーの入れ替わりはあったが、プランテーションでの釣りは二〇一一年末から二〇一二年の初めにかけて、雨期のあいだ二週間ほど休みなく続いた。プランテーションなどバテッ以外の人と出くわす可能性のある場所へ女性が行く際は、安全のために最低一人は成人男性が同行するのが理想とされる。しかし長時間の釣りに毎日同行してくれる男性はおらず、雨期にプランテーションの釣りへ出かけるのは女性と子どもだけであった（図4―18）。

なおバテッの釣りは、餌に魚が少しでも食いついたら、魚の口に針を引っかけるように手首のスナップを使って勢いよく竿を引き上げる必要がある。同行する筆者はいくら試しても一匹も釣れなかったので、観察とミミズ集めに徹したが、暇すぎて居眠りをするという始末だった。プランテーションを移動しながら釣りをして、魚があまりにも少ないときには、帰宅途中で川沿いに生えるシダ科の植物（*Diplazium esculentum*）を採って帰る。これを魚と一緒、あるいは別に茹でるか炒めるかして、塩やターメリック粉、味の素で味付けしておかずの足しにするのである。

バテッは、本流や支流で獲れた魚の名前を、すぐに挙げることができる。バテッ語には「動物」というカテゴリーは存在しないが、「魚」については「イカン」というマレー語を使う。非常に多くを区別しているようだが、現在のところ筆者が記録しているのは三八種のみである。彼らは、それぞれの種類を場所と結びつけて覚

図4-18　プランテーション内の釣り。雨期の釣りは長時間になる

えている。たとえばプランテーション内の小川で釣れるものには、イカン・クリット（*Barbus* sp.）や、イカン・チャリン（*Puntius* sp.）などがあり、森の小川ではイカン・チール（*Mastacembelus* sp.）というトゲウナギ科の魚やドジョウ科のイカン・バオン（*Clarias* spp.）、イカン・リマット（*Clarias* spp.）などがある。そして本流の大きな川ではイカン・クラ（*Tor douronensis?*）やイカン・キジャイ（*Tor* sp.）というコイ科の大きな魚が獲れる、という具合である。

このほか女性は貝の採集も頻繁におこなう。流れの穏やかな川にはカワニナの仲間（*Melanoides* spp.）が生息する。とくにバライ拠点の近くにはそうした小川が多い。この巻貝は落ち葉や藻を食べるので、川の底を手や足で探ったり、川底にたまった枯葉を陸にすくい上げたりして探す（図4―19）。こうしたときにカニや小エビを見つけたら、それらも捕まえて食料にする。一緒にビニル袋に入れるのだが、そのままだと逃げてしまうため、カニの片方の爪をとって腹に突き刺して一撃を加えてから袋に入れるのである。バテッは魚については細かく区別するいっぽう、小川で獲れるサワガニやエビについては単に「カタム」や「フダム」とよぶ。これらはマレー語のカニを表す「クタム」と、エビを表す「ウダン」が訛ったものとみられる。

採集した貝は尻の先端をナイフで切り落として洗ってから調理する。この際、川で獲れたエビやカニを一緒に調理することもある。狩猟動物は異なる種類を混ぜて調理することはないが、川の生きものは一緒に調理することが多い。味付けは、塩、味の素、食用油、トウガラシ、そしてあればターメリック粉などである。そして出来上がった貝を手に取って口の部分より勢いよく吸うと、味のついた身が殻から飛び出てくる。この巻貝はホーウとよばれるダイジョと一緒に食べると美味しいという。なお月経中の食の規制が終わってすぐの女性はこの貝を食べてはならない。おそらく消化しにくいからだと思われるが、食べた女性はこの貝のように頭が大きくなってしまうのだそうだ。

図4-19　巻貝を採る少女

ここまでみてきたように本流や支流、そして上流や流れの穏やかな下流など、川でも場所によって生息する生きものが異なる。そしてバテッはこれらの生きものを生息場所と結びつけて認識している。ひとつの種類や場所に特化するのではなく、さまざまな場所と資源を幅広く利用する。それが日和見フォレージングという生業における漁撈なのである。

そして彼らの漁撈の道具は網や銛などの携帯可能なものである。ワナ猟をしないのと同様に、彼らはヤナどの大掛かりな仕掛けは使わない。これは、オラン・アスリのなかでも土地に定着して農耕を営むグループが昔から大規模な仕掛けを用いるのと対照的である (Skeat and Blagden 1906)。時間をかけて仕掛けを作って魚がかかるのを待つのではなく、道具を携帯し魚のいる場所に移動する。それがバテッのやり方である。釣り道具はその最もたるものである。バテッの女性は髪に刺した竹櫛に、釣り針のついた糸を巻きつけて携帯している。森で手があいたり良さそうな釣り場を見つけたとき、彼女たちは近くに生えるヤシの葉軸で手早く竿をつくってミミズを探し、釣りを始める。まさに、その場の状況に応じて臨機応変に行動するという、日和見フォレージングとしての漁撈のやり方なのである。

3……「川の植物」と「山の植物」

彼らのフォレージングには植物の採集も含まれる。採集する植物についても、バテッは大体の生育場所と結びつけて認識している。生育場所を確認する際、彼らはふたつの方法を用いる。ひとつは「何々分岐点」や「上流の果樹園」という具体的な場所であり、「果樹園」はマレー農民の果樹園跡をさす。この果樹園の利用については次節でみてみたい。そしてもうひとつは「山のもの」と「川のもの」という区別である。ここでいう「川」とは、川そのものではなく川沿いの低地をさす。川岸から高地まで、さまざまな場所の植物について知っている彼らは、どこへ移動しても利用できる植物を見つけられるのである。
食用植物の採集に費やす時間は男女差が大きく、その差は一九七〇年代より広がっている。なおこうした採集活動時間のほとんどを、主食として食べるヤムイモの採集が占める。男性が野生植物の採集に費やす時間は、平均して生業活動時間の一%（一分）にも満たない。一九七〇年代には男性でもヤムイモ採集に一日平均三九分（生業活動時間の一五・八%）を費やしていたことと比較すると、大幅な減少である。しかし現在、バテッの男性は仲買人と取引する資源の獲得に多くの時間を費やしており、そうして得られた現金はコメの購入に充てられる。

女性も一九七〇年代と比べると食用植物の採集に費やす時間は大きく減少している。一九七〇年代には女性は一日あたり平均一一四分（生業活動時間の六一%）をヤムイモ採集に費やしていた。いっぽう現在ではキャンプでは平均七七分（生業活動時間の六二・八%）、乾期の拠点地では平均四八分（生業活動時間の六五%）となっている。キャンプ中は多くのヤムイモを発見できるため、女性はより多くの時間をヤムイモ採集に費やす。いっぽう拠点に滞在中は、近くでヤムイモを見つけるのは難しいため、乾期であれば筏に乗ってヤムイモを探しに行く。先に示した四八分にはその移動時間が含まれる。そして雨期は地面がぬかるんで森を移動するのが困難なこともあり、ヤムイモ採集に費やす時間は少ない。彼らのヤムイモ採集時間の変化はこうした生活環境の変化とも関係する。

バテッはヤムイモをバブ、すなわち主食として食す。現在ではコメが主食としての地位を確立しつつあるが、バテッの女性はコメがあってもヤムイモ採集に出かける。これは単にヤムイモが美味しいからという理由だけでなく、月経中の食の禁忌とも関係する。月経期間中に塩分を摂取してはならない女性は、砂糖入りの紅茶と炭水化物のみを食べて過ごす。毎食コメを食べてもよいのだが、それだと飽きてしまうし、安いコメを味付けせずに食べ続けるのは辛いものがある。そのため彼女たちは、小麦粉を練って蒸したものや油で揚げたもの、そして採集したヤムイモを食べて過ごすのである。

ヤムイモ採集に使う掘り棒はバテッ語でダールという。これは一五〜二〇センチメートルの鉄のヘラに適当な長さの柄をつけたものである。ヘラの部分は鉄パイプに切り込みを入れて作成する。鉄パイプにヤスリなどで切り込みを入れ、石や金槌で叩いて片側をヘラ状に開いたら、もう片方の筒の部分に木で作った柄を差し込む。使用していると柄が脆くなってくるため、調子が悪いときには取り外して取り替えればよい。また遠くへ移動するときにはヘラの部分だけを持って移動することができる（図4―20）。

そしてときどき、ヘラの先端部分を適当に研いでやる。その方が掘りやすいのである。女性は「今日はあの群生地にヤムイモ掘りに行こう」などと気合を入れて出かけるときには、砥石を貸し借りして入念にヘラ先を研いで手入れする。そしてヘラでシュッと葉を切って、先端が十分に鋭いか確認してから出発するのである。またもし掘り棒を持っていないときにヤムイモのツルを見つけてどうしても採りたい場合には、山刀で適当な枝を尖らせて即席の掘り棒、「アッ」を作り、それを使うこともある。これは「昔の掘り棒（ダール・マナ）」なのだそうだ。

バテッは個々のイモを生育環境と結びつけて認識し、イモの香りも重視している（表4―3）。スマッ・ブリは三二種のヤムイモを区別しているというので、バテッも同程度の分類をおこなっているとみられる（口蔵 一九九六）。実際にバテッと暮らしているあいだに、彼らが名前を挙げたイモのすべてを利用していたわけではない。しかしさまざまな場所に生えるイモについて知識を有することで、森を歩いているときにイモを見つける

図4-20　森から帰る家族。妻が掘棒と吹矢を持つ

機会が増え、フォレージングが上手くいくと考えられる。

彼らが頻繁に食べるのはタコップ（*Dioscorea orbiculate*）という種類である。バテッがバブと聞いてまず思い浮かべるのは、このタコップである。イモの太さは親指ほどだが地中深くに伸びる。掘っている途中で折れてしまうが、それでも掘り続けると多くのイモが採れる。このタコップによく似たものとして、チャリン、チュングルがある。これらのツルには棘はなく、イモは細く長い。ツルが枯れたような状態になったときが掘りごろであり、それより前だとイモが十分に生長しきっていないことがある。タコップとチュングルは低地の森で見つかることが多く、どちらかというと「川のバブ」である。タコップよりチュングルのほうが香りが良い。いっぽうチャリンは、川のそばではなく高い場所に生える「山のバブ」である。

表4-3　ヤムイモの認識と分類

バテッ語の名称	生育場所の区分	バテッによる説明	学名
タコップ	（川）	ヤムイモの代表格	*D. orbiculate*
チャリン	山	タコップに類似	*D. polyclades?*
チュングル	（川）	香りがいい	*D. pyrifolia?*
ホーウ	（川）	大きく食べ応えがある	*D. alata*
ウォッ	川	クンセイと類似	*D. filiformis?* *D. myriantha?*
クンセイ	山	ウォッと類似、ウォッより香ばしい	*D. filiformis?* *D. myriantha?*
タウ	川	クバと類似	*D.* sp.
クバ	山	タウと類似、タウより香ばしい	*D. prainiana?*
スムヤン	山	香ばしい	*D. laurifolia*
カソッ	本流沿い	五出複葉、元栽培種	*D. pentaphylla*
ガドン	本流沿い	三出複葉、毒抜きが必要	*D. hinspida*
チヤッ	（川）	苦みがある、咳や腹痛の薬となる	*D. piscatorum*

タコップやチャリンよりも太いイモが採れるのはホーウである。日本のダイジョと同じ種である。沖縄には紫色のものもあるが、マレーシアの森に生育するのは白色である。大きいため焼かずに茹でて食べることが多い。食べがいはあるが、日本のナガイモよりデンプン質が荒いようである。これはスィポットとよばれる巻貝と一緒に食べると美味しいのだという。こちらも、さほど標高の高くない森でみられる。

ホーウを小さくしたようなイモは、ウォッとクンセイである。川の近くに生えるのがウォッ、山に生えるものはクンセイというように区別する。同じ種の可能性もあるが、クンセイのほうが香りが強いとのことだ。また細かい根をたくさん生やしたイモをつけるタウとクバも、同様に川のものと山のものというように区別する。川のものがタウ、山のものがクバであり、こちらも山に生えるクバのほうが香りが強い。川沿いの低地の森より山の方が土壌の水分が少ないことも、香りの強さに関係するのだろう。なおタウは内側もオレンジ色をしており、茹でると茶色になる。さらにスムヤンというイモも山地に生え、それはとても香ばしいのだという。

ここまでみてきた種類より多くのイモを採集できるものに、カソッというイモがある。本流沿いに群生してみられるイモである。和名をゴヨウドコロ（*D. pentaphylla*）というこのイモは、たまに例外があるが、その名のとおり五出複葉である。バテッも「五枚ずつ葉が出ている」ツルが、カソッだと説明する。緑のツルの根元に房状になったイモを実らせるので、ツルの生え際より少し離れたところを掘るとイモに掘り棒が刺さらずよいのだそうだ。少し地面を掘るだけで、毛の生えた大きなジャガイモのようなイモが、多いときには、ひとつのツルから八〇〇グラムも採れる。このイモは栽培種であるとのことで、クアラ・コ周辺でも本流沿いに群生していたことから、過去にマレー農民が栽培していたものの可能性が高い（口蔵 二〇一三）。女性らはこのイモの群生地をみつけると、集中してこのイモだけを掘り集めて持ち帰り、茹でて砂糖をまぶし、シャキシャキとした食感を楽しんで食す。

カソッとセットで語られるものに、ガドンとよばれるミツバドコロがある。「葉が三つずつ出ている」のがこのイモを見分ける特徴である。マレー名もガドンであり、カソッよりも大量のイモを採集でき、一度の収量が五キログラムを超すこともある。しかし、食べるには毒抜きが必要である。こちらもどこにでも生えているというものではなく、生えている場所がある程度決まっているようであり、コ川の上流の森へキャンプすると採集することが多かった。

ガドンを水さらしして毒抜きする際は千切りにしてやると、毒が抜けやすいという。採集したら皮を剥いて千切りにし、袋に入れて流れの緩やかな場所に置く。ときどき掻き混ぜながら二日ほど水にさらし、表面のざ

図4-21　毒抜きのためにヤムイモ（ガドン）を刻む

らついた感じがなくなったら、竹筒に入れて蒸し焼きにするか、鍋で茹でて食べる。これは少し酸味のあるバブになる（図4―21）。

さらに、バブに分類されはするが薬のような位置づけにあるのがチヤッである。これも川沿いで見かける。苦味のあるイモで咳や腹痛に効くといい、主に年長者が焼いて食べる。この葉はトゲをもち、イモの外皮は赤く中は白い。アイの説明においてリス科の動物のワッに「ワッ・マタ・チヤッ」という下位分類があると述べたが、これは「チヤッのように赤い目をしたワッ」という意味である。チヤッは魚毒にもなり、つぶして水の淀みに流して魚を獲ることもできる。ちょうどクアラ・コにチヤッという男の子がいる。数年後に彼が結婚して子どもができ「誰々の父」とよばれるようになったら、このイモもバテッの呼称の慣習にしたがって「誰々のお父さんのバブ」とよばれるようになるのだろう。

ヤムイモの他にも彼らはクワ科パンノキ属の果実も、実や種を加熱してバブとして食べる。これらは果肉を生食できるものもあるが、彼らは生食することはあまり好まない。どうやらバテッにとってパンノキ属の果実は、種子や未熟の実を加熱しバブとして食べるもののようである。加熱したパンノキ属の果実に重きをおく慣習は、半島の多くの集団に共通する。たとえばトレンガヌ州スンガイ・ブルア村のスマッ・ブリは、果実の季節になると野生のコパラミツ（*Artocarpus champeden*）の小群落を渡り歩きながらキャンプして過ごした。これはパハン州に暮らしていたころのことだそうだが、豊作の年は森につくった小屋にコパラミツの実を貯蔵して雨期に備えたという（口蔵 一九九六）。またバテッと同じくネグリトの一グループであるメンドリも、コパラミツをロップとよんで、超自然的存在が最初につくった果実として重視する（Endicott 1979）。

クアラ・コのバテッもコパラミツを「バンコン」とよんで価値を認めている。しかし彼らが最も価値をおくのは「チャウェス」という、やや小ぶりの実をつける種類（*Artocarpus anisophyllus*）である。なおパハン州など他の地域のバテッは、これを「タウェス」や「チャワス」とよぶこともある（Endicott 1974; Lye 2005）。

バテッの創世神話によると、果実はハラという超自然的存在が「変身」してできたものである。果実といっても色々あるが、異なる名前の果実は異なるハラによってつくられた。そのとき最初にできたのがチャウェスである（Endicott 1979）。メンドリやスマッ・ブリが価値をおくコパラミツに比べるとチャウェスの実は小ぶりだ。それにもかかわらずバテッがチャウェスに価値をおく理由は、彼らの生活圏の植生と関係すると考えられる。タマン・ヌガラ公園事務所の近くにはコパラミツが植樹されていたが、それを除くとクアラ・コの周辺の森でコパラミツをみかけることはなかった。いっぽう、チャウェスは森の中でも見かけることがあったのである。

一九七〇年代頃には、バテッは洪水が終わって花の季節に入る時期に、大きな舞台をつくって歌と踊りを奉納し果実の豊作を祈った(Endicott 1979)。そのとき果実のシャーマンがいれば、トランス状態になってゴバーという雷神から花を盗んできたという。そうしてこちらの世界に花をもたらすことで、森に多くの果実が実るようにするのである。またチャウェスなどが初めて結実したときは、未熟の実を割るか空に投げるかしてハラに献じることもおこなっていたという。結実を祈る歌と踊りはスマッ・ブリもおこなっていたということで、半島部の多くの狩猟採集社会に共通していたと思われる(口蔵 一九九六)。筆者の調査中にはこうした慣習はなくなっていたが、チャウェスが文化的に重要である点は変わっていない。

図4-22　チャウェスの実

チャウェスの実は、三〇センチメートルほどの球形でトゲに覆われている。多くの実を一度に運ぶときには、実の表面のトゲをナイフで削り落として運ぶのがよい。上流にキャンプしたとき、川原に座って男性たちが筏を作るのを見ていると、ハレイの父がタオルに包んだものを抱えて森から出てきた。彼が嬉しそうに砂利の上にタオルを置くと、なかからチャウェスがでてきた。ちょうど移動中にチャウェスの山というのがあったので、この一帯にはチャウェスが多く生えているのだろう(図4—22)。

一緒にいたヘールが、果肉のついた粒を外皮から外して集め出したので、筆者もそれに倣う。果肉をまとった粒は黄色や橙色をしており、熟すほど色が濃くなるようである。とくに熟した実は濃い橙色をしており、ぬめりがあって美味しそうだ。しかしそれを集めていると、フーイの祖母に赤い粒は捨てるようにと言われてしまった。とても美味しそうなのだが、熟れた実は加熱して食べるのに向いておらず、バテッの食べ物ではないそうだ。彼らは未熟の硬い粒を白い繊維組織の中からほじり出し、竹筒に入れて蒸し焼きにするか、茹でて食べる。加熱した実は少し酸味があってホクホクとした食べ心地だが、まったく甘くない。チャウエスやコパラミツ (*Artocarpus champeden*) だけでなく、非常に甘い果肉をもつハオック (*A. elasticus?*) なども、バテッは種子を加熱してバブとして食べ、果肉は捨ててしまうのである。

パンノキ属の他にもドリアンの種子、マメ科サラカ属 (*Saraca thaipingensis*) の種子なども茹でて主食とする。またタウォンというウリ科のホジュソニア (*Hodgsonia macrocarpa*) の種子はバテッの好物である。これは高い枝にツルを巻き付け、そこにカボチャに似た形の実をつける。この実を採集して中の種子の核を食用とする。まずは硬い実を割って八センチメートルほどの種子を取り出す。そしてそれを棒で叩き割って中の白い核を取り出す。そしてその核をすりつぶし、アク消しとして灰を加えて葉に包んで竹筒に入れ、加熱する。採集から調理が完了するまでほぼ一日作業となる手間のかかる食材だが、油分を多く含んでいるために多くの人に好まれる。

バテッはこうしたバブになるパンノキの仲間や堅果を好み、重視する。農民の手伝いをすることがあったとはいえ、彼ら自身はコメを作ることのない暮らしを続けてきた。交易によってコメを得る機会が限られていたこともあり、デンプン質を含んだ主食になる植物は重要だったのだと考えられる。ヤムイモはさほど季節に関係なく入手できるが、季節性のある堅果や果実はさらに貴重なものとして位置づけられてきたはずである。また彼らはヤムイモに特化するのではなく、季節や状況に応じて多様な食材を利用することで森の暮らしを成り立たせてきたと考えられる。

バテッは主食のバブの他、副食のサユールとなる植物も採集する。そして彼らは、サユールとして食べる植物も生育環境と結びつけて認識している。この場合彼らは「山のもの」と「川のもの」だけでなく、「森のもの」というカテゴリーも使う。「森のもの」というカテゴリーは、低地でありながらも川から離れた森をさす際に使うが、なかには「山のもの」というカテゴリーと代替的に用いる人もいる。サユールとして利用するのは、ヤシの仲間やショウガ科の植物などである。

ヤシの仲間は髄の部分を食用とし、コブダネヤシ属のタドゥック（*Eugeissona tristis*）やアレンガ属のタバール（*Arenga* sp.）を使う。これらはバテッの「昔からのサユール（サユール アサル）」なのだそうだ。またピナンガ属のルンゴン（*Pinanga adangensis*）も食べられるが、可食部は少ない。

これらは山のサユールもしくは森のサユールであり、季節に関係なく採集できる。まずはトゲのついた葉を適当な位置で切り落とした後、幹を刈り取る。太さは径一五センチメートルほどである。その後、ナイフを使って外皮を剥いでいく。内側の若い芽にトゲがなくなるまで剥ぎ続けると、乳白色の柔らかい芯がでてくる（図4―23）。

バテッにはこうした植物利用を反映するタアッとブフという部位名称がある。タアッは食用とされるヤシの芯の部分をさし、このタアッより下の根に近い部分はブフといって、アクが強く食べられない。また葉になりかけの部分も、硬くアクがあるため食べてはいけない。そしてタアッの部分を細かく切って洗い、茹でて、食用油、塩、味の素で味付けして飯にかけて食べるのである。植物ではあるが、なかなかコクのある味だ。この

図4-23　ヤシ(タドゥック)の芯の皮をはいで可食部(タアッ)をとる

他ヤシ科のツル植物にも芯が食べられるものがある。こうしたヤシは食用とするだけなく、葉を屋根材（ハポイ）として使ったり、葉軸で吹矢の針を作ることもある。

バテッが利用する森には多様なヤシが生えており、なかには実を食用とするものもある。とくに大きな実をつけるのはダヨッというサラカ属のヤシ（*Salacca* spp.）である。これは株の根本に八センチメートルほどの茶色の実をつけるので、その皮を剥いで食す。またウチワヤシの仲間（*Licuala* spp.）はパレスといい、肉や魚を包むのに使うほか、小さな実を口のなかで遊ばせるようにして食べる。パレスのなかでも葉が扇型のものはパレス・タフス、帯状の細い葉が放射状についているのはパレス・カチンなどと区別されている。さらにボンとよばれる矢羽形の葉をしたヤシ（*Iguanura* spp.）の実も食べることができる。こうした小さなヤシの実は硬い殻でおおわれており、たいして美味しくない。しかし森を歩いていて口寂しいときに、こうした実を探し、口の中で転がしながら歩くのである。いわばガムのようなものなのだ。

新芽類もサユールとして食べる。新芽類は「プチョ」といい、この語はマレー語に由来する。プチョ・チェンパライというカナビキボク科の低木（*Champereia manillana*）は、雨期明けから新芽を出す。これはマレー市場でも見かける野菜である。柔らかい部分を摘み取って茹で、塩や油を少し加えて食べる。これは「森のサユール」に分類される。

これと同じ時期に食す「川のサユール」として、トゥマレという名のフトモモ科樹木（*Syzygium* spp.）のプチョがある。これはツヤツヤした赤い若葉を、生のまま、もしくはさっと湯がいて食べる。湯がいたものは少し香りがする程度だが、生だと酸味と渋みが強い。彼らと生活していて野菜が恋しくなっていた筆者はある日、フーイの父がこの葉を生で食べているのを見て嬉しくなってもらって食べた。口に入れて噛んでみると、舌と口の中が縮んだような感じになる。なぜこれが美味しいのだろうかと思ったが、マレーシアにはこうした生の葉を食べるウラムという料理があり、バテッも生の葉の酸味が良いと感じるようである。そして確かに、慣れるとこれを少し齧ってコメを大量に口に入れて食べるのが美味しいと感じるようになるから不思議である。

森でプチョを採集する雨期明けには、「川のサユール」も新芽を出す。川沿いの平地に生えるカンタンとよばれるトーチジンジャー（*Etlingera elatior*）やクズウコン科のプルポウ（*Donax arundastrum*）である。こうしたサユールが生える本流沿いは、木が少なく木漏れ日の差し込むやや明るい空間となっている。そこを歩き回りながら、細いタケノコのように伸びる新芽を探す。またトーチジンジャーは蕾も食べることができるので、それも一緒に採集する。雨期が明けたことを実感する嬉しい時間である。採集した若芽は、外側の硬い部分を剥いで中の白い芯を取り出す。それを適当な長さに切って茹でて食べるのである。これらはホワイトアスパラガスのように、癖がなく美味である。

バテッが利用する森は、ヤシ科とショウガ科の豊富な森である。そしてヤシ科のようにショウガ科の植物もバテッの生活で頻繁に使用されている。キャンプ時には葉をハヤ（家）の床に敷いたり、線香のように燃焼して香りのある煙を出すラボンとして利用されるほか、新芽や実を食べることができる種類もある。

アモムム属（*Amomum* spp.）は実を食用とする。代表的なのはサヤンという種類であり、他にもティロック、プネン、チェドン、バルニンなどと細かく分類されている。ヤムイモと同様に、山に生えるものと川沿いの低地に生えるもので区別されているが、こちらの場合は「山のバルニン（バルニン・バ・フップ）」と「川のバルニン（バルニン・バ・トム）」というように、同じ名前を使う。同じ種を生育場所に応じて区別している可能性もあるが、よく似た異なる種をこのようによんでいる可能性もある。さらにこうした分類の中心は川の植物であるようで、「川のバルニン」であれば基本的に「川」という語をつけずに語られる。

アモムム属は、硬い殻の中にゼリー状の果肉をまとった種子の入った実をつける。殻の中にある種を口に入れてしゃぶると、とても香りが良く、どことなくパッションフルーツに似ている。しかし、とくにバルニンは食べ過ぎないよう注意しなければならない。気持ち悪くなって嘔吐することがあるためだ。バテッはこれをバルニンの香りが強すぎるからだと説明する。筆者も子どもたちがくれた実を食べていたら、森から帰る途中で気分が悪くなった。だんだんと歩く力もなくなっていき、貧血になったのかと思っていたら嘔吐してしまった。そして翌日は寝て過ごしたのである。

また、サユールとして食べられるものとして、サトイモ科やシダ科の植物がある。どちらも茹でて味付けして食す。サトイモ科のアサム・スリンパ（*Homalomena griffithii*）は上流の支流など、岩がちで薄暗い川沿いで採ることが多い。これは少し酸味があり、ぬめりもある。そしてシダ科のプチョ・パク（*Diplazium esculentum*）は広く明るい本流沿いや、低地の湿地に生える。

このようにバテッは、食用とする植物がどのような場所に生えているか記憶している。そうした生育環境と結びつけた認識が、彼らのフォレージングを支えているのである。

4……農耕民との交流の名残とフォレージング

バテッの植物利用にかんする知識には、マレー人との交流の名残が多くみられる。バテッの年長者も、昔彼らがマレー農民の近くに暮らしていたことを知っている。ルビル上流のプルタン川へドリアン採集キャンプに出かけたある夜、ドリアンが植わっている場所がマレー農民の果樹園だったことをフーイの祖父が語ってくれた。さらに彼は、過去にこの場所にいたマレー農民が良い人だったと言い、バテッに色々な物を分けてくれたという話もした。彼はそうした話を彼の母親から聞いたそうである。

プルタン川のドリアンが生えている場所は、「ドゥスン・ト・ガジョッ（ガジョッさんの果樹園）」という。「ト・ガジョ」とは、一九世紀末に実在したパハン州のマレー豪族の名前（ニックネーム）だ。彼はパハン州で植民地支配が始まったことに反発して、反乱をおこした権力者の一人である。川が主要な交通路であった当時、植民地行政官に追われたト・ガジョッは、パハン水系を遡ってルビル川筋やトレンガヌ水系へと逃走した。そのとき植民地政府の捜索隊が、ルビル上流のこの一帯で農耕を営むマレー農民に出会った記録が存在する（Clifford 1992）。バテッにもその伝承が伝わっており、名前の由来になっているのだろう。

農耕民の近くに暮らすバテッは、彼らとの経済関係も取り込みながら日和見フォレージングを確立させていた。その名残として、バテッは「植える」などの農耕にかんする多くの語をマレー語から取り入れている。そして現在もフォレージングの一環として放置型の農耕を営む。彼らが植えるのは、キャッサバ、トウガラシ、空心菜、カボチャ、バナナなどで、ドリアンやマンゴスチンの苗や種も植える。一九七〇年代に栽培されていたトウモロコシはまったく栽培していない（図4—24）。

こうしたものを拠点近くに植えても、植えた人は森にキャンプ移動する。キャッサバやトウガラシは植えた人やその家族に所有権があるとみなされるが、トウガラシは植えた人に何も告げずに親戚が摘むこともある。また空心菜については村の近くの沼に植えてあるので、同じ拠点地に暮らすバテッは適量ならば摘んでよいとされる。たまに他の拠点地に暮らす人が村を訪問ついでに摘んだりすると「誰々が誰々の空心菜を採った」と噂

図4-24　バライ拠点付近の伐採道。左側にキャッサバ畑がある

になることはあるが、表立って問題が生じることはない。また作物を植えたバテッがよそへキャンプしている間に、他の居住群のバテッがやって来て実ったトウガラシをすべて摘みとってしまったり、ゾウがキャッサバを掘り返して食べてしまったりすることもあるが、彼らはそれを嘆くことはあっても予防のしようがないようである。

植えつけは、バナナやトウガラシなど苗を数本植えるだけなら木や草を伐採して場所をつくって、キャッサバなどを大量に植える際は焼畑方式で開墾する。植えつけは女性が中心となっておこなうが、木を伐採した後に火を入れる開墾作業は男性もおこなう。拠点地に滞在中の女性の場合、雨期の拠点地では生業活動時間の九%(一四分)、乾期の拠点地では五・六%(四分)を農耕に費やしており、またキャンプ中であっても、拠点地の近くにいるときは苗を植えたりキャッサバを採集しにキャンプから「出かける」ことがある。

バテッがこうした作物を植えるのは、副食、とくに雨期のおかずを確保したいからであって、主食を得たいからではないようである。というのも、多くの家庭が栽培するキャッサバは、主食として食べることができるが、彼らは必ず塩とターメリック粉で味つけしたものを飯にかけて食べる。彼らの親戚のスマッ・ブリは主食としてキャッサバを食べることもあるというが、バテッはそれをせず、雨期など他の食材が手に入りにくいときにこうした植物を頻繁に食す。そうした意味でも彼らが雨期に留まる拠点で作物を栽培するのは理にかなっている。

農耕を取り込みつつフォレージングに特化してきた彼らは、「キル」についてはマレー語由来とみられる語も取り入れて細かく区別している。これは、フォレージングを営む彼らにとって「キル」行為が日常的であると同時に重要であることを示している。

日本語でも行為の対象や道具によって、「切る・斬る・伐る・剪る」などと漢字を使い分けることはある。しかし我々は日常会話でこれらの行為を別々の語で表現することはない。また日本語では「切り・開く」や「切り・倒す」と複合語を使う場合についてもバテッ語では異なる動詞を充てる。バテッ語の「キル」は、使う道具、対象、そして動きが対象にもたらす変化といったことを総合して使い分けられている。

表4—4にキルを表す動詞を示した。「クーック」もしくは「チューック」は、地面から垂直に伸びた樹木を斧や山刀で切り倒す行為を表す。これは「オ クーック カユ（彼は木を切り倒す）」というように使い、「倒す」という部分に重点がおかれる。木をクーックする際には、少なくとも幹の二方向から刃を入れていくことになる。両手で斧の柄を握って肩関節を主な支点として斜めに振り下ろし、刃が対象に切り込んだら、刃を引き抜きな

表4-4　キル動作を表すさまざまな動詞

動詞	対応する日本語	道具	対象
クーック、チューック	切り倒す	斧、ナイフ	幹
トゥトゥ	切り落とす	ナイフ	枝
カタム	切り離す／分ける	ナイフ	ツル
チョ	切る	ナイフ	草、細い木
タカッ	（竹を）割る、切る	ナイフ	竹
ギグック	切り離す	ナイフ	動物の手足など
ブラ	切り開く	ナイフ	動物の腹
ケット	切る	鋏、ナイフ	髪の毛など
クトゥス	千切る／千切れる	—	ツル

がら手首を下（もしくは上）へ返してえぐるようにする動作の繰り返しである。さらにこの行為は木が「クーック」したら、つまり倒れたら完了である。

バテッと一緒にいると、一〇歳にも満たない子どもが大人のまねをして木を切り倒して遊ぶことがある。女性数名で森に花摘みに出かけたある日のことだ。花飾りをつくりながら雑談していると、暇をもてあました男児三名がナイフで木を切り倒し始めた。なかなかの太さの木なので、子どもがそれを切り倒そうと思いついたことに筆者は単に驚いた。しかしそれを見たエムリンの母は、上流でバテッが亡くなったから木をクーックしては駄目だと大声で叱り、切り倒すと木の臭いが力を奪って病気になってしまうと伝えた。本当に力が奪われるかはともかく、人が亡くなった後に木をクーックするのは慎むべきとされている。そうした行為は彼らにとって縁起の悪いことなのである。

これは、バテッが亡くなった人の遺体を木の上に葬ることと関係すると考えられる。バテッのなかには、枝の上に置かれた亡骸の魂が木の先端から天へ昇るとみる人も存在する（Endicott 1979）。さらにバテッは上下という構造を崩さないことを重視しており、それを崩す行為を嫌う。たとえば筆者が植物を根本から抜いてキャンプに持ち帰ったときのことである。名前を覚えるために写真を撮ろうとすると、フーイの父がわざわざ植物を握って立てた状態にし、写真を撮るようにと催促した。そのほうが良いのだという。さらにこれは日本でも行儀が悪いとされる行為であるが、腹ばいに寝転がって足の裏を天に向けるようにして膝を曲げる体勢も好ましくない。筆者がそのような格好でくつろいでいたら、「親の死に目にあえなくなる」とたしなめられてしまった。なおこの姿勢を良くないとするのは、スマッ・ブリも同じである（口蔵 一九九六）。

さらに次節で詳しく述べるが、上下は彼らが森を歩くときに空間を把握する際にも鍵になる概念である。上下は重力との関係で規定される方位であり、上りと下りでは身体の動かしやすさが異なる。それを意識することで、大地の凹凸を感じることができる。バテッはそれらを組み合わせて、高いところは「山」、低いところは「川」というように地形を把握し、詳細に名前をつけた川と結びつけて位置を確認するのである。こうしたことも、バテッが上下という構造を重視することと関係するとみられる。

バテッ語の「キル」に話を戻す。「クーック」に続いて、地面と水平に伸びた枝などを切り落とす動きは「トゥトゥ」という語で表す。また何かを切り離す行為については「カタム」という語を使う。これらは「彼は枝を切る（／切り落とす）（オ トゥトゥ ヨ）」、「彼はツルを切る（オ カタム アウェイ）」というように使用する。「カタム」は単に切り離すという意味なのにたいし、「トゥトゥ」の方は、切り離されたものが高いところから低いところに落下する動きまでを表す。この二つは肘関節を支点として山刀を握った手を上下に動かす動きであるが、対象が太い場合は切り口がV字型になるように切り込みを入れたり、対象から刃を離す際に手首を返すようにして切口をえぐったりする。さらに、トゥトゥする目的で木に登るような場合の「登る」という動作を表すには「ロウエック」という語を使う。山を登ることを表すには「チュワ」という語を使い、きちんと使い分けているので、これら二つの「登る」はバテッにとっては明らかに異なる概念ということになる（図4―25、4―26）。

図4-25　果樹に登って実のついた枝を切り落とす（トゥトゥ）青年

またツルや細めの枝を山刀でキル動きは「チョ」という動詞で表す。枝を切り落とすのと、細いツルなどを切るのとは大して変わらないように思えるが、バテッにとっては異なる動作なのである。このチョは、肘関節を支点として山刀を握った手を斜めに振り下ろしながら手首のスナップを使う動きで、多くが引き切りになる。これと同様の動きで竹をキル場合には、「タカッ」という語を使う。

またさらに、「ギグック」と「ブラ」という語もある。これらは獲った動物を解体する際に使う。「ギグック」は大きなものから一部分を切り分ける動きを表し、「彼はそれの手羽をキル（オ ギグック サヤップ クパ オ）」と言えば、手羽を切り離すという意味である。そして「ブラ」は切り開くというようなニュアンスで、「彼はそれの腹をキル（オ ブラ チョン オ）」といえば、獲物の腹を切り開くことを意味する。なおこの「ブラ」という語はマレー語の文脈では「分ける」を意味する。

また髪などを鋏で剪る行為は「ケット」という。バテッは「鋏」を表す際はマレー語の「グンティン」を使うが、鋏で切ることを含めキル全般を表す「ポトン」というマレー語は使わない。ケットという語はバテッ以外のオーストロアジア語族話者も使うので、「鋏」も元は別の表現だった可能性がある。さらに紐などを引っ張ったりして切る、もしくは切れるのは「クトゥス」という。これは人間が引っ張って切った場合も、紐などが自然と摩耗して切れた場合にも使う語である。

　こうしてさまざまにキルを使い分ける実践は、バテッがキルことに長けたフォレージャーであることを示している。どのキルをするかによって、身体の使い方や何に目をつけるかという点、注意を払う点が異なる。それを知っているバテッは山刀やオノを使うのが非常に上手い。

図4-26　地面に落ちてくる果実を待つ子どもたち

　刃物を使う達人であるバテッは、農耕民が残した果樹園跡もフォレージングの場として利用する。ドリアンは彼らの好物であるので、結実の時期には彼らはそこへ移動し、ドリアンを収集する。しかし幼い子どもが多いなどの理由で気軽にキャンプ移動できない場合には、男性や子どもの手が離れた年長の女性が採集キャンプに出かけてドリアンを持ち帰ることもある。現在では拠点に留まっていてもコメといった購入品を消費して過ごすことができるので、幼い子どもの多い家族がわざわざ全員で移動する必要はないのである。

ドリアンの実は七月頃より採集できるようになる。しかし熱帯の森では、毎年同じように結実があるとは限らない。数個しか実らない年があるいっぽうで、数年に一度は多くの木が一斉に実を結ぶ。これがバテッのいうタフン（時節）である。こうした年には、バテッは朝と夕方の二回はドリアン採集へ出かけ、多くの時間を採集活動に費やす。しかし二〇一〇年から二〇一二年の長期調査期間中は一斉結実が生じなかった。ところが二〇一三年の夏の訪問時にちょうど一斉結実と重なり、筆者はルビル上流のプルタン川へとドリアン採集キャンプに行くことになった。

ドリアン採集キャンプでは、落ちた実を拾い集めるだけでなく、ドリアンの木に登って実を叩き落としたり、木を切り倒して実を集めることもある。そうしたドリアンを川岸まで運び、筏に乗せて拠点へと持ち帰るのである（図4―27）。キャンプの最初の方では、筆者はフーイの祖父母と、その娘の六歳児ヘールと四人でドリアン採集をした。フーイの祖父が長い棒を持って木に登ってドリアンの実を叩き落し、我々はそれを集めて筏へ運ぶのである。ドリアンの実は一つ三キログラムほど、重いものでは五キログラムを超える。それがドン、と地面に落ちてくるのである。なるべく一度にたくさん運びたいが、実がトゲに覆われている。そのためヘタの部分を握って、片手に二個、頑張っても三個というのが精いっぱいである。欲張って両手に三個持つと、川岸まで小走りで行かないと握力がもたない。しかも走っている途中で実を落として足にあたると、非常に痛いのである。

さらにドリアンを運んでいる途中で、肉食性のアリの行列に足を突っ込んでしまった。チカチカという痛みがはしり、足を見ると何匹ものアリが尻を上げるようにして筆者の足に食いついている。長さ二センチメートルほど、バテッはこのアリをクトムとよぶ。大急ぎでフーイの祖母に「おばあちゃん、クトム、クトム」と言うと、彼女は筆者に靴と靴下を脱ぐように伝えた。そして彼女は「頭痒い、頭痒い」と言いながら、足をばたさせる筆者の頭を両手でぐしゃぐしゃと掻いたのである。これはクトムに噛まれたときのおまじないである。クトムに噛まれるとあまりに痛いので、その痛みを紛らわす狙いがあるのであろう。しかし頭を掻かれながらも目からは涙がにじみ出てきて、噛まれた足は数日間は腫れ続け、痛みが治まった後は痒みで辛い思いをしたのであった。

バテッがクーックして切り倒すドリアンの木は、幹が径七〇センチメートルにもなるものもある。これらの木は切らずにおけば将来また結実し実を採集できるはずである。しかし拠点から離れた森では、彼らはためらうことなくドリアンの木を切って実を集める。いっぽう拠点とする場所の近くに生えるドリアンについては、木を切り倒してまで実を集めることはない。一九七〇年代にもバテッは果樹を切り倒して採集活動をおこなっており、樹木を枯渇することのない資源とみなしていたという (Endicott and Endicott 2008)。おそらく拠点から離れた場所では、一九七〇年代と同様にその木より得られるであろう将来の利益は二の次で、できるかぎり多くの実を採集して持ち帰るという目的が優先されるのだろう。いっぽう拠点においてはわざわざ一度にすべての実を採る必要はない。バテッが拠点近くの木を切り倒さないのは、彼らが特定の場所に一定期間滞在するようになったためだといえる。

バテッが採集するドリアンはマレー農民が植えたもので、何十年も手入れされずに生育してきた。ドリアン

図4-27　ドリアンを採集し拠点へ戻る

の原産地が東南アジアであることをふまえると、野生に戻ったともいえる。果樹園跡地には他にも野生種と栽培種の境界が曖昧な果樹も生えており、センダン科のランシウム（*Lansium domesticm*）はそのひとつである。これについてはマレーもバテッも同じように区別し同じ名前を使う。森に生えているランシウムはランサッであり、実は皮が厚くて小さく、樹高は高くて二〇メートルほどになる。いっぽう栽培種はドゥクであり、皮は薄くランサッよりも樹高がある。しかしランサッを果樹として樹えるマレー人も多い。

半島の農耕民は森に自生する植物を栽培化し利用してきた。果樹やヤムイモはその代表的なものである。しかしそれらは元からこの地域に自生するものなので、農耕民がそれを放置しても生育し続けることができる。マレー農民の近くに暮らすことは、こうして放置された資源、あるいは野生化した資源を利用できるという面でも、経済的利点があったとみられる。

農耕民の近くに暮らすバテッは、農耕の手伝い以外にも森の資源を交易することでマレー農民と交流してきた。植物の生活形にかんする語彙や部位名称も、これを示している。木に相当するバテッ語は「カユ」、ツルは「アウェイ」といい、この語は紐や縄を表す語としても使われる。なお「ヤシ」に相当する語やショウガ科の植物を包括的に表す語はバテッ語には存在しない。草については「ルンプット」というマレー語を使うが、普段この語を耳にすることはない。

彼らが木を表すのに使う「カユ」という語はマレー語からの借用とみられる。しかし現代マレー語では木材をカユ、森に生える木をポコッとよんで区別する。これにたいしバテッはそうした区別をせずにすべての木をカユとよぶ。この違いはバテッ語が利用面から対象をとらえる性質があるためなのか、またはマレー人が木材を必要とする際にバテッに「カユが欲しい」と依頼してその語が使われるようになったのかは定かでない。あるいはマレー語でポコッという語が盛んに使用されるようになったのが近年であるため、という可能性もある。けれども木をとおして何等かのやり取りがマレー語話者とバテッ語話者のあいだにあったことは確かである。

表4―5にバテッ語の植物部位名称を、それに相当するマレー語とともに示した。バテッ語の部位名称のいくつかはマレー語と同じ単語が使われている。たとえば幹の「バタン」、若葉や新芽をさす「プチョ」、主根などまっすぐに伸びた根を表す「アカー」、そして花を表す「ブンガ」といった語である。

これらの語は、マレー人とのやり取りをとおしてバテッ語の体系に付け足されたり置き換えられたりしたのだろう。幹の「バタン」や花をあらわす「ブンガ」は、他の語から置換された可能性が高い。いっぽう新芽をあらわす「プチョ」という語については、新たに彼らの言語体系に加えられたとみられる。

先程いくつか例をみたプチョというのは、単なる新芽というよりも、食用とする若葉というニュアンスがあ

表4-5　バテッ語とマレー語の植物部位名称

バテッ語の名称	対応するマレー語	日本語での説明
バタン	バタン	幹
クルム		ショウガ科などの茎
ヨ	チャワン／チャワンガン	枝
ハリ	ダウン	葉
プチョ	プチョ	新芽、若葉
ワーップ	（タンカイ（柄を意味する））	緑の細い蔓、茎
ブンガ	ブンガ	花
クトム	トゥナス	つぼみ、芽
ジェエス	アカー	ひげ根など
アカー		主根
プロ	ブアッ	漿果
クブ	ククラス、カチャン	堅果
メーット	ビジ	種子

る。マレー人には植物の新芽を食する習慣があり、バテッも同様に新芽を食する。こうした新芽をプチョとよぶ。バテッが使うプチョという語はマレー語と共通であるのにたいし、「葉」についてはマレー語の「ダウン」とは異なる「ハリ」という語がバテッ語に存在する。こうしたことから、新芽を食する習慣とともに「プチョ」という語がバテッにも共有されるようになったと考えられる。

「アカー」という語も同様である。この語はマレー語の文脈では「根」全般を示すが、バテッ語の文脈ではまっすぐに伸びた根を意味する。そして根全般をあらわすバテッ語は「ジェエス」である。バテッがアカーとよぶのは、薬として使うまっすぐに伸びた根である。こうした根を煮出して飲んで身体の不調に対処することが、バテッだけでなく古いマレーの慣習にもみられる。さらに両方に共通する薬草名もあることから、マレー人とバテッのあいだに薬草にかんする何等かのやり取りがあったと考えられる。そのような交流をとおして、「アカー」という語がバテッの植物部位名称の体系に加わったはずである（図4－28）。

バテッはマレー人とやり取りするものについてさまざまなマレー語を取り込んでいるがトウについてはやや

例外的である。バテッは交易品のトウを「アウェイ」とよぶ。いっぽうマレー語ではトウを「ロタン」といい、この語は「ラタン」と訛って英語圏を中心に広く使われている。彼らがマレー人とやり取りするものにかんして多くの語彙を共有していることをふまえると、これは不思議である。

しかしトウにかんする語彙にまったく共通点がないというわけでもない。トウのなかでも頻繁に取引する「ロタン・マナウ」という種類を、バテッは「アウェイ・マナウ」とよぶ。部分的には語彙の共有がみられるわけである。バテッの「アウェイ」という語は、トウだけでなく紐や綱、ツルを意味する。バテッはこの語を日常的に使う。ハヤをつくるにも筏をつくるにも、細いツル、すなわち紐は必須である。こうして日常生活の領域まで関係する語であることも、「アウェイ」とい

図4-28　薬草の根(アカー)を見せる女性

う語が「ロタン」と置き換わらずに維持されてきたことの背景にあると考えられる。

3　森の空間とナビゲーション

生きものを生息場所と結びつけて認識していることからも明らかなように、移動はバテッの生活の基盤をなす。彼らの移動は資源探索を目的とする場合もあるし、社会関係の維持を目的とする場合もある。第1章ではバソンの家族が森を三日ほど歩いて隣の州に暮らす親戚を訪問したことにふれた。これはかなりの距離であるが、こうした移動のすべてを、バテッは地図を使わずにおこなう。ややもすれば森で遭難してしまう我々とは異なるナビゲーション技術を彼らは身につけており、そうした能力が現在も資源探索や移動する生活を支えている。

地図やGPSなどの機器を使わずに長距離を移動する人びとは、さまざまな自然物を手がかりにナビゲーションをおこなうことが明らかにされてきた。たとえば大洋を航海する人は、天体や季節に応じて特定の方角から吹く風の向きなどを参考にして自分の位置を確かめ、進路を決定する（Gladwin 1970）。他にも湖や草原、雪原など移動がなされる環境に応じて人類はさまざまな方法を使う。山や谷などの地形や天体、そして自然現象などを手がかりに位置の確認と進路決定をする人びともいるし、細かく地名をつけることで記憶を確実にし、それを参考に移動する人びともいる（野中 二〇〇四）。こうしたナビゲーションの多くに共通するのは、進路や位置を確認する際の手がかりとして、目視できるものを使うということである。

いっぽうバテッが利用する熱帯雨林は、自然物を目視できる開けた環境ではない。木々が茂る森では植生に阻まれるため風を頼りに移動したり、何等かの目印を頼りに移動するのが困難である。またたとえ何らかの道をつくっても、誰も利用しなくなると数週間で植物に埋もれて消えてしまう。木や岩に目印をつけることもできるが、それも遠くから確認することはできないのが熱帯の森である。

では彼らに「道」という概念がないかというと、そうではない。バテッは舗装道なども含め、道のすべてを「ハルボウ」と称する。彼らは伐採道や舗装道も利用するし、彼ら自身で森に小道をつくることもある。しかしバテッが森につくる小道は、その場所に存在し続けるような道とは異なる。

バテッが森を歩くときには、小枝やつるをナイフで切りながら進む。このような場合、一列に並んで歩くのが最も効率的だ。ツルや枝を切り払わなければ通る空間がないような場合は、ナイフを持った大人が先頭にたって進むが、それ以外は体が小さく森歩きの初心者である子どもを先頭に歩く。そうすると、前を行く子が安全に歩いているか確認しながら歩けるのである。こうして一列になって進むことで、単なる木々のあだの空間が先頭を行く人の進路となり、それが後に続く人の道になっていく。

バテッと一緒に森を歩いていると、「あなたのハルボウはそっち」と、大人が進む道とは別方向を指されることがある。こうしたときは大体、筆者が登るには急すぎる斜面を彼らは登ろうとしている。そのため傾斜のゆるやかな場所を筆者に勧めるのである。そこに道はなくとも、「あなたの進路」という意味でバテッはハルボウという語を使う。我々も場合によっては「道」という語を同じように使うことがあるが、日本語の「道」以上に「ハルボウ」は歩くための空間や経路というニュアンスが強い（図4—29）(Lye 2002)。これはバテッが普段利

図4-29　森を歩く。木々の茂る森では一列になって進む

用する環境が熱帯林であることと関係する。

熱帯林では、植物の生育が早い。そしてバテッは森のキャンプを水場や別のキャンプと結ぶ際には、木々をしっかりと伐採して道を拓く。そして人がその道を通る都度に邪魔な枝が切り払われることが繰り返され、道はより安定したものとなっていく。けれども、彼らがキャンプ移動するとそこを往来する人はいなくなり、次第に森に埋もれていってしまう。とくに雨期はこうした道を使う人はおらず、道は森に戻ってしまうわけだが、ふたたび彼らは近くにキャンプしたときに同じような道を拓くのである。

熱帯の森では拓いた道を維持するのが困難である。そうした東南アジアの熱帯林に暮らす人びとは、日常的に森を歩いて環境の変化と特徴を記憶していること、また水系がナビゲーションの中心的役割をはたしていることが示されている（口蔵 二〇〇四; Lye 2000; 内堀 二〇〇七）。筏で川を移動するバテッにとっても、川は水路としての役割をはたす。

しかしそれだけではない。熱帯の河川は多くの支流を伴う樹状構造をしており、その流れは森の奥深くより始まる。そのためバテッは川を筏で移動するだけでなく、本流から離れた場所でも水の流れを頼りに位置を確認する。こうして川をナビゲーションに活用する彼らは地面の凹凸に注意を払う。その一帯で最も低い場所を川が流れているためである。移動する際の身体の上下の動きをもとに地面の凹凸を把握し、それを川と結びつけてナビゲーションをおこなうのである。こうしたバテッの移動実践は、移動中に彼らが使う語彙より明らかにすることができる。

1……水系の認識と方位

まずは水系をバテッがどう把握するかみてみたい。第1章で述べたように「川」を表すバテッ語は「トム」である。バテッほどに川に密接した暮らしを送る人びとならば、本流と支流は別の語で表してもよさそうなものである。スマッ・ブリは平地を流れる本流を「グラドゥ」、本流に注ぎ込む川を「ラウォク」、ラウォクにそそぐ川を「パホッグ」とよび分けるという（口蔵二〇〇四）。

しかしバテッはそうした区別をせずに、階層構造をなす水系を母子関係のアナロジーに基づいて認識する（Lye 2002）。本流は「母川（トム・ナ）」、支流は「子川（トム・アワ）」といい、その合流点ないし分岐点（ワス）は支流の名前を用いて表す。たとえば「ワス・プヨ」は、プヨ川の河口、またはプヨ川と本流の合流点／分岐点という具合である。ルビル上流には筏で往来できる川が三つあるが、クアラ・コのバテッはその三つの川に流れ込むすべての支流に名前をつけ、それぞれの位置と、それがどの本流の「子」であるかを記憶している。

母子関係のアナロジーに基づく川の認識は、数多くの流れより成る樹状構造を把握するのに適している。たとえば図4―30のような川があったとする。プルタン川の支流であるチェナロ川は「プルタンの子ども」であ

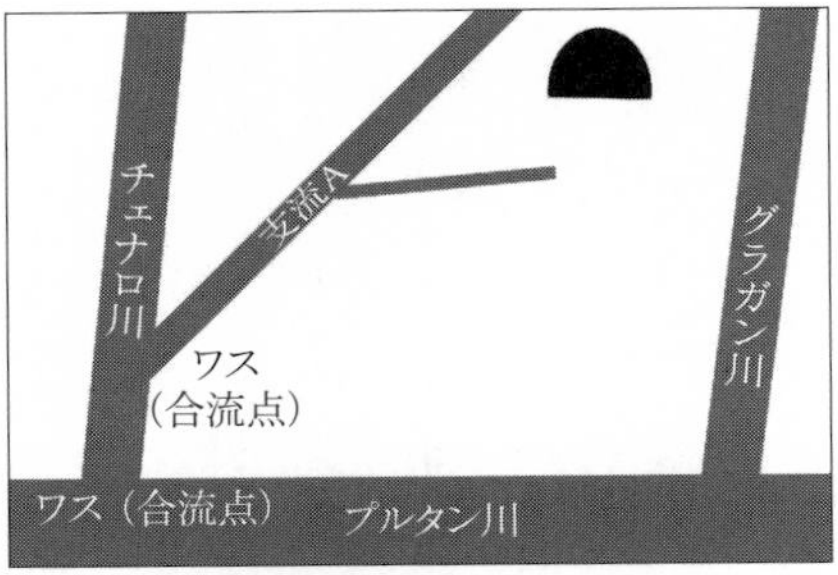

図4-30　樹状構造河川の略図

る。そしてそのチェナロ川に流れ込む名前のない小川Aは、「チェナロの子ども」であると同時に「プルタンの孫」にあたる。小さい支流（小川）にわざわざ名前をつけなくても、それがどの本流と繋がっているか明らかであり、自分がどの流域にいるのかすぐにわかる。逆にいうならば、バテッは自分がどの流域にいるか意識しながら森を移動しており、彼らの水系システムの理解がそれを支えている。そして彼らは本流、支流、そしてより高地を流れる小さい流れへと認識を広げ、本流沿いに生える「川の植物」から支流沿いに生える「川の植物」、そして「山の植物」までアクセスできるのである。

実はこうした認識方法は、単に階層構造を記憶することと同じではない。バテッが移動中に言及するのは、せいぜい一度に二つか三つの支流のみで、多くの支流を同時に思い浮かべることはない。バテッと本流を筏で移動していると、彼らは合流点に到達する度に目の前にある支流の名前を思い起こして筆者に教える。そして次の合流点でも同じように目の前の支流の名を思い起こす、という手順を繰り返して進路を決定していく。彼らは多くの枝分かれした大小の河川より成る構造として水系全体を記憶しているのではない。彼らは多くて二つの階層関係までしか一度にイメージすることはなく、それがいくつも連なったシステムとして川を認識しているのである。

こうした川にかんする知識を活用して彼らがどのように森を移動しているかみていきたい。彼らが移動の際に使う動詞や指示語を表4－6に示した。これを細かく観察してみると、彼らが環境に応じて異なる方位軸を参照していることがわかる。川の近くでは上流と下流という川の流れ、傾斜のある場所では上と下、そして森

表4-6　移動時に使う動詞と方位語

ナビゲーションの空間	移動場所	動詞	移動する方向	方位軸
川	本流（トム・ナ）	ガラ（筏で上る）	クントゥ（上流）	上流—下流
		ヲット/サー（下る）	キヨム（下流）	
	支流（トム・アワ）	スィンセン（支流を上る）	クントゥ（上流）	
		ム/サー（下る）	キヨム（下流）	
	川岸（トゥビン・トム）	チュワ（登る）	クントゥ（上流）	
		サー（下る）	キヨム（下流）	
山	グヌン（山）	チュワ（登る）	アテス（上）、ナダン（尾根）	上—下
		サー（下る）	（トゥビン）トム（（川）岸）	
平地林（森）	岸、森（トゥビン、フップ）	チュップ（行く）	（トゥビン）トム（（川）岸）	森/山—川
		チュップ（行く）	フップ（森）、グヌン（山）	

では川側と山側もしくは森側という軸である。

彼らが用いる方位軸と移動の場所に準じて、ナビゲーションの空間を便宜的に三つに分けた。こうした区分は、彼らが「川の植物」と「山の植物」という際に使う区分とも関係する。表4—6より、彼らが川（トム）、丘や山（グヌン）、森（フップ）と区分して参照する方向軸を使い分けていることがわかる。これを手がかりに、具体的なナビゲーション方法をみていくことにする。しかし「森」という語は広い範囲をさし混乱をまねく可能性があることから、より具体的な「平地林」という語を充てた。

バテッは本流を筏で遡る際は「ガ

ラ」、下るときは「チャット」や「サー」という動詞を使う。「ガラ」とは竿で川底をついて流れに逆らって筏を進めることを意味し、「ガラ バ クントゥ（上流へ遡る）」というように、必ず上流を示す方位語（クントゥ）とともに使う。いっぽう川を下るときの「サー」や「チャット」の動きは流れに任せればよい。こちらも「チャット バ キヨム（下流へ下る）」と、下流を表す方位語とともに使う。また支流を歩いて移動する場合は、「スィンセン」や「ム」という動詞を使う。「スィンセン」は、沢登りのように川の上流へ遡ることを意味し、「ム」は下流へと歩くことを意味する（図4―31）。これらも上流（クントゥ）や下流（キヨム）という方位語と一緒に使う。

さらに本流や支流などに沿って上流へ移動する場合は、バテッは「登る」を意味する「チュワ」という動詞を使う。この場合も「チュワ バ クントゥ（上流へ登る）」と上流を示す語とセットで使用するのが決まりである。いっぽう下流へ移動する場合は「サー バ キヨム（下流へ下る）」という。小さな川は熱帯林の奥にも流れているので、水系について豊富な知識をもつバテッは川を頼りにかなりの範囲を移動できる。

バテッは「登る・上る」や「下る」という語を、さほど地面の傾斜が感じられないような場所でも使う。「川に沿って歩く」や「川に沿って進む」と表現してもよいようなほぼ平坦な場所の移動でも、バテッ語では進行方向に応じて動詞を使い分けなければならないのである。そして上流へ向かうと標高の高い場所に至り、下流へ向かうと低地に至るということまでがきちんと認識される。大地の凹凸の上に向かうのか、下に向かうのかを語彙化し、体系化することで地形を把握しているのである。

近くを水が流れていない場所でも、地面の傾斜した山や丘ではそれを手がかりとする。こうした場所を彼らは「グヌン（山）」という。「グヌン」はマレー語で「山」を意味する語で、マレー語では「山（グヌン）」と「丘（ブキット）」を区別する。しかしバテッはそうした区別をせずに「グヌン」という語のみを使うため、ここでは

図4-31　支流を遡る（スィンセン）

バテッに従い「山（グヌン）」と記す。

山の斜面を移動する場合、登りは体を移動させるのが辛く感じ、下りは楽に感じる。そうした移動を表すのが「チュワ（登る）」と「サー（下る）」という動詞である。川に沿って移動するときにも使う動詞だ。「チュワ」は「山（グヌン）」や「尾根（ナダン）」、「上（アテス）」という目的地や方位語とともに使い、「サー」は「川（トム）」を目的語とするのが一般的である。大地の高く盛りあがったところは山や尾根であり、窪んだところ、谷には川が流れているのである。さらにバテッは同じ斜面であっても、登る場合と下る場合で異なる名詞を使う。登る際の坂は「チュニチ（上向きの斜面）」、下る際の坂は「プニサー（下向きの斜面）」といい、これらは「チュワ」や「サー」が名詞化した語である（Lye 2008）。

前項でふれたようにバテッが上下という構造を重視するのは、こうした地形の把握方法も関係するのだろう。彼らは身体を上に移動するのか、下に移動するのかに注意を払い、立体的な地形を把握する。そして最も低いところには、彼らが細かく命名し記憶する川が流れているのである。二次元で環境を示した地図を日常的に使う筆者は、方位というとまず東西南北を思い浮かべる。しかし地表というものには凹凸があり、それは等高線によって示されている。この垂直方向の変化を、バテッは重視するのである。

「チュワ（登る）」や「サー（下る）」は、川のそばでも山でも使用される汎用性の高い動詞である。しかし川沿いで使う場合は上流や下流という方位語と一緒に使い、移動先は川の形によっておおまかに決まっている。いっぽう斜面で使う場合は、水平方向の指標になるものがまったくない。そのため、斜面でこれらの動詞を使う場合には手で方向を示したり、進む方向の側に口を尖らせて「あっち」や「こっち」と示したりしながら具体的に進路を定めるのである。

また彼らは川の見えない森や、傾斜を感じられないような森も移動する。こうした平地林を歩く場合でも川が重要である。バテッは自分がどの川の流域にいるかを常に意識している。そして流域ごとに存在する倒木や有用植物、窪地といった特徴にかんする記憶を手がかりとしつつ、身体感覚を組み合わせてナビゲーションをおこなうのである。こうした場所で彼らが使うのは「チュップ（行く）」という水平の移動を表す動詞だ。この動詞は「あっち」や「こっち」という指示語、あるいは「森（側）―川（側）」という方位語とセットで使う。たとえば川から遠ざかって移動する場合は、「チュップ　バ　フップ（森側へ行く）」や「チュップ　バ　グヌン（山側へ行く）」となり、川へ近づいていく場合は「チュップ　バ　トム（川側へ行く）」という。

女性数名と花摘みに山へ行った日のことである。平地の森を歩いていて、小さな流れを見つけたのだが、どこへ進んだらよいかわからなくなった。そのとき彼女らは「本流があちら側だから、我々はこちらの方角から歩いてきた」と議論し、進路を定めた。バテッは自分がどの流域にいるかということだけでなく、川と自分の位置関係を意識しながら移動しているのである。

こうした位置関係の把握は、身体感覚に基づく。彼らは森を歩く際に「右」や「左」という相対方位を使用することはない。こちらが尋ねると、マレー語で左を表す「キリ」や右を表す「カナン」という語を使うこともあるが、日常生活でこれらの語を使うことはまずない。そして森を歩くときには「森（側）」、「川（側）」、あるいは「あっち」や「こっち」と言いながら、手や指、そして口を尖らせて方位を指し示す。これらの方位は身体感覚に強く依存し言語化されていないため、身体を用いて示すのが手っ取り早いのである。

日本では道案内をする際に右や左という語をよく使う。しかし熱帯林ではこうした方法は使えない。木々の茂る森を歩きながら、右や左という語を使って自分の経路を記憶するのは無理に等しいのである。たとえるならそれは、複雑な道を歩きながら「直進して右に曲がって左に二回曲がる」と考えているうちにどこから来たかわからなくなってしまうようなもので、茂みや木を避けてジグザグに歩いているうちに方角を見失ってしまうようなものである。むしろ「この方角」と身体的に方向を意識しておくほうが、こうした環境には適しているのである。

しかしこのような身体感覚をすべてのバテッが同様に身に着けているわけではない。やはり大人であっても迷子になりやすい人がいる。そうした人と一緒に森を歩いているときに筆者が色々と質問すると、会話に夢中になっているあいだに方向が分からなくなってしまうのである。筆者はまさかバテッの大人が森で方角を失うことなどないだろうと思っていた。しかし何度かそうした人と森を彷徨う経験をして誰がナビゲーションに不得手であるかを知り、そうした人と一緒のときは気をつけるようになった。こうした身体的な方向感覚は、生得的に備わっているというよりも、幼いころから森を歩いて学習し体得していく能力なのだろう。

2……森を歩く

バテッが森を移動中に使う語彙より、彼らが三つの方位軸を参照し森を移動することが明らかになった。そうした方位軸を参照しつつ、彼らは身体感覚や川にかんする知識も用いてナビゲーションをおこなう。本項ではバテッがどのようにナビゲーションをおこなうかみてみたい。なおここで紹介する方位軸はマレー半島の他の狩猟採集民も使っており、スマッ・ブリが用いる「川筋ナヴィゲーション」や「尾根筋ナヴィゲーション」と類似する（口蔵二〇〇四）。

バテッは自分のいる場所で水の流れが確認できるようなときには、それを手がかりに移動する。例えば女性数名でキャンプの上流にあるクチン支流にヤムイモを採りに行った日のことである。まずはキャンプを出発し、筏に乗って本流を遡っていく（ガラ バ クントゥ）。そしてクチン分岐点の近くに筏を停泊させて支流に沿って上流へ歩いていくと、目的とするヤムイモの群生地に辿り着く。ここでの動きをバテッは「上流へ向かって歩く（チュワ バ クントゥ）」と表現する。

ヤムイモを採集してキャンプに戻るには、歩いて分岐点まで下り（サー バ キヨム）、そこから筏に乗って本流を下流へと下っていけばよい。出発から到着まで川に沿って移動しているが、参照する川が行きは本流から支流、帰りは支流から本流へと変化する。そしてこれら二つの川の関係をバテッは、母と子のアナロジーに基づいて理解しているわけである。

薬草などを探して川から離れて森を歩くときには、自分がどの流域にいるのかということと、川との位置関係を意識しながら移動する。このとき流域に存在する特徴的な岩や谷、倒木、植生なども手がかりになる。日ごろから頻繁に歩き回って森の様子を把握しておくと、目印になるものの情報を豊富に蓄積できる。しかしそうした場所ばかりを歩くわけではないので、川との位置関係を把握するための身体感覚は重要である。

この空間認知能力には個人差があり、大人は自然と自分の位置がわかる上級者が多いが、初心者の子どもは迷子になることもある。自分がどこにいるかわからなくなったときは、大声で「オー」と一緒に来ている仲間を呼ぶと、「オー」と応えてくれる。筆者も何度か子どもと一緒に仲間を呼ぶ必要が生じたことがある。応答のあった方角を確かめた子は、いつもならば避けて通るような茂みも突っ切って直進するので、トウやヤシのトゲにひっかかって痛い思いをしながら彼に付いて行かねばならない筆者は不満に思っていた。しかしこうしたときに重要なのは、「あちらの方角」と声のする方角を意識して、そこへ向かって進んでいくことである。間違っても「右に進んで左に曲がる」などと考えてはいけない。大人ならば茂みを避けて自分の身体の向きが変わっても、同じ方角がわかるかもしれない。けれどそうした能力が十分でない子どもにとって、最も確実なのは、多少痛い思いをしてでも、なるべく身体の向きを変えずに直進することなのである。

川沿いから平地林を通過して森の奥の山側へ移動したい場合は、川と自分の位置関係を意識しながら歩いていく。そして地面に傾斜がでてくると、身体のアップダウンをもとに地形を把握しつつ川のある方向にも注意を払って進んでいく。途中で山の斜面の反対側へ移ると隣の支流の集水域に入ったことになるので、そうした移動は意識しておく必要がある。

バテッは、こうして辿り着いた高地を移動することがある。川岸が大きく岩場になっていたり、雨期に川が増水して低地を歩くのが危険だったりする場合、尾根を歩く。そのような場合もバテッは川にかんする知識を活用する。尾根を歩くときには、前方の景色全体をみて大地の起伏を確認しつつ、登りと下りを意識することで地形を把握できる。いちど登って（チュワ）下る（サー）と、ある支流の集水域から別の支流の集水域へと移動したことになる。それは麓を流れる本流に流れ込む、あるひとつの支流から別の支流へ移動する動きと並行するので、川にかんする知識をもとに自分の位置を確認できるのである。

雨期のある日、エムリンの父がプルタン川の上流にトウ採集に行くというので付いて行った。まずは村の拠点を出発して伐採道を上流へと進んでいく。そして道が途切れたところから急な傾斜を登っていく。かなりの傾斜だったが、幸い赤土の地面は乾いていて登りきることができた。しかし登りきって一息ついたのも束の間、その後はアップダウンが続く道をひたすら進んでいく。尾根といっても標高はさほど高くない。けれども雨で土壌が侵食されるためか大きい木は少なく、いつもの森よりもやや明るい林を歩いていく。こうして歩きながら時々エムリンの父は「今ちょうどチェナロ川を過ぎたから次はプヨ川だ」と、川を参照して現在地を説明してくれる。彼は歩きながら視線を「ブレイするように」と筆者に教えるが、これは「視線を遠くに据えてまっすぐ前を見る」という意味だ（Lye 2002: 14）。こうして前方全体を見ることで大地の凹凸を捉え、地形を把握するのである（図4―32）。

彼は尾根の起伏を支流と結びつけて位置を確認するが、すべての支流を尾根の窪みと結びつけて認識しているのではない。特徴的な谷とそこを集水域とする重要な流れのみを記憶している。歩きながら遠くを見て地形を確認し、小さな起伏は除きつつ重要な谷を過ぎるときに支流と結びつけて位置を確かめる。それを繰り返しながら移動していくのである。

尾根におけるバテッのナビゲーションは、地図に描かれた線の上を点が移動するようなものではない。彼らはある特定の登りと下りのセットが完了した時点で、本流に流れ込む支流をイメージし、現在地を確認する。大地の凹凸を最大限に活用したナビゲーションなのである。おそらくこうした尾根のナビゲーションは、バテッだけでなく、半島の多くの人が用いてきた方法だと考えられる。スマッ・ブリでは尾根の移動を「タングー・アレグ」と表現し、他の移動と区別しているそうである（口蔵二〇〇四）。

尾根を歩いて目的とする谷に到達したら、そこから本流もしくは川側（トム）の方に向かって下っていく。このとき支流やその「子どもの川」を参照することもある。エムリンの父とトウ採集に行ったときは、プルタン川の方へ降りていき、途中の支流から目的とする場所へ移動した。なお移動する川によってはここで逆の方向に下ると別の水系に移動できる。たとえばバソン家族がパハン州の親戚訪問に使った経路は、クランタン水系

図4-32　伐採道を登って(チュワして)尾根近くの森へ入る

のルビル上流の支流を遡っていき、そこから山を越えてパハン水系のサット川に下りるというものである。州をまたぐような長距離の移動は、上流と下流、上下、そして川側と山側という三つの方位軸と身体感覚、そして川にかんする詳細な知識に支えられている。またバテッの資源探索も、こうした川を基盤とするナビゲーションがあってはじめて成り立つものなのである。

3……空間の秩序と食物

バテッは移動する環境に応じて三つの方位軸を使いわけており、これは「川の植物」と「山の植物」という区分にも関係することに触れた。バテッの狩猟動物の扱いにも、こうした認識を反映するかのような決まりがあり、それを守ることで空間の秩序が維持されているとみられる。

バテッの創世神話によると、彼らが利用する動植物はハラという超自然的存在がつくったもの、あるいは「変身」したものである。ハラはそれらをつくりだすとき個々の生物に名前とそれが属する場所を与えた。なおこれに類似の世界観は、スマッ・ブリやセマイなどのオラン・アスリに広くみられる（口蔵一九九六；Dentan 1979）。このような創世神話をもつバテッにとって、動植物をとって食べる行為は単なる物質世界でなされる狩猟・採集・漁撈活動ではない。これら食物の獲得はハラという超自然的存在のもとで実践される営みであるため、ハラがつくった秩序に沿うかたちで動植物を扱う必要がある。

そうした秩序に反する行為をラワッチという。これを犯すと不幸や嵐、洪水が生じるという禁忌である。その嵐や雷をもたらすのはゴバーという雷神である。便宜的に「神」という語を使ったが、ゴバーはすべてを創造したハラとは異なり、大昔はバテッと同じような存在だった。それが諸々の理由により、バテッは川の世界、彼は天の世界で暮らすことになったのだという。ゴバーはバテッと同じようにヤムイモを食べたり果実を食べたりして夫婦で生活していたが、現在は妻に先立たれて一人になってしまったのだという。その彼が怒ると雷や嵐が生じ、紐を打ち下ろすと稲妻になるのだそうだ。バテッだけでなく東南アジアに暮らす人びとの精神世界には広く雷神が登場するが、その語られ方は一様ではない（Skeat and Blagden 1906）。バテッと通婚がみられるスマッ・ブリの精神世界にも雷神が存在するが、スマッ・ブリの雷神は夫婦であるそうだ（口蔵 一九九六）。

ゴバーが怒って嵐を引き起こしたら、バテッは血を使うか煙を焚いてそれを鎮めようとする。血を使う場合には、治療で血を集めて使うのと同様に、ふくらはぎの側面をナイフで軽く叩いて出血させる。そしてその血を水を張った皿に集めて、呪文を唱えながら空へ向かって撒くのである。血液には身体に変化を引き起こす力があるとみる彼らは、ゴバーにも血液が作用すると考えている。

また煙を焚いてゴバーを鎮めるには、ショウガ科など香りのする葉を燃やすのがよい。これをラボンという。この「ラボン」は日本語の「線香」とよく似た語で、蚊遣りのように虫よけとして燃やす生乾きの木や葉も意味する。ゴバーも含め超自然的存在はニオイに反応するため、嵐が生じたとき、あるいは嵐になりそうなときにバテッはラボンを焚く。そうして香りを煙とともに空に届けることで、風や雨が治まることを願うのである。直接には自らの力が及ばない出来事である嵐を、ゴバーという想像された世界との関係で解釈し、その世界に働きかけることで現実の事象までも統べようとしているのである。

ニオイはバテッが世界を認知する際の手がかりとして重要な地位を占める。彼らは植物や動物のニオイを重視し、とくに女性は良いニオイの植物を身に着けることを好む。さらにニオイはゴバーのような超自然的存在の世界とコミュニケーションする媒体のひとつでもある。バテッが何度も水浴びをするのも、汚れを落としたり、ほてった体を冷やしたりするだけではなく、ニオイを落とすためでもあると考えられる。水浴びの際には石鹸を使うこともあるが、常にそうしたものが手に入るわけではないので、バテッはショウガ科の葉を使って体や頭を洗う。そうしたものでは石鹸のように皮膚の油分を落とすのが難しいうえに彼らはニオイに敏感であるため、頻繁に水浴びをする必要があるのだろう。なおこうしてニオイを重視するのは半島マレーシアではバテッにかぎったことではない。スマッ・ブリはニオイを個人の体の延長とみなしており、ニオイが混じり合うことは肉体的接触と同等であるとみなすそうだ(図4―33)。

川の禁忌(ラワッチ・トム)

ハラのもとで定められたラワッチには、「ラワッチ・トム」という川にかんする決まりがある。バテッは川を基準にナビゲーションをおこなうだけでなく、日常生活の水場としても川を利用する。川は彼らの生活の基盤を提供する重要な場所である。そのため、むやみやたらに汚したり、特定の生物の血を流すことが禁じられている。なお過去には月経中の女性や出産後一週間以内の女性が川で水浴びをすることも禁じられていたそうである（Endicott 1979）。

人によって多少の違いはあるが、川に血を流すことが禁じられている動物は、カメの仲間では陸ガメのハワンやコッ、オオトカゲの仲間では陸生のバゲンとカボックである。また竹の根元に巣をつくるタケネズミのラヤムや、竹の節を巣とするタケコウモリのヒメイの血を川に流すこともラワッチである。さらにサルの仲間としてはオナガザル科マカク属のジレウ（カニクイザル）とバワッチ（ブタオザル）、そしてテナガザル科のクボン（シロテテナガザル）の血も川に流してはいけない。これらの学名と生息場所を表４―７に示した。

図4-33　野生ウコンを首に下げた女性。香りのよいウコンを薬として身に着けている

川に血を流してはならない生きものには、水生の生物は含まれていない。バテッは筏の上で魚を捌いて内臓を川に捨てるし、水生のカメの血を川に流すことも厭わない。しかし陸に生息する動物の場合は、血の扱いに気を使い、ここに記された生き物の血は決して川の

表4-7　川に血を流すことが禁じられている生きもの

バテッ語の名称	生息場所	和名	学名
ジレウ	樹上性	カニクイザル	*Macaca fascicularis*
バワッチ	樹上性	ブタオザル	*M. nemenstrina*
クボン	樹上性	シロテテナガザル	*Hylobates lar*
ハワン	林床	スマトラムツアシガメ	*Manouria emys*
コッ	林床 （水に入ることもある）	？	*Heosemys grandis* ？
バゲン	林床	ベンガルオオトカゲ	*Varanus bengalensis*
カボック	林床部	デュメリルオオトカゲ	*V. dumerilii*
ヒメイ	竹林（竹の中）	タケコウモリ	*Tylonycteris pachypus*
ラヤム	竹林（地中）	タケネズミ	*Rhizomys sumatrensis, R. pruinosus*

水に混ぜてはいけない。その血がついたナイフを川で洗ってもならないのである。これら特定の生き物に特段の注意が払われるのにはそれなりの理由があると考えられる。

表４―７をみてみると、表に示されたカメとオオトカゲ類はすべて陸生である。しかし実際は、水生のカメやオオトカゲも彼らは食物として利用する。そのうち陸生のもののみが禁忌の対象となっており、水生のカメやオオトカゲの血は川に流してもよいという。日本語には「カメ」というカテゴリーが存在し、そのなかで「ミズ・ガメ」、「リク・ガメ」、「ウミ・ガメ」と細分する。しかしバテッは「カメ」や「オオトカゲ」というように、水生のものと陸生のものを包括的に扱うことはない。これらは個々に異なる名前があり、すなわちそれはハラが別々の場所を与えた生きものであることを意味する。このことが彼らの慣習に関係すると考えられる。

彼らは陸生のカメやオオトカゲは「森（フップ）」にいるから川（トム）に血を流してはならない」と説明する。治療にも使われることのある血は、彼らにとっては生きものの命の表徴であり、川に血を流す行為はその生きものを川に入れるのと同じ行為である。

つまり超自然的存在のハラがフップという場所を与えた生きものの血をトムに流すことは、ハラが示したフップとトムという世界の秩序を破壊する行為に等しいのである。日本語では「カメ」や「オオトカゲ」と一括りにするような見た目の類似する生きものであっても、彼らにとっては見た目以上にどこに生息するかが重要であり、異なる場所に生息するものは異なるものとして扱われる。そしてそのフップ（森）とトム（川）という空間の区分はハラによって境界づけられた絶対的なものなのである。

さらにこの慣習を守ることによって、見た目のよく似た混同されやすい生物であってもきちんと区別されることになる。単に見た目に基づいて生物を分類するのとは異なり、生息場所を含めた生態学的知識として生きものを認識するための慣習であるともいえる。こうした知識は、彼らが植物を「川の植物」と「山の植物」と区別するのと同様に、さまざまな場所を移動する際のナビゲーションにも貢献していると考えられる。

また表に示されたラヤムとよばれるタケネズミについても、同様にハラが定めた空間の秩序が関係する。この生物は彼らの食料のなかで唯一、土を掘って捕まえるものである。ラヤムは竹の根元に巣をつくって暮らす地面（テ）の生きもので、狩猟には何時間も穴を掘る必要がある。土の中に生息し陸の動物として強くイメージされるため、川とは異なる場所を与えられた動物として禁忌の対象とされているのである。

いっぽうヒメイという タケコウモリについては、その臭いと分類上の境界に位置することが関係すると考えられる。昆虫を食べるこのコウモリは、肉に独特の臭いがある。筆者も初めて食べるときにはその臭いに戸惑った。バテッにはジレウ（カニクイザル）の臭いが川に移るから、その肉を食べた後は水浴びをしてはならないという決まりがあるが、良くない臭いが川に混じる行為を彼らは忌み嫌う。タケコウモリも同様の論理が適用されていると考えられる。それにくわえて、タケコウモリは鳥ではないが空を飛ぶ生き物として分類上曖昧な位置にある。ハラが定めた秩序の境界線上の存在であるうえに独特の臭いをもつ生きものとして、扱いに気を使うのだと考えられる。

そして樹上に生息する動物で川に血を流してはならないものは、その肉の臭いや彼らが狩猟する頻度と関係するとみられる。バテッがアイとみなすサルは、コノハザルのタロッ（*Trachypithecus obscura*）とカルドス（*T. cristatus*）、シロテテナガザルのクボン（*Hylobates lar*）とフクロテナガザルのバテウ（*Symphalangus syndactylus*）、そしてマカク属ブタオザルのバワッチ（*Macaca nemenstrina*）とカニクイザルのジレウ（*M. fascicularis*）である。このうちバテッが頻繁に狩猟するのはコノハザルの仲間である。いっぽうマカク属のサルはバテッがふだん利用する森より開けた場所で見かけることが多く、狩猟頻度はコノハザルよりも低い。さらに二種のテナガザルについては鳴き声を耳にすることがあっても見かけることはあまりなく、フクロテナガザルについてはほとんど目にしない。

こうしたサルのうち川に血を流してはならないのは、マカク属のジレウ（カニクイザル）とバワッチ（ブタオザル）、そしてテナガザル科のクボン（シロテテナガザル）である。バテッがよく狩猟するコノハザルは含まれていない。それ以外の三種が挙げられているが、ここに含まれないフクロテナガザルは見かけること自体が非常に少ないので、わざわざ禁忌の対象とする必要がないとみられる。そしてマカク属のジレウとバワッチの肉は臭いのする肉だとバテッはいい、ジレウは肉を食べた後の水浴びも禁止されている。おそらく、サル全般の血を川に流すことは良くないことではあるが、解体後のナイフをふと川で洗ってしまうこともあるので、頻繁に食べるコノハザルのタロッについては妥協されている。いっぽう狩猟の頻度が少なかったり地上で見かけたりするサルについては、言語化されたレベルで川に血を流してはならないとされているのである。

バテッにとって血は特別な力の源であり、異なる名前をもつ動物はハラが別々の位置を与えた存在であるので、異なる空間に血を混ぜるとその秩序が破壊される。多少の違反は許容されたとしても、肉に独特の臭いのある生物や陸を強くイメージさせる生物、そして水生のものと陸生のものの外形が類似し混同される可能性のある生物の場合には、こうした意識が強化されて言語化された水準で社会的規範として実践されるとみられる。そのためバテッは、いくら川の近くでこれらの生物を調理したとしても、川で手を洗わずに竹筒などで水を汲んで陸で手を洗うのである。

火の禁忌（ラワッチ・オス）

川の禁忌（ラワッチ・トム）にくわえて、「ラワッチ・オス（火の禁忌）」という食物を調理する火の扱いにかんする決まりもある。バテッの創世神話に厳密に従うと、異なる名前の生物は調理も別々にしなければならない。そのため名前の異なる生物は調理する火を分けるのが理想である。しかしそれだと手間がかかって大変なので、似た場所を与えられた生物は同じ焚火で調理することが許容されている。しかしまったく異なる場所を与えられた生物を同じ火で調理すると、不快な臭いが生じてゴバーを怒らせて嵐になるという。これはもちろん、立て続けに同じ火で調理する場合には守らなければならない決まりである。しかしそれだけではなく、前の調理から数日後にその火を使う場合であっても厳守しなければならない。

多くの場合、バテッのハヤの周りには火をおこした跡が複数ある。バテッは基本的に獲物の解体から調理までを同じ焚火でおこなう。新たな獲物を調理するときは、そのつど新たな場所に新しい火をおこす。このとき別の焚火で燃えている薪を火種として使ったり、火の消えた焚火の跡から燃え残りの薪を持ってきて使ったりすることはある。しかし、異なる獲物を調理した焚火の灰が残っている場所とは別の場所で火をおこさなければならない。そのため何かを調理するために薪を準備するときには、ハヤの周りの焚火の跡を「これ何の火」と周りの人に尋ねてそこで調理してよいか判断する。別に数日後なら同じ焚火で調理してもよさそうなものを、なぜ彼らはこのようにするのだろうか。

前の焚火と同じ場所で次の調理用の火をおこしてはならない理由は、彼らの調理法と食事法に関係する。バテッは肉や魚を食べるときにでた骨や食べ残しを、調理した焚火に捨てるよう子どもに教え、自らもそのようにして生活空間を清潔に保つ。骨や食べ残りをハヤの周りに投げ捨てると、それが腐敗して悪臭を放ったり、肉食性のアリ、クトムをおびき寄せて後で痛い目にあってしまうのである（図4—34）。

こうしてくすぶった焚火や灰に捨てられた骨は、ゆっくりと燃えて臭いを発する。動物を解体する際にも一時的に毛を焼く臭いが生じるが、さほど強くは臭わない。しかしキャンプや拠点で休んでいると、ふと、それよりも強い、獣を焼く臭いが漂ってくることがある。急いで家々を回って獲物を仕留めたか尋ねてみても、誰も動物を解体している気配はない。実はこれが焚火に捨てられた骨が燃える臭いであることに、後から気がついた。おそらく髄の入った骨が燃えると強い臭いを発するのだろう。焚火に捨てられた骨はゆっくりと燃えながら臭いを発するが、火の状態によっては完全に燃えきるまで数週間を要することもある。そのため、忘れたころに鼻が臭いを捉えるのである。

バテッが焚火で調理した動物の骨はその焚火で灰になる。もし別の獲物を同じ焚火で調理すると、バテッはその獲物の骨も焚火に捨てるので、焚火の中で前の獲物の骨と次の獲物の骨が混ざることになる。そのため、前の調理から数日経過していたとしても、生息環境の異なる動物を同じ場所で調理してはならないのである。ハラが異なる場所を与えた生物を混ぜないように、バテッは火の禁忌にしたがって獲物を別々の焚火で調理し、そ

図4-34　鳥を解体する。この焚火で鳥を調理し、骨も焚火に捨てる

れらの骨が混じるのを防いでいるわけである。

調理の火の区分について、水生の生きものと陸生の生きものの火を分けなければならないという認識は広く共有されているが、細かい区分については全員の意見が一致しているわけではない。たとえば樹上性動物であることから、マレーヒヨケザル（*Cynocephalus variegatus*）とパームシベット（*Paradoxurus hermaphroditus*）を同じ火で調理してもよいという人がいるいっぽう、ヒヨケザルは飛ぶこと（滑空）ができるのにたいし、パームシベットは飛べないので分けなければならないという人もいる。スマッ・ブリは動物を、樹上性、地上性、水生という三つのカテゴリーに分け、異なるカテゴリーの動物の混合を避けるという（口蔵 一九八二）。このことから、バテッも同様に樹上性と地上性で区別していると考えられる（表4―8）。

人によって多少の違いはありながらも、一緒

表4-8　（フーイ家族による）アイを調理する火の区分

焚火	バテッ語の名称	和名	学名	生息／生育場所
焚火1	タロッ	メガネコノハザル	*Presbytis obscura*	樹上性
	ワッ	リス	*Ratufa* spp.、*Callosciurus* spp.	樹上性
	バワッチ	ブタオザル	*Macaca nemenstrina*	樹上性
焚火2	ハワン	スマトラムツアシガメ	*Manouria emys*	林床
焚火3	コッ	?	*Heosemys grandis?*	林床（水場）
	ピヤ	トゲヤマガメ	*Heosemys spinose*	川
	カジ	ノコヘリマルガメ	*Cyclemys dentate*	川
焚火4	ラビ／パラン	スッポン	*Pelodiscus sinensis*	川
	イカン	魚		川
	スィポット	タイワンカワニナ	*Pilsbryoconcha* sp.	川
	プチョ・パク	シダ	*Diplazium esculentum*	川岸

に調理して食べる人、つまり家庭内では基本的に区分を共有している（Endicott 1979）。表4―8は、フーイ家族の焚火の区分を示したものである。フーイの母はルビル上流の出身でフーイの父はアリン村の出身、そして二人には四人の子どもがいる。樹上性の生物の火（焚火1）と陸生のカメの火（焚火2）、水生のカメの火（焚火3）という区分になっている。

焚火3にはコッというカメが含まれる。バテッに調理の火の区分について尋ねると、皆が「このカメは水にも森にもいる」とコッの特殊な生態に言及する。このカメは森でみかけることもあるが湿地帯にいることもあり、「川」と「森」の両方に位置づけられるカメである。そのためコッの血は川に流してはならないが、フーイの家族は水生のカメの火にコッを分類しているのは興味深い。また焚火3に分類される水生のカメであるピヤとカジは、陸カメのハワンと外見が似ていても、ハワンと同じ火で調理してはならない。

いっぽう焚火4に見られるように、水生のカメ、魚、巻貝のスィポット、シダ植物のプチョ・パクは、いずれも「川」のものであるため同じ火で調理してよい。さらにこれらは同じ鍋で一緒に調理されることもある。吹矢で仕留めた動物ではないので毒の影響を心配せずに複数の食材を混ぜてもよいのだろう。しかしシダ植物のプチョ・パクは川の中に生えているわけではない。なぜ水生動物と一緒に調理してよいのかという疑問が生じる。

プチョ・パクを川の生きものと一緒に調理してもよい理由は、このシダが川の周囲に生えることと関係する。実はここで「トム（川）」が指すのは水の流れる場所とその周囲を含む空間なのである。そのためバテッは、魚やカニとこのシダを同じ「川のもの」として一緒に調理する。これは前節でみた「川の植物」と同様の区分である。さらにこのような生きものの扱いにみられる空間が、彼らのナビゲーション技術とも関係しているのは興味深い。上流—下流という方位軸を参照してバテッが移動する空間というのは、「川の動植物」が生育する一帯と同じ、空間としての「トム」なのである。移動時に使うナビゲーションと生きものの扱いにみられる空間の秩序の相関関係は、彼らが森を移動して食物を得るフォレージャーであることが関係すると考えられる。

しかしバテッの暮らしのすべてがこうした秩序のもとにあるわけではない。彼らは現金獲得のための狩猟採集もおこない、購入食品にも依存している。さらにルビル流域には、こうした秩序を破壊するかたちで改変された環境も存在する。プランテーションや陸路建設は新たな景観をつくりだしただけでなく、彼らと市場経済との結びつきの強化につながってきた。第5章では、このような暮らしの現代特有の側面について考えていきたい。

第5章

陸路と市場経済

1　森林産物の多様化と貨幣経済

ルビル上流のクアラ・コまで道路が延びプランテーションが拡大した現在、バテッは森で得る食物だけでなくコメなどの購入品にも依存する。先述のとおり、バテッの男性は一四三分と生業活動時間の六〇%を現金獲得活動に費やすだけでなく、現金獲得を目的とした森林産物採集キャンプにも出かけている。いっぽう女性が現金獲得活動に費やす時間は平均三分とわずかである。男女ともに一定の時間をトウ採集に費やしていた一九七〇年代と比べると、男女の差が大きく拡大している。これは彼らが拠点とする場所の近くに売り物になる森林資源が少なく、女性は幼い子どもの面倒をみる必要があるために遠くまで資源探索に出かけるのが難しいことと関係する。

しかし道路でアクセスできる拠点は、以前よりも多様な人と多様なモノを取引するのを可能とした。バテッは現在、トウや沈香だけでなく、食用カエルや高級魚、そして野生動物も収入を得るために獲得する。トウに依存していた一九七〇年代と比べると、これは大きな変化である。同様のことが彼らの消費活動にもいえ、道路の開通とともにさまざまな行商人がクアラ・コを訪れるようになっただけでなく、近くに商店もできたことで現金を使う機会が増えた。彼らは得られた森林産物を現金と換えるようになり、金のないときに長い付き合いの仲買人から前払いとして食料を受け取る以外は、森林産物を直接食料や物品と交換することはない。

バテッがどの程度の収入を得ているか計算したところ、一グループにおける一四か月間の合計は五万七四八二リンギとなった（図5―1）。これは筆者の観察だけでなくバテッから直接あるいは電話などで聞いた額を含む。センザンコウからの収入が全体の六四％を占め、それに続いて沈香からの収入が一四％、トウの取引による収入が一〇％、政府援助等が約九％となっている。筆者がクアラ・コを離れていてもバテッは大金が入ると「誰々が何々を売った」と連絡してくるので、この額には彼らが電話で「センザンコウを獲る／獲った」と知らせたものが多く含まれる。そのため、多少割引いて見た方がよいかもしれない。なぜなら彼らが話を大きくしている可能性もあるが、調査を始めて間もないころの筆者は、現在形を未来形や過去形と厳密に区別しないバテッ語のニュアンスを十分に理解できなかったためである。完了形を用いて正確に質問できるようになったのは調査開始から随分経過してからのことであった。

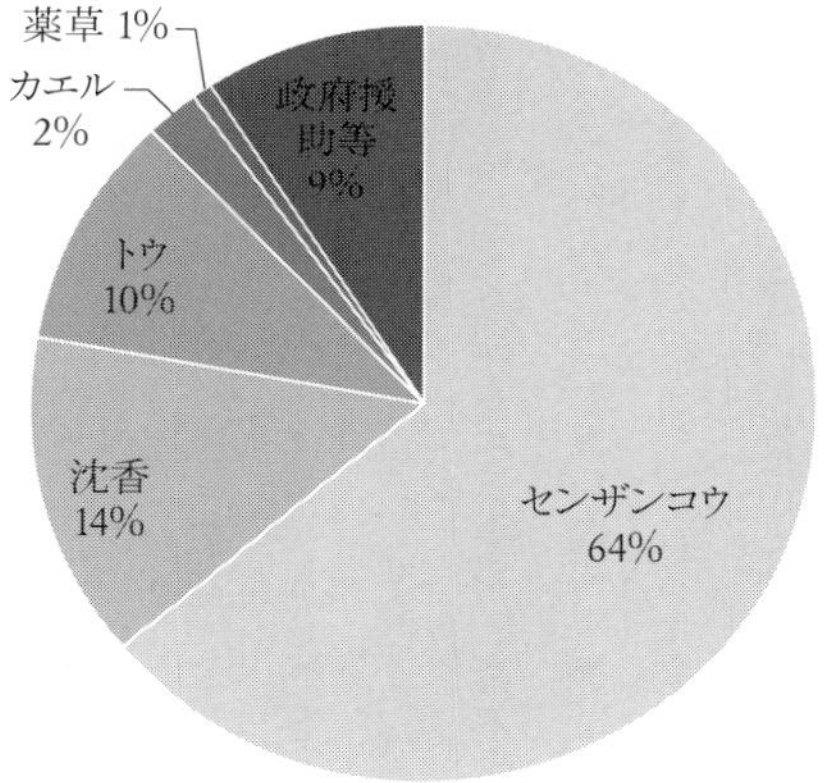

図5-1　各活動が収入に占める割合
（世帯あたりの平均月収：513リンギ）

バテッは家族ごとに家計を分けてはいるが、コメがなくなった家族によその家族がコメを分けたりするのが日常で、それぞれが完全に独立しているわけではない。さらに大きな収入があった男性は、同じ居住群の親戚の女性や子ども、そしてときにはよその居住群の親戚にも金を渡す。そこで居住群メンバーの収入の合計をその時の世帯数で割って平均値をだすと、世帯あたりの推定月収の平均は五一三リンギになる。インフレーションが進んだこともあり一九七〇年代の推定平均月収二四・二七リンギと比べると遥かに高い。しかしマレーシアの二〇一二年の世帯月収の中央値は五〇〇〇リンギなので、それと比べると非常に少ない。

他のマレーシア国民と比べると少ない額ではあるがそれでもバテッの収入は大きく増加したといえる。最も大きな変化は、質の良い沈香やセンザンコウを売った際に多額の現金を一度に手にするようになったことである。彼らは日本円に換算すると約五～八万、多いときには一〇万円を超える金を得ることもある。五～八万円といっても、マレーシアの地方の物価は日本の三分の一程度なので、これで中古バイクを買うことができる。大金を手にしても彼らには金を貯める習慣はないので、食料や日用品だけでなくバイクや携帯電話を買ったり仲間に分けたりして、だいたい一週間で使い切るのである。

クアラ・コがさまざまな森林産物を供給する場所となったのは、交通の発展に負うところが大きい。これはマレーシア半島内の都市と地方を結ぶ道路だけでなく、半島と国外を結ぶ運搬網にもいえる。アジアで交通・運送網が発達し経済が活性化するのと並行して、経済の中心地では都市化が進んだ。そのような場所で得られない資源が、クアラ・コのような地方に求められるようになったのである。

第2項でみていくが、こうした新たな森林産物の取引は、以前おこなわれていた森林産物の交易とは多少性質が異なる。バテッが以前より取引していたトウや沈香は熱帯の限られた地域にのみ生育し、ヨーロッパや中国を含め温帯以北の高緯度地域では育たない。こうしたことを背景に、海を通じた遠距離交易の時代から高価な品として僅かな量が取引されてきた。しかし輸送技術が発展し自由に人びとがモノを取引する市場経済が一般化した現在、これらのもつ威信財としてのイメージはそれなりに維持されつつも、より多くの人が日常的に利用するモノとして取引されるようになった。

また近年になって取引が開始された森林産物は、以前は消費地でも入手できたものがメインである。消費地域の人びともそうした資源を利用してきたが、都市化が進んだり森が減少したりして、入手が困難になったためにクアラ・コに求めるようになったのである。

どちらの森林産物についても、消費地はクアラ・コのような地方と比べると遥かに貨幣の流通量が多いので、需要に応じて価格が吊り上がる。消費地が国外である場合は、為替レートの差も反映される。けれどもこうした需要は消費者の社会・経済の影響を大きく受けるので、変化が激しい。それでもバテッはひとつのものに執着せず、さまざまな活動を組み合わせながら変化に対応しているようである。まずは以前より取引されていた森林産物からみていきたい。

1……水路の時代から続く取引

陸路の発達以前、バテッは農耕民などと交易をおこなっていた。そうした時代より取引されてきたもののひとつに薬草がある。昔からマレー社会では、森に暮らす人には伝統医療や呪術にかんする力があるという考えが共有されており、これは現在も引き継がれている。クアラ・コにも心身の不調や災いが続くのを治したいという人がやって来るので、バテッは求めに応じて薬草を与えたりまじないを施したりする。相談の内容は、妊娠中の妻の体調が芳しくないというものから、不幸が続くのをどうにかしたいというもの、そして好きな人を振り向かせたいというものまである。また年に四回ほど、親戚と一緒に薬を仕入れに来る視覚障害をもつ人もいる。この人は惚れ薬を多く買うので、バテッはふざけて「彼は恋多き男だ」などと言うことがある。しかしマレーシアでは、パサールという野外市場で障がい者が歌を歌ったりポケットティッシュや小物を売ったりして金を稼ぐことがあるので、そうした場所で売るために仕入れに来るのだろう。

バテッが売る薬草の多くは植物の根、つまり第4章でみた「アカー」である。なおこれらはバテッ自身も使う。精力剤になるトンカット・アリ（Tongkat ali; *Eurycoma longifolia*）は三〇センチメートルほどの根数本で一〇〇リンギ、惚れ薬のミニャッ・チュヌワイは五ミリリットルの瓶ひとつ六〇リンギほどである。ミニャッ・チュヌワイはチュヌワイという植物の花や茎の入った香りの良い精油である。好きな相手に振りかけて使うのだが、バテッが言うにはオラン・アスリが作らないと効果がないそうだ。

バテッは森を歩いている途中で薬草を見つけると、その場所を覚えておくか採集して家に持ち帰って具合の悪い時に使う。多くの場合、薬が欲しいと訪問者があったときには売り物になる予備がないので、依頼を受けた後に薬草採集へ行き、数日後に依頼者がクアラ・コを再訪する。先の視覚障害の人を除くと、薬草の取引は数回続くか続かないかという単発的なものであり、推定収入全体の一％を占めるにすぎない。

またバテッはトウ採集もおこなっている。一九七〇年代にはバテッの交易といえばトウ採集がメインだった。当時のバテッは男性で平均九一分（生業活動時間の三六・九％）、女性は平均三〇分（生業活動時間の一七・二％）をトウ採集に充てていた。しかし二〇一〇年に筆者が調査を始めた後、二〇一一年の夏までクアラ・コのバテッがトウ採集をすることはなく、男性は「トウ採集はしない」と述べていた。

けれども二〇一一年九月に一部の男性がトウ採集を始めたのに続いて、他のバテッもトウ採集を開始した。これはおそらく、それまで収入源としていた沈香など他の森林産物が見つからなくなったためであろう。拠点滞在中に男性数名がトウ採集キャンプに出かけた他、家族でトウ採集キャンプに出かけることもあった。男性はキャンプ中は平均五二分（二〇・一％）をトウ採集に費やすが、一九七〇年代と異なり、女性がトウ採集に費やす時間はキャンプ中でもごくわずかである。これは現在取引されているトウが太いマナウという種類が中心で女性には採集が難しいこと、また子どもの面倒をみながらトウ採集をおこなうのが難しいことと関係すると考えられる。

彼らが取引するのは、マナウ、マンタン、タナーという三種類のトウである。細い種類のマンタンとタナーが採集されたのは一度だけで、取引の大部分をマナウが占める。マナウは最も高く売れるトウで、太く長さ一〇〇メートルに達することもある（Burkill 1966）。これは九フィートに切ったもの一本で三リンギの収入を見込める。またマンタンはマナウより細く直径四センチほどの種類で、九フィートに切って取引し、タナーはさらに細い直径約二センチの種類で一八フィートに切って取引する。これらは高くても一本一・五リンギである。

売物になる太いマナウが残っているのは標高の高い一帯の森である（口蔵 二〇〇七）。そこでバテッはそうした場所まで川に沿って登っていくか、伐採道やプランテーション道を移動して、そこから森に入って採集をおこなう。一定の量を集めるには数日かかるので、労働力になる男性のみで採集場所近くにキャンプをするか、雨期明けであれば家族全員でキャンプ移動して過ごす。

しかし例外もあった。二〇一一年一〇月には、雨期に入りかけの時期であったが、家族全員で道路沿いのプランテーションにキャンプを張った。このとき彼らはコメや現金の残りが少なくなっていた。さらに森林産物を入手できない日が続いていたようで、トウの仲買人からコメや食用油を前借してキャンプに出かけたのである。彼らはバド川へキャンプすると言って出発したのだが、バド川がプランテーション脇を流れていたため、プランテーション内にキャンプすることになったのであった。

このキャンプのあいだ、最も細い種類のタナーを夫を亡くした女性や夫と別に妻独自の収入が欲しい女性が

図5-2　トウの巻き付いた木を切り倒す

採集していた。タナーの採集は、トウを巻きついている木から引きずりはがし、開けた場所で一八フィートに切り揃えて束ねるというものである。太いマナウやマンタンの場合は、一九七〇年代と同様にトウを木からはがしとった後、九フィートに切り揃えて数本ずつまとめ、肩に担いで運ぶ。タオルや洋服などをクッションにした上にトウの束を乗せて運ぶ（図5―2）。筆者もトウの束を運ぶ作業を手伝ったが、重いトウが肩の骨にあたって痛く、採集場所によっては長時間束を担いで歩かねばならない。しかもうまく歩かないと、彼らより身長の高い筆者は足を踏み出すたびに振動でトウが大きくしなって肩に響いて痛い。トウ採集はトウを見つけて作業すれば作業量が確実に収入に結びつき、沈香のように当たり外れがない。しかしこうした運搬の大変さと、質の良い沈香が見つかった場合は比べものにならないほどの収入が得られることから、若いバテッは沈香採集を好むのである。

調査期間中の推定収入の一〇・四％がトウの取引によるものである。一度のキャンプでどの程度の収入があったか見てみると、バソン家族とおこなった二〇一一年一〇月から一一月のキャンプでは、合計一六三三リンギが支払われた。前払い分の三〇〇リンギを合わせると一九三三リンギとなり、採集者七人で割ると一六日間のキャンプで一人平均二七六・一四リンギを得たことになる。これは一日平均一七・二六リンギ、一週間で約一二〇リンギという、なかなかの働きである。

いっぽう二〇一二年四月から五月のフーイ家族とのキャンプでは、五月二日に九五四・五リンギが支払われ、前払い分三〇〇リンギを合わせると一二五四・五リンギになる。採集者九人で割ると四三日間のキャンプで一人平均一三九・三四リンギの収入を得たことになる。キャンプ日数で割ると一日平均五・六リンギ、一週間で三四リンギになる。大きな額ではないが、バテッはキャンプ中にトウ以外の森林産物の採集も盛んにおこない、漁撈や狩猟も頻繁におこなっていた。

バソン家族がわざわざ雨期にトウ採集キャンプに出かけたのとは異なり、このキャンプはトウ採集の他にも森での暮らしを楽しむという目的があった。森で食料を得られるうえにトウ以外にも現金を得る選択肢がある。トウの仲買人に連絡したのは、トウの取引をするためだけでなく、資源の豊富な高地の森までトラックで運んでもらうためでもあったようだ。仲買人の助けを借りずにこの場所へ移動するには、筏に乗って川を遡った後、かなりの距離を支流に沿って歩かなければならない。大勢の子どもを引き連れて荷物を持って移動するのは困難である。いっぽう車があればプランテーション道を通って伐採道を進んでいけばよい。陸路を活用することで、バテッも資源の豊富な奥地へより楽にアクセスできるのである。

バテッが採集し舗装道の近くにまとめて置かれたトウは、後日仲買人が大型トラックで運び出し、劣化しにくい状態に処理して輸出される。筏やボートで運び出していた一九七〇年代とは異なり、現在ではトウの運搬はトラックでおこなう。クアラ・コに来ていた仲買人も、彼が半島南部のジョホールバルまでトラックでトウを運び、そこから輸出されるのだと言っていた（図5—3）。おそらくその後、ジョホールバルのすぐ南のシンガポールから、船で輸出されていくのだろう。こうした大きなトウを大量に、容易に運び出せるようになったのも陸路をはじめ交通・輸送網の発展に負うところが大きい。

マレーシアが輸出するトウの大半は家具などの材料になる太いマナウが占め、九割がシンガポールへ輸出される。そこからエジプト、中国、インド、パキスタン、タイへ輸出され、カゴや家具に加工され、多くがヨーロッパや北米で消費される（Hirschberger 2011）。熱帯にしか生育しないトウは、植民地時代に家具やステッキの材料として世界的に消費されるようになり、現在でもグローバルな経済ネットワークを経て生育地域外で消費

図5-3　トラックにトウを積み込む。トウはこのまま半島南部まで運ばれていく

されているのである。

また、一九七〇年代に取引が再開された沈香は、二〇一〇年代も彼らの現金獲得活動において一定の地位を占めている。バテッの男性はキャンプ中では平均して一日四二分（生業活動時間の一六・八％）と多くの時間をこの活動に費やしている。良質の沈香はガハルといい、クアラ・コの拠点より徒歩で日帰りできる場所には残っていない。そのため彼らは乗用車やバイクで採集場所まで行くか、男性が採集キャンプを組んで出かける。いっぽう近年取引されるようになったタールという質の劣る沈香は、拠点の近くでも見つかるため、拠点から歩いて採集に行く人もいる。

ガハルは沈香のなかでも香成分を多く含む黒い部分があるものを指すが、タールはそうした香り成分が少なく茶色をしている。ガハルは黒い分を残して削ったものの色や重さをみて値段を決めるが、タールは大袋に入れて測り売りとなり、一キログラム二・五〜三リンギと安い。バテッが沈香より得た収入はトウよりも多く、収入全体の一四・一％である。

バテッの男性は沈香を採集できる木（*Aquilaria* spp. など）が多く生えている場所を知っており、またそうした場所が見つかると情報を共有する。しかしこうした場所では、バテッが「タイ」とよぶタイやカンボジア、ミャンマーなどの外国籍の密採者も沈香採集をしており、バテッはそうした人が採集した後に残された沈香を集めることも多い。

クアラ・コのバテッは三組の沈香仲買人と取引があり、沈香の質やそのときコンタクト可能かといったことで取引相手を決める。沈香が採れたときには、仲買人に電話をして村まで来てもらうか、バイクや乗用車で仲買人の家まで届ける。大きく重量のあるトウとは異なり運搬に手間がかからないので、道路が開通しバテッもバイクを使えるようになった現在、沈香は手軽に取引できる資源である。また山に入って沈香を採集した後にパハン水系へ下り、パハン州の仲買人に売ってクアラ・コへ帰ってくることもある。ある仲買人によると、沈香の値段が大きく下落したわけではないが、仲買業に従事する人は少なくなっているそうである。

仲買人の手に渡った沈香は、チップ、粉、精油といった状態で出荷され、香水、線香、薬の原料になる（Lim and Awang 2010）。マレーシア産の沈香は、シンガポール、アラブ首長国連邦、香港、インドといった国や地域へ渡った後、そこから中東諸国や、中国、台湾、日本といったアジア諸国に輸出される。日本では、線香の原料として使われることが多い。沈香をつくりだすアキラリア属等の樹木は東南アジアにしか生育しない。何日もかけて船でモノが運ばれていた交易の時代には、沈香は社会の上層部のみが特別なときに使う高級嗜好品であったとみられる。日本の正倉院にも黄熟香という沈香があり、これまで織田信長や天皇などがわずかに切り取

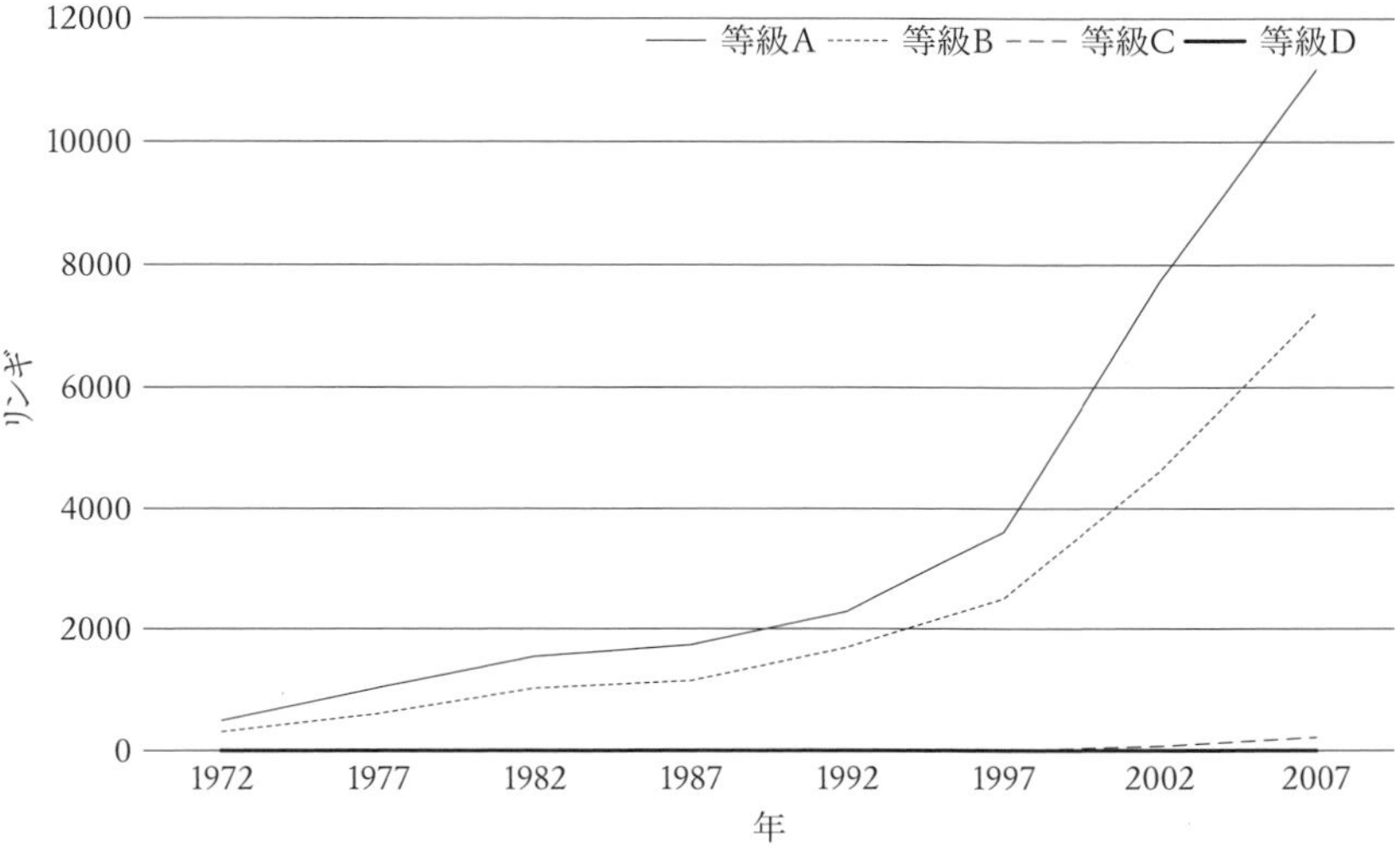

図5-4　沈香のキログラムあたり取引価格の推移。等級Dの価格は低く、2007年でも4リンギであった
（Lim, Mohd Parid, and Chang 2008をもとに作成）

って使ったのみだそうだ。しかし広域の経済ネットワークの活性化によって、現在では沈香は一般の人びとも入手できるものとなり、消費量が増加してきたのだろう。

一九七二～二〇〇七年の沈香の等級別価格の推移を図5—4に示した。大きく価格が上昇した一九九七年は、アジア通貨危機のあった年である。この年、マレーシアリンギの対米ドルレートは大幅に下落し、その後現在まで一九八〇年代の値に戻ったことはない。もしかしたら沈香が外貨ベースで取引されており、レートが影響している可能性もあるが、それにしてもすべての等級で価格が上昇し需要に供給が追いついていない印象を受ける。そして一九九七年からは先述したタールにあたる「等級D」も取引されるようになった。こうしたなかマレーシア政府は沈香資源の減少を懸念するようになり、森林局や研究機関でアキラリア属の樹木にストレスを与えて人工的に沈香を生産する試みをおこなっている（Lim and

Awan 2010)。

2……陸路開通とともに始まった取引

バテッは以前から取引してきたトウや沈香の他にも、さまざまなものを取引して現金を得ている。その多くは交通・運送網の発展によって取引が可能となった。クアラ・コをはじめマレーシア半島内の道路の発展に関係するものもあるし、より広いアジア圏における流通ネットワークの発展と関係するものもある。まずは前者の例として都市で消費される食用カエルや魚などの「生もの」の取引について記述する。

バテッは自らも食用とするアカガエル（*Rana macrodon*）を、中華食材として取引する。これらは首都クアラ・ルンプールなどの中華レストランで消費される。カエル漁は、日が落ちてから支流でおこなう。この漁に従事するのは既婚男性が中心であり、若い男性はあまり好まない。漁は夜におこなうということ以外とくに決まっておらず、二〜四人で夜八時頃出かけて一一時に帰ってきたり、夜中の一時に出かけて朝四時頃に帰ってきたりする。懐中電灯でカエルのいそうな場所を照らしながら支流沿いを歩き、見つけたら手で捕まえる。ぴょんぴょん跳ねるカエルを手で捕まえるのは難しい。バソンの父はタモ網での捕獲を試みたが、上手くいかなかった。こうして獲ったカエルは網に入れて高床式の家の下など、涼しいところに置く。そしてときたま水をかけてやり、生きたまま仲買人に渡すのである。

バテッが捕らえたカエルは、中華系の仲買人が村まで受け取りに来るか、バテッがバイクで仲買人の店まで運ぶ。その後は仲買人がクアラ・ルンプールやゲンティンハイランドという高原リゾートカジノまで車で運んでレストランに卸す。仲買人は、「カエルは管理が難しく、ときどき水をかけてやっても数匹は死亡する生もの」であると言う。半日で〇・五キログラムほど目方も減ってしまうため、仕入れたらなるべくその日のうち、最低でも翌日にはレストランまで車を走らせて届けるそうである。クランタン州のクアラ・コから首都のクアラ・ルンプールや高級リゾートなど、レストランのある場所まで三三〇キロメートルはある。当然クアラ・コのあるクランタン水系とは別の水系に位置し、少なくとも車で六時間は必要である。そもそもクアラ・コまで道路が開通しなければ、こうした取引は不可能だったであろう。

二〇一〇年の末にこの仕事を始めたという中華系の仲買人によると、食用カエルの市場はほぼ彼の独占状態で、クアラ・コの他にも複数の村のオラン・アスリから買い付けているそうである。彼はクアラ・コのバテッと取引を開始した二〇一一年二月末、漁に必要な懐中電灯や電池を買ってきて無料でバテッに与え、積極的に信頼関係を築こうとしていた。そして彼らに定期的にカエルを獲ってもらい、彼が二日おきにそれを村に取りに来るという方法を試みた。

しかし最初は乗り気だったバテッは、夜間わざわざ出かける必要のあるカエル漁の他にやりたい活動があればそちらを優先させるため、クアラ・コが安定した供給地として確立されることはなかった。バテッはカエル漁を専業とするようになったのではなく、日和見フォレージングの選択肢のひとつとして、生業に取り込んだのである。また仲買人の側にしても、ところどころ舗装が剝げカーブの多い道を運転して辿り着くクアラ・コは他よりも遠い供給地であったようだ。最初数回の取引はキログラムあたり三〇リンギだったのが、二五リンギとなり、次第に彼が村に来る回数も減っていった。そして最終的には、バテッがカエル漁に出かける夜に電話をして翌日の取引の約束を取り付けるか、バテッ自身がバイクでカエルを仲買人の店まで持っていくというかたちになった。なおバテッの推定収入の二％がカエル漁によるものである。

イカン・クラ（*Tor douronensis* ほか）とよばれるマレーシアの高級魚も、道路の開通によって取引が可能となった「生もの」である。コイ科のこの魚は綺麗な川の上流にしか生息しない。バテッはこの魚を獲りに行く前に、魚の鮮度を保つためにプランテーション村で氷を購入する。それを発泡スチロールの箱に入れて川の上流まで筏やボートで運び、川に網を張って近くで夜を明かす。そして翌朝、網にかかった魚を氷で冷やして持ってくるのである。

獲った魚は村に来る行商人に売るか、近くの町グア・ムサンまで持っていって仲買人に売る。村で売るとキログラムあたり二五リンギだったが、町で売るとキログラム三〇〇リンギと高値がつく。同じバテッでも、乗り物を所有し陸路を活用できる人は多くの収入を得られるのである。

ここまでみてきたカエルも魚も、彼らが食物（アイ）として利用してきたものである。しかし半島の都市に高級料理を提供するレストランができ、それら消費地とクアラ・コを結ぶ交通網が発達した。いっぽうバテッも現金経済と深くかかわるようになった。このような変化によって、バテッはこれら二種のアイを自らの食物というよりも現金獲得のために獲るようになったのである。

マレー半島内ではなく、アジア、とくに中国で消費されるものもある。国外で消費されるものの場合、先の沈香のように、消費地における希少価値だけでなく為替レートが価格に影響するため高値になる傾向が強い。センザンコウはそのひとつである。バテッはセンザンコウを食物（アイ）として利用してきたが、筆者の調査期間中はもっぱら現金獲得を目的に狩猟していた。

年長者はそうでもないが、とくに三〇代以下の若い男性は多くの時間をセンザンコウ猟に費やす。平均すると雨期の拠点地で一日一一六分（生業活動時間の四五・八％）、乾期の拠点地では平均八六分（生業活動時間の四〇・〇％）をセンザンコウ猟に費やしている。子どもがおらず車やバイクを利用できるバテッは、「センザンコウを探しに行く」と言って朝に拠点を出発し夜まで帰ってこないことも多い。

バテッは木の洞や穴の空いた倒木など、センザンコウが潜んでいそうな場所を見つけると、懐中電灯で照らして中を覗き込んだり手を入れたりしてセンザンコウを探す。川沿いの砂地や、雨が降った後のぬかるみなどに足跡が付いていることもあるので、それを手掛かりにすることもある。センザンコウの足跡は小さな窪みが左右にふたつ並んだ中央に、尾の跡である長めの筋が付いているのが特徴で、オオトカゲの足跡と似ている。センザンコウは広い範囲を探索することで発見できる確率が高まるため、乗り物を利用できる人はそれを活用する。また彼らは道路の開通によってアクセスできるようになったルビル下流の森へ狩猟キャンプに出掛けることもある。こうした場所は一九七〇年代まで彼らの生活圏だった一帯であり、そのころの記憶と経験をもとに探索をおこなうのである。

バテッはセンザンコウを捕まえると、仲買人に電話して指定された場所まで生きたまま持っていく。都市部まで運ぶほど値が上がり、クアラ・コの近くだとキログラムあたり二二〇リンギで取引されるものが最高でキログラム三九〇リンギになる。個体の大きさにもよるが、一匹で一〇〇〇～二〇〇〇リンギという多額の収入が得られるため、普段はなかなか購入できない中古バイクや中古車を買うこともできる。彼らの収入の六四％をセンザンコウからの収入が占め、経済的影響は非常に大きい（図5―5）。

こうしてマレーシアで獲られたセンザンコウは中国へ運ばれて消費される（Pantel and Chin 2009）。中国では一九七八年に始まった改革開放以降、野生動物を食す習慣のあった南部において、小型哺乳類、鳥類、爬虫類、両

図5-5　洗車した自慢の車とともに

生類といった動物の消費が増加している。センザンコウも一九八〇年代初頭に一キログラム八〇元だった肉が、一九九〇年代半ばには二四〇元、一九九〇年代末には六九〇元となり、二〇〇六年には一五〇〇元となった。一九八〇年代初頭から二〇〇六年までのあいだに約一九倍の価格に上昇しており、インフレーションがあったことをふまえても需要が高まっている。

　中国ではセンザンコウの個体数の減少をうけて捕獲規制が強化され、東南アジアの国々へ供給を頼るようになった（Pantel and Chin 2009）。マレーシア半島部を含め、東南アジアの人びとは何世紀も前よりセンザンコウを食用としてきたが、この需要をうけて一九九〇年代からは商業目的でセンザンコウが捕獲されるようになったという。東南アジア産センザンコウの肉は、中国南部だけでなく、福建省、浙江省、上海、河南省、北京の都市部にも運ばれて消費される。また鱗は河北省の安国と安徽省の亳州という、中国の二大漢方市場を介して国内の漢方市場へ出回るということである。

　さらに短期間であったが、バテッは爬虫類も現金獲得を目的に獲ることがあった。二〇一〇年末から二〇一一年初頭までは、彼らはトッケイヤモリ（*Gekko gecko*）をマレー系の仲買人の依頼に応じて捕獲していた。これは体長三〇センチメートルにもなるヤモリで、水色の地にオレンジ色の斑点がある。竹の節に潜んでいるため、「コ・コ・コッコッコー」という鳴き声を頼りに、タケコウモリの巣より大きい一〇センチメートルほどの穴の空いた竹を探して切り倒す。そして噛みつかれても大丈夫なように軍手をつけた手で中のヤモリを捕まえて、ビニル袋などに入れるのである。

ヤモリが獲れたと電話をかけると、仲買人が村までやって来る。ビニル袋に入れたヤモリ二匹で二五〇リンギだった。このときは筆者を含め五人で狩猟に出かけたため一人五〇リンギの稼ぎとなった。しかし何ら猟に貢献しなかった筆者はその五〇リンギをバテッに返した。また別の取引では二匹で一六五〇リンギになり、大きいものだと一匹一〇〇〇リンギになることもあるという。彼らはヤモリがどのように利用されるかについてはまったく知らず、「食べるのではないか」などと言っていた。しかし二〇一一年三月を最後に仲買人は村を訪れなくなり、ヤモリ猟も終了となった。

トッケイヤモリはペットにされることもあるが、バテッが捕獲したヤモリは薬として利用されたのだと考えられる。このヤモリは漢方薬の原料であると同時に、エイズやガンの薬にもなるという噂があったためだ。中国、香港、台湾、ベトナムでは、肺や腎臓機能の活性化、皮膚病、喘息、ガンなどの治療薬や、精力剤としてトッケイヤモリを利用する。中国南部では三〇〇軒以上の農家が、四一万五〇〇〇匹以上のトッケイヤモリを飼育して漢方市場へ供給するだけでなく、ベトナムでも飼育しているが、需要に追いつかない状態だという(Subramanean and Vikram 2012; Caillabet 2013)。

さらに二〇〇九年頃からは、このヤモリがエイズ等の治療に効果があるという噂が広まり、取引が活性化した。そして東南アジアでは二〇一〇年に取引のピークを迎え、二〇一三年までには下火になったという。トッケイヤモリを求めていたのは、ドイツ人、アメリカ人、韓国人、日本人で、ガンの治療薬などの医薬品開発を目的にしていたという（Caillabet 2013）。クアラ・コのバテッが獲ったヤモリも、漢方やこうした薬の開発のために利用されたのであろう。

オオトカゲについても、薬の開発のために捕まえてほしいという依頼があった。依頼者はクアラ・ルンプールに住むアラブ系のマレーシア人で、彼の知人が欲しがっているという。一匹一〇〇〜一五〇リンギで買い取るので生きたまま渡してほしいとのことだったが、オオトカゲを生け捕りにするのは難しいことから捕獲を試みるのは一人だけで、一度も成功しなかった。

半島内外の交通網の発展は、バテッに新たな経済的機会をもたらしてきた。交通網の発展は往々にして都市の発展と関連しており、そうした都市の需要がクアラ・コのような地方と道路で結び付く。とくに近年目覚ましく発展する中国では、野生生物の生息環境が減少しているいっぽう、急激に経済発展の進んだ中国には、消費に大金を費やせるようになった人も一定数存在する。このような消費者と半島マレーシアが結ばれ、これまで取引されずにきた資源も供給されるようになったのである。

3……消費活動

道路の開通によって現金獲得活動が多様化したのと同様に、彼らが現金を使う場も多様化した。彼らは村にやって来る行商人やプランテーション村の売店で買い物をするだけでなく、一時間半ほどかけて町へ出かけて買い物をする。町へ出たときには、携帯電話や発電機、中古テレビ、ＤＶＤプレーヤー、中古バイクや中古車も購入する。ほぼ仲買人との交易のみに依存していた一九七〇年代と比べると入手できる品の選択肢は格段に広がった。なお買い物のために乗り物で出かけるのは大半が男性である。

彼らが日常的に近くのプランテーション村の売店で購入するのは、食料と葉タバコ、ライター、懐中電灯用電池などである。食料は、コメ、砂糖、食用油、紅茶、小麦粉、塩、味の素などである。砂糖、食用油、味の素についてはよそから分けてもらうこともあるが、ここに挙げた食料は基本的に各家庭で揃えるものとされている。

例として調査時の値段を示すと、コメは一〇キログラム一六～二四リンギ、砂糖はキログラム三リンギほど、食用油は一キログラムの袋入りで三・五リンギ、味の素は一袋〇・八リンギである。マレーシアでは味の素を「アジ」とよび、バテッも好んで使う。また紅茶は二〇グラム入りの袋で二・五リンギの粉状になった安いもの（おそらく一般の販売用紅茶を製造する際にでたくず）を買う。さらにトゥンバカウという刻みタバコがひと塊二リンギほど、電池は単三が四本入りで八・五リンギと割高である。こうしたものを購入し、一度の買い物でだいたい五〇リンギになる。日本円に換算すると一五〇〇円ほどだ。またこれらを買っても持ち合わせに余裕がある場合は、鶏肉、魚、エビ、卵、干し魚、そしてイワシの缶詰といった副食の材料も購入する。森へ行って魚やサルを獲るよりも、買って食べるほうが手軽であるためだ。なお買い物に出かけた際は子どもに菓子を買って帰るのが暗黙の了解となっており、そうしないとぐずられて大変なことになる（図5―6）。

一九七〇年代には摂取カロリーの五八％をヤムイモなどの野生動植物より得ていたバテッであるが、現在ではコメや小麦粉などの購入品が主食の八割を占め、貨幣経済への依存が高まっている。女性は月経中の食の規制もあってヤムイモのみを食す日もあるが、子どもや男性はコメを主食とし、ヤムイモはおやつのような位置

図5-6　日常的に利用するプランテーション村の売店

づけである。拠点の近くにはヤムイモが少ないことから、拠点に滞在中はとくにこの傾向が強い。いっぽう森にキャンプするとヤムイモを見つけやすくなるため、摂取量はいくぶん増加する。

彼らは森で獲った生きものと川の生きものを分けて調理するが、購入した鶏肉や野菜の扱いはこれとは異なる。鶏肉、卵、イワシの缶詰やイカンビリスという小魚の塩干は、あまり骨が出ないこともあって調理の焚火を厳密に分けることはない。鶏肉を調理した火で小魚の塩干を調理することもあるほどだ。さらにマレー料理風に鶏肉や小魚とキャベツを一緒に煮込んだり、卵とイワシのトマト煮を混ぜて調理することもある。第4章でみたように、彼らが獲得した食物は、超自然的存在であるハラが定めた空間の秩序に従うかたちで扱われていた。

水生のカメと陸生のカメは異なる火で調理するという火の禁忌はそのひとつであり、それによって「川」や「水」、「陸」といった境界が維持される。これをふまえると、小魚をキャベツと煮込んだり、鶏肉を調理した火で調理してはならないはずである。しかし購入した肉や魚にはその論理が適用されないことから、彼らがそれらを元の生態環境から切り離して扱っていることがわかる。

筆者が町で買ったニンジンをクアラ・コに持っていったときに、バソンの母が「これはどのような葉をしているのか」と尋ねたことがあった。おそらく彼女は初めて丸のままのニンジンを見たのだろう。彼らが購入する食品には、元はどういった環境にあったかわからないものが含まれている。そのように元の生態環境から切り離されたものも消費しながら彼らは生活している。ハラが定めた秩序には収まりきらない活動である。しかし彼らは、購入品を調理する焚火と野生動植物を調理する焚火を分けることで、両者の境界を保っているのである。

また、乾期には行商人が頻繁に村を訪れるので、そうした人からも買い物をする。クアラ・コに来るのはプランテーション村に暮らすマレー系やシャム系の行商人である。またときには中華系の行商人や、元締めのもとで働くパキスタン人が半島南部のジョホール州からバイクに服を積んで来ることもある。シンガポールと接するジョホール州では、安く服を仕入れることができるそうだ。そうして仕入れた服を、ふだん買い物に行けないような奥地に暮らすオラン・アスリの村々を回って売るそうである。

バテッに金があるときには、こうした行商人が、入れ替わりで一日に四組も訪れる。行商人が売る菓子や軽食、ジュースは数リンギと安いが、それでも毎日これらを買うと、それなりの額になる。大して持ち金のないときに行商人が来て菓子やジュースを売ってもそれを買えないと子どもがぐずるため、行商人がアクセスでき

図5-7　行商人からの買い物の様子

ない森へ一時的に避難することもある。道路や伐採道沿いの拠点だと行商人がアクセスしやすいため、川の上流で暮らすホーイの母は、上流で生活すると金を使わなくてよいと言っていた。

しかし買い物は楽しみのひとつでもある。鍋、食器、洗剤や衣類、ピアスやヘアピンなどの装飾品、化粧品、蚊帳なども行商人が持ってくる。普段買い物に出られない女性たちは、こうしたものを売る行商人が来ると集まって買い物を楽しむ（図5―7）。また行商人の携帯電話番号を記録しておいて、収入があったときに電話して来てもらうこともある。

さらに生業活動で使う斧や山刀、魚網などの道具も購入品である。とくに近年重要になった携帯電話は五三リンギから購入でき、ＳＩＭカードはプリペイド式のものを使う。なお携帯電話は、タマン・ヌガラ公園事務所や売店で充電したり、バッテリーを取り外して乾電池と銅線で繋いで充電する。また中古のバイクは八〇〇リンギから、乗用車は二八〇〇リンギから購入できる。道路でさまざまな場所が結ばれた現在、こうした乗り物があると、森林産物の探索や取引、そして買い物にも便利なのである。

2 貨幣経済と社会関係

バテッが川に沿って移動できる場所がタマン・ヌガラ公園とその周辺の森に縮小したいっぽう、彼らは道路を使って遠くに出かけられるようになった。そして彼らは現在、森にキャンプするだけでなく、拠点とする場所に高床式の家をつくって滞在する。拠点の周りには資源は少ないが、購入したコメを消費するなどしてそれを補う。現金獲得のための狩猟採集と購入食品への依存が高まっているが、本節ではこうした現金経済活動をバテッがどのように生活に位置づけているかについてみていく。

またさらにクアラ・コの人びとは、以前のような家族単位でのキャンプ移動だけでなく、男性のみが拠点から離れた場所に森林産物を探しに出かけることもある。遠くまで移動する際に子どもを連れて行くのは非効率であるし、乗り物を使ったとしても乗車人数が限られているためである。即時報酬型の狩猟採集社会では、同じキャンプのメンバーは家族の延長として食物を分かち合う慣習があり、これは彼らの移動性と有機的に結びついていることにふれた。バテッも獲った肉などをその場で分かち合って食べ、「持ってきて」というかたちで日用品も共有する。こうした実践によってメンバーが流動的な集団でも、人間関係が維持されていると考えられた。しかし現在では、個々の拠点に滞在するメンバーが固定化されつつあり、集団のメンバー構成が以前ほど流動的ではない。さらに以前ほど頻繁に生活場所を移動しなくなった現在、拠点に購入したコメや砂糖を保存しておくこともできる。そうしたなか、彼らが、従来の慣習と折り合いをつけつつ、購入食品をやり取りする様子についても考えていきたい。

1……「仕事」の出現

森が減少するなか、バテッは定住して農耕をおこない食料を生産するのではなく、移動して資源を獲得するフォレージングを続けてきた。現在では食料だけでなく、現金を得るための森林産物の獲得も経済活動として重要な地位を占める。現金経済への依存が高まっており、バテッの男性は生業活動時間の六割と多くの時間を現金獲得活動に費やしている。

バテッはこうして得た森林産物を仲買人に渡す行為を「ジュアル」と表現する。これはマレー語の「売る」という動詞の借用である。ごくたまに仲買人がコメや砂糖を先に渡して、そのツケ分の森林産物を渡す際にもこの語を使う。彼らは一九七〇年代には、採集したトウを仲買人が持参した食料や日用品と交換していた。やり取りに現金を使うこともあったが、ルビル上流に金を使う場所がなく、川を上ってくるのがトウの仲買人のみであった当時は、より物々交換に近いかたちで取引がなされていた。しかし現在では森林産物は現金と換えられ、その金でバテッはさまざまなモノを購入する。行商人やプランテーション村の売店、町の店と現金を使う場所が現在のルビル流域には多く存在する。

このような貨幣を得る活動をバテッは「クルジャ」という。これはマレー語で「仕事」を意味する。彼らはこの語を「トウの仕事（クルジャ・アウェイ）」や「沈香の仕事（クルジャ・ガハル）」というように、森林産物名と組み合わせて使用する。しかしいっぽう、「ヤムイモの仕事（クルジャ・タコップ）」や「リーフモンキーの仕事（クルジャ・タロッ）」などという表現は存在せず、自らの食物とする動植物名をこの語に組み合わせることはない。現金獲得を目的とした経済活動のみが「仕事（クルジャ）」なのである。彼らは近年始まった現金獲得活動を、マレー語の動詞を取り込むことで自らの暮らしに位置づけている。こうして新たな語彙が彼らの言語体系に加わることは、彼らの生活の変容を反映していると考えることができる。

しかし暮らしの変容は、それまで使ってきた語を、以前とは異なる意味で使用するというかたちで表れる場合もある。例えば「アイ」という語がそれにあたる。「アイ」とは彼らが獲った肉や魚など、バブである主食とともにバテッの食を構成するものである。しかし現金獲得用のセンザンコウが獲れたときに、「アイが獲れた」と噂が飛び交うことがある。他の拠点における出来事であっても、彼らはこのように噂するのである。もちろんこの文脈で「アイ」が意味するのは「ご馳走」ではなく、現金収入に大きく貢献する生きものである。いっぽうリーフモンキーなどの食物になるアイが獲れてもここまで噂になることはない。

この「アイ」であるセンザンコウを、バテッは以前「マン」とよんでいた。しかし彼らは現在、スマッ・ブリ語であった「パントゥアイ」という名前を使う。年長者に尋ねると「マン」も「パントゥアイ」もセンザンコウだと言うが、わざわざ質問しなければ「マン」という語を使うことはない。彼らが以前と異なる名称を使うようになった背景には、二〇〇〇年代に生じたバテッとセンザンコウの関係の変化があると考えられる。

クアラ・コのバテッはそのころ、スンガイ・ブルア村のスマッ・ブリを介してセンザンコウの取引を開始した。そして森で出くわした際に捕獲して食べる程度の生きものであったセンザンコウを、現金収入のためにわざわざ探しに行くようになったのである。このクルジャ（仕事）はトウ採集のように重いものを運ぶ必要がなく、一匹でも見つければ中古バイク一台は購入できる収入が得られる。このセンザンコウについて、年長者はリーフモンキーよりも美味しいと言う。しかし幼い子どもたちには、「食べたことがないからどのような味かわからない」「アイ」なのである。生活の変化に伴う世代間の経験の違いはこうしたところにも表れている。

現在こうしたクルジャ（仕事）に従事するのは男性である。女性も一定の時間をトウ採集に費やしていた一九七〇年代とは異なり、女性がクルジャをする機会は少ない。彼らは資源探索場所の近くまで家族でキャンプ移動することもあるが、幼い子どもが大勢いると長距離の移動は難しい。さらに仲買人のトラックで運んでもらうにしても数に限りがあり、複数のオラン・アスリ村と取引をする仲買人に、そうそう頻繁に送迎を依頼することもできない。また彼らが所有する乗り物はせいぜい数台で、他の村の親戚の車を借りるにも限度がある。そのため、男性が徒歩や筏で数日かけて遠くまで森林産物を探しに行くか、車やバイクで出かける。そしてその間、女性や子どもは拠点地に留まり、コメを食べて過ごすのである。男性がクルジャに出かける「仕事場」と家族が暮らす拠点が空間的に切り離されつつあるのが、現在の状況である。このようなことも彼らが日常的な食料獲得活動と「クルジャ」を区別することに関係するとみられる（図5—8）。

現在の暮らしにおいては現金を獲得することは重要だが、すべての男性が等しくクルジャ（仕事）に従事するわけではない。吹矢猟など食物獲得活動にばかり精を出し、彼の家族がどうやってコメを得ているか疑問に思うような場合もあれば、早朝バイクで現金獲得活動に出かけて夕方七時過ぎまで帰ってこない人もいる。バイ

図5-8　散髪しあう男性たち。彼らは妻をつうじて親戚関係にあり、
一緒に森林産物採集キャンプに出かける仲である

クや車を持つ人、あるいは近しい親族にそれらを所有する人がいる人とそうでない人の差は大きい。家庭によって収入に差が生じており、彼らもそれを認識している。

それでもバテッは食物を分かち合うので、そうした差をある程度はカバーできるはずである。同じ場所で生活するバテッは、ともに暮らす仲間として食物を分け合うのが規範であるからだ。このような食物の分かち合いは、メンバーの入れ替わりが激しい集団を形成する狩猟採集民が、人間関係や移動の際のツテを形成する手段として機能すると指摘されてきた。けれども一定の期間を拠点で過ごし、保存できるコメや砂糖を消費するようになった現在、彼らは同じ場所で過ごす人びとは食物を分け合って消費する、という分かち合いの慣習とは異なる論理も使うようになっている。

2……社会関係と「借りる」食物

拠点のバテッの家を覗くと、家の端の荷物の下などにコメ袋や砂糖の袋がいくつか置いてある。これはなにも特別なことではなく、多くの家でみられる光景である。彼らは車やバイクで買い出しに行く機会が限られているため、出かけたときにまとめて購入するのである。こうした購入品をバテッは皆にすすんで分け与えることはない。現在では保存のきく購入品は、よその家族と一緒に消費する食物とはみなされていない。

しかしコメがなくなった家の母親は、ヤムイモを掘って主食を補うと同時に多少は他の家から分けてもらうことができる。また雑談の場に参加した際に「もう何日も砂糖入り紅茶を飲んでない」などと言いながら砂糖入り紅茶をもらって飲んだり、「うちにはコメがないから」と言って、よその家の子が食事をしているときに自分の子に一緒に食べるよう勧めたりする。幼い子は食事に時間がかかることもあり、母親が雑談をする場で食事をしていることが多い。そしてバテッの子ども、またときには大人の女性も、同じ皿で食事を分け合いながら食べるのである。

第1章でみたように、食べ物に限らず蚊帳といったモノも、彼らは利用者が不在のときには「持ってくる」というかたちで近しい人が使う。そして調理された食物だけでなく、コメや砂糖などの購入食品も、なくなった家族にはよその家が分け与える。しかしそれにも限度があり、コメ一袋といった大量の食物を分けることはない。自分の家族のことも考えなければならないからである。食物を分かち合いながらも、とくに購入品については ある程度の境界が保たれている。だからこそ、彼らのあいだでも収入の差が意識され「誰々はクルジャする／しない」といったことが語られている。

他の地域に暮らす狩猟採集民は保留地などに大勢が密集して生活することになった場合、食物の分配に変化が見られたという（例えば、丸山二〇一〇）。クアラ・コの場合、一九七〇年代と比べると遥かに密集してはいるが、タマン・ヌガラ公園の森が残っていることもあり、好きな場所に親しい人同士で集まってハヤをつくって生活することができる。こうした人の集まりである拠点は多くても六〇人程度の規模であるため、食物の分かち合いやモノの共有という慣習がそれなりに維持されていると考えられる。また逆に他の人たちから距離をおきたいような場合に、あえて離れた場所にハヤをつくる家族もいる。空間的にも近くに暮らす親密な人のあいだでなされる食物の分かち合いは、誰かが所有するモノを他者にあげる、というようなモノのやり取りとは異なる。

同じ拠点の人は食物を分かち合ういっぽう、異なる拠点に暮らす人が別の拠点に移動した場合は多少事情が

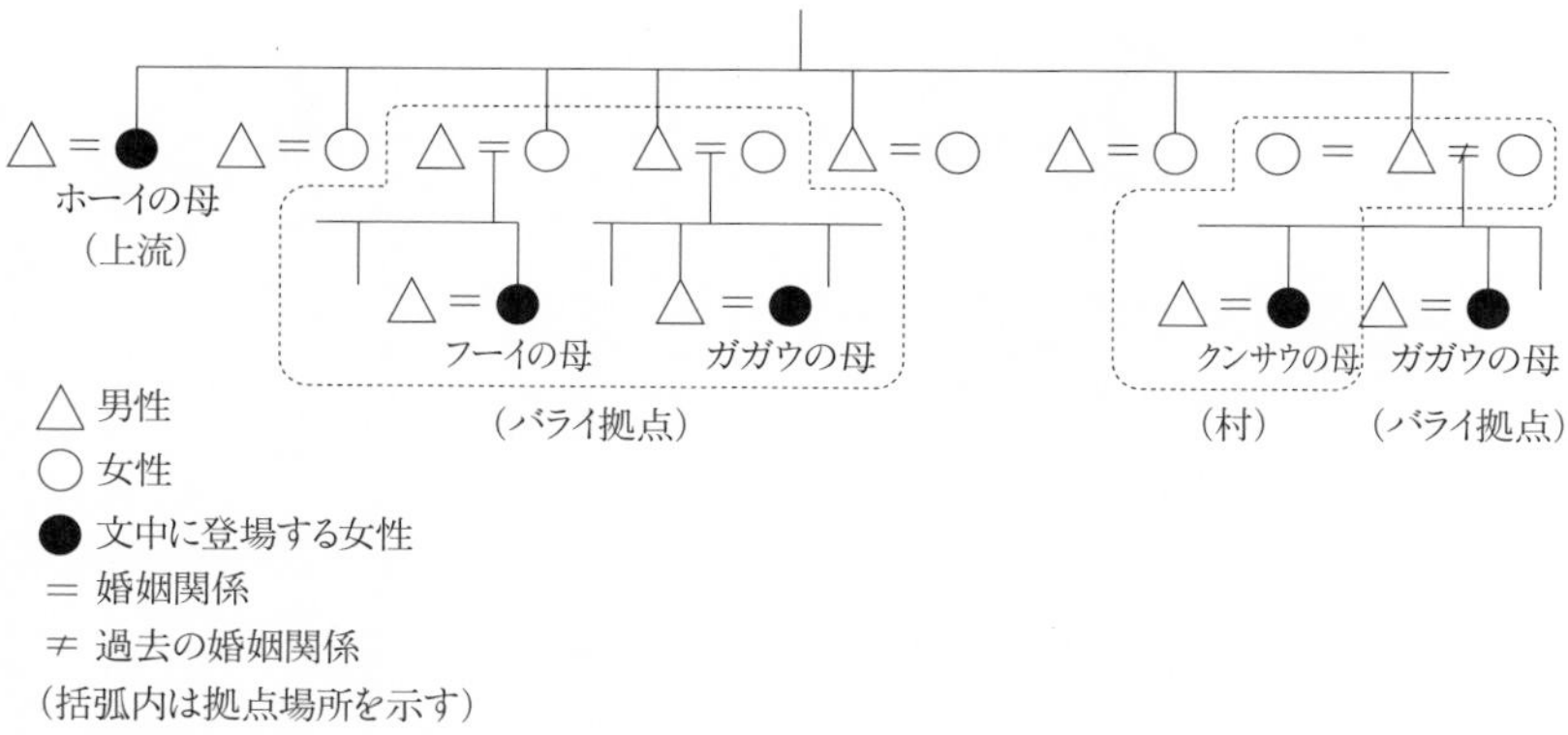

図5-9　食物のやり取りがあった人の親族関係

異なる。とくに購入したコメや砂糖を、近くの家から分けてもらう心理的ハードルが上がるのである。ある日、バライ拠点で生活するフーイの母は、コンクリート家屋の様子を見るために子どもを連れて村に移動した。このときフーイの父は森林産物探しのキャンプに出かけていた。一時的に村に滞在する予定だったので、ナベやヤカン、多少のコメを持って移動したのだが、到着してお茶を沸かそうとしたところ砂糖が見つからない。紅茶の葉はあるのだが、砂糖を忘れてきてしまったようである。甘くない紅茶などバテッの飲み物ではない。フーイの母は「紅茶を飲めない」と嘆いてひとまず休憩することになった。

彼女は後でバライ拠点へ砂糖を取りに行こうと思っていたようだが、そこに川の上流の拠点で生活するホーイの母が到着して紅茶を催促した。彼女はフーイの母のオバである。紅茶を催促されたフーイの母は「砂糖がないから紅茶を飲めない」と答えた。このとき村には他にもバテッがいたのだが、フーイの母が普段生活をともにする彼女の親や姉妹家族はバライ拠点に残っていた。そのため「ちょっと持ってきて」というかたちで砂糖を分けてもらえる相手が近くにいなかったのである。

するとホーイの母は、「借りればいいでしょ（ピンジャン、ピンジャンレ）」と言って、筆者を引き連れてクンサウの母の家へ向かった。クンサウの母は、フーイの母と同様にホーイの母の姪にあたる。日本の親族名称を用いると、フーイの母とクンサウの母はイトコ同士だ。しかしバテッに「イトコ」という親族名称は存在しないうえに、この二人はチェモール拠点とバライ拠点というように別々の場所を拠点に暮らす（図5―9）。ホーイの母はクンサウの母の家で少し雑談した後、砂糖五〇グラムほどをもらってフーイの母の家へ戻った。この砂糖のおかげで、その日フーイの母や筆者は紅茶を飲むことができたのである。そしてもちろんというべきか、この砂糖が後でクンサウの母に返されることはなかった。

ここで使われた「ピンジャン（借りる）」という語はマレー語からの借用である。気を付けて見ていると、バテッはピンジャンという語を他にも同様の状況で使っていた。「借りる」対象になる食物は、コメや砂糖など彼らが日常的に食べる保存のきく購入品である。ピンジャンする食物に狩猟動物の肉や魚は含まれない。

バテッが「借りる」という語を使うことから、彼らがすべてのモノと人に所有の関係を認めているように思うかもしれない。しかし実はそうではない。同じ場所にいても相手が自分とは異なる経済単位であることが意識されるために、「借りる」という語を使って食物を分けてもらうのである。両者は表裏の関係にあるが、「これはあの人／家族のものだから」といって借りるというよりも、「あの人／家族は自分とは別の経済単位だから」（日本でいうなら「よそ様」であるから）と認識するから、「ちょっと持ってきて」の対象でなくなるのである。

一九七〇年代には、バテッは購入食品が大量に手に入ったり、政府から多くの食料を与えられた場合には、野生動物と同じようにキャンプの全員で分け合っていた（Endicott 1997）。またスマッ・ブリの食にかんする規制のポーネンでは、コメや小麦粉、砂糖などの購入品は、分けてもらわなかった際の危険度が野生動植物より高いということであった（口蔵 二〇一〇）。これはつまり、以前はコメや砂糖も野生動植物と同様に分かち合っていた、あるいは野生動植物以上に分かち合うべきものとみなされていたということである。しかし近年では購入品を「借りる」実践がみられるようになっている。こうした変化は食物を分け合って消費する即時報酬型社会の規範を基盤としつつ、社会状況に対応するなかで生じた現象だと考えられる。彼らの食物の扱いは、個人の所有権を前提にした社会関係におけるそれとは異なる（ダロス・永田 二〇〇五）。

「ちょっと持ってきて」になるか「借りる」になるかの違いは、単に日本でいう何親等といった親族関係の近さのみが関係しているわけではない。フーイの母は、クンサウの姉であるガガウの母の家からは砂糖を「持ってくる」ことを頻繁にしていたからである。ガガウの母はバライ拠点に暮らす（図5―9）。そのためバライ拠点のフーイの母と生活をともにしており、日常的にモノのやり取りをする近しい間柄であった。いっぽう村を拠点とするクンサウの母については、すこし距離のある相手と感じていたのである。

このフーイの母の行動は、食物の分かち合いが「ともに生活する人びと」のあいだでなされることを示す。バテッ以外の狩猟採集民についても同様の指摘がなされており、アフリカのグイ／ガナ・ブッシュマンの女性のあいだでは、採集や調理をともにおこなう協働と食物の分配が関係しており、シェアリングを基盤に相互依存的な社会が形成されているという（今村 一九九三）。またスンガイ・ブルア村のスマッ・ブリ女性も、フォレージングの協同と分配に相関関係があり、母と娘はフォレージングをともにおこなうと同時に食物分配の頻度と割合が高いという（口蔵 二〇一〇）。

バテッの場合も単なる生物学的な親族関係だけでなく、ともに生活する経験の蓄積、そして頼り・頼られという関係の強さが重要である。たとえば村に滞在中の雨期、雨で倒れたキャッサバをバソン夫婦が掘ったときのことである。バソンの母は、採れたキャッサバを四つの山に分けた。村には九世帯五六人（大人一七人、子ども三九人）が滞在しており、全員に分けるほどの量はない。

彼女はそれぞれの山を、バソン父の前妻、バソン父の娘家族（夫の前妻の娘）、バソン父の娘とバソン母の息子の家族（それぞれ以前のパートナーとの子ども）、そしてバソン父の妹家族、の四家族に配った。このときキャッサバが配られなかったのは、バソン父の前妻の姪やバソン母の姪などの家族である。いっぽうバソン母がキャッサバを分けた家族は、彼らの親戚であるだけでなく、バソン夫婦の子どもたちが日常的に食事をもらう家である点で共通する。バテッは食事の時間というものが決まっておらず、アイが手に入ればすぐに調理して食べ、その場にいない人は食べはぐれる。そうした事情もあって、とくに若者（なかでも一〇代半ばから一〇代後半の男性）は、さまざまな親戚の家で食事をする。そうした子どもたちが行き来して食事をもらう家にキャッサバが配られ、日常的な相互扶助の関係が維持されたのである。

現在もクアラ・コのバテッが複数のグループに分かれて暮らすのには、このような頼り・頼られという関係を保ちつつ、生活を共有する相手を一定の数に限定するためでもあるのだろう。さほど多すぎない、互いの性格を知った相手ならば食物の分かち合いといった規範もいくらかは維持することが可能である。しかしそれでも購入食品の扱いは変化しており、それは異なる拠点に暮らす人びとのあいだで「借りる食物」として顕著に表れるのである。

3 陸路と川筋

ルビル流域の環境変化にたいしてバテッは、現金経済への依存と移動性の変化によって対応してきた。川に沿ってキャンプ移動できる場所はルビル最上流の森に限られるようになったが、彼らはその森で遊動生活を送るのではなく、拠点での暮らしと森でのキャンプを組み合わせて暮らすようになった。そして以前は川を使って移動していたルビル下流や他の川筋へ、車やバイクで出かけることもある。彼らは、資源探索や仲買人とのやり取りだけでなく、コメなどの食料を入手するためにも道路を利用する（図5—10）。

しかし何といっても、バイクや車などの乗り物が活躍するのは、現金獲得のために森林産物を探す際である。現金獲得に充てる資源は、広域を移動して探す必要があるためである。食料にする資源以上に、取引に充てる資源は特定の種類に偏るため採集・狩猟圧が高く、拠点の近くでは既に見つけるのが困難となっている。クアラ・コより下流はプランテーションになっているが、それより更に下流には森の残る場所があるので、バテッはそうした場所へバイクや車で出かけて資源を探すのである。

彼らはこうして道路を使って訪れる場所を河川名でよぶ。このことから、バテッは川を基盤にこうした場所を認識しているようにもみえる。しかし、以前は川伝いに移動した場所へ、現在は道伝いに移動するというように移動様式は変化している。年長者はこうした場所まで川に沿って移動する暮らしを経験した。いっぽう若

図5-10　タマン・ヌガラ公園事務所まで携帯電話の充電に出かける

い世代は同じ場所へ道路を伝って移動する。本節では、こうした世代間の経験の違いが、川筋認識に与える影響について確認したい。

さらに移動様式の変化とナビゲーションの関係についても考察する。彼らは現在、バイクや車を使って道路を移動するが、こうした移動はエンジンの動力を活用する。バテッは森のナビゲーションでは、「登る」や「下る」という動詞を頻繁に使っていた。これは筏や体を移動する際に、重力を感じるかどうかということを包含した動詞である。体を動かすのが楽な場合とそうでない場合とでは異なる動詞を用い、それによって土地の凹凸を把握し、川と結び付けて位置を確認していた。しかし、こうした地表の起伏は動力を使って移動する場合には意識されにくいと考えられる。彼らは車やバイクで移動する際には、どのようなナビゲーションをおこなっているのだろうか。

1……川筋認識の変化

川筋の時代を経験したバテッの年長世代は、川を遡ってくる仲買人とトウを交易し、ときには筏にトウを乗せて下流のクライ分岐点まで売りに行くこともあった。また彼らはルビル中流から上流までを川を頼りに移動する遊動生活を経験した。いっぽう現在では、より長期間滞在する拠点があり、川だけでなく道路も使って移動する。コ分岐点（クアラ・コ）より下流は、ルビル中流も含めてアブラヤシプランテーションになっており、彼らがこうした場所へ川伝いに移動することはない。このような場所を表す際に川の名前を使いはするが、彼らはバイクや車でそこを訪れるのである。

フーイの祖父と雑談をしていて、吹筒を作る竹についての話になったときである。竹のなかでも節の間隔の広い竹が吹筒を作るのに適しており、クアラ・クライ（クライ分岐点）にそれが生えていると彼は語ってくれた。とても良い竹で、そこでしか見つからないのだという。このときフーイの祖父は、「この川の下流（バ・キヨムトム・デ）」にその竹があると語った。確かにクアラ・クライはルビル川の下流に位置する分岐点である。この場所でルビル川筋とガラス川筋が合流する。それをふまえると、クアラ・クライはクアラ・コと同じ「この川」の一部といえるだろう。

しかし二〇一〇年に初めてクランタン州を訪れた筆者は、クアラ・クライをクアラ・コ村から車で数時間を要する小さな町として認識していた。筆者にとってのクアラ・クライは、病院やスーパーマーケット、小さな動物園や役所のある場所であった。そこはクアラ・コと「同じ川の一部」という身近な場所ではなく、クアラ・コの人びとがたまに出かけるグア・ムサンという町よりも遠い世界だった。

表5-1　世代別にみた「移住者」の人数と出身川

世代	アリン村（カヌン支流）	ルビル村（リンギ砂州）	タハン支流、チク支流ほか
親世代	5	6	1
祖父母世代		3	5
曽祖父母世代			7

けれども、現在バテッが「町に行く」という場合の第一候補であるグア・ムサンという町は、ルビル川筋ではなくガラス川筋の上流に位置し、フーイの祖父にとっては「この川」の一部ではない。この町は、陸路の開通によってクアラ・コから車で数時間という身近な場所になったところなのである。グア・ムサンまで川を使って行くには、クアラ・コからルビル川をクアラ・クライ（クライ分岐点）まで下って、そこからガラス川筋を遡る必要がある。川を基盤にした環境認識では、グア・ムサンよりもクアラ・クライの方が同じ川筋に位置する身近な場所なのだが、筆者は車での移動を基にこれらの場所を認識していたのである。

何も筆者だけが道路を基準にこうした場所を認識しているわけではない。クアラ・コのバテッも二〇代以下の若者は、クアラ・クライがルビル下流に位置することを知ってはいても、普段のやりとりで「この川」の一部と表現することはなかった。それだけでなく、気をつけて生活していると、年長者は「この川」という語をより広い範囲を表すかたちで使うことが多いのに気がついた。彼らはクランタン水系全体を表す際にも「この川」という語を使う。水系全体をひとつのヌガラ世界として感じる傾向が強いようなのである。

こうした世代間の認識のずれを示すのが、どこからを「よそ」の出身者とみなすかという違いである。表5—1にクアラ・コのバテッが、自分や親、祖父母について語る際に、わざわざ「どこどこ川」と出身地（出身川）について言及した人数を世代別に示した。どこの出身者か言及されない場合に出身を尋ねると「この川（トム・デ）」と伝えられた。このことから、あえて出身川に言及された人は「この川」以外、つまり「よそ」の出身ということになる。

二〇代から三〇代が中心を占める親世代については、アリン村出身が五人、ルビル村出身が六人と、バテッはアリン村やルビル村などルビル川筋の出身であっても「よそ」の出身者と認識している。それにたいしてより上の祖父母世代については、アリン村出身はおらず、ルビル村出身も三人と少ない。アリン村の前身であるアリン保留地は一九七四年に設立されたので、それが関係しているわけだが、彼らはわざわざ「アリン川」出身などと説明しないことから、保留地設立以前にそうした川を利用していた人びとも「この川」の出身者とみなしていることがわかる。

さらに曽祖父母の世代になると、ルビル川筋の河川名は挙がらずに他の川筋や水系の出身者が「よそ」の出身者として挙げられている。つまり、この世代にかんしてはルビル川筋全域が「この川」であり、「この川」の範囲がより広くなっている。チク支流はガラス川筋に属する川で、タハン支流はアリン川の上流から山越えして辿り着くパハン水系の支流名である。こうしたことから、彼らが「この川」の出身とするバテッであっても、上の世代と若い世代ではその範囲が異なり、若い世代ほど範囲が縮小していることがわかる。

また年長者は自然と、アリン村のバテッを表す際に「カヌン川のバテッ（バテッ・カヌン）」と表現したり、ルビル村を「リンギ砂州（パスィール・リンギ）」と表したりする。カヌン川とはアリン支流に流れ込む川の名前であり、リンギ砂州はルビル村の近くにある砂州の名前である。政府はそうした自然物の近くにオラン・アスリ村を設立した。ルビル川筋の広域を移動する生活を経験した年長者は川を基準にそれぞれの村を認識する傾向が強いため、このような表現をすると考えられる。

またさらに、若い世代ほど行政が用いる名称の影響を受けていることも確認できる。アリン川やルビル川は筏で往来できる大きい川で、複数の農村や鉱山も存在した。地元の人びとは「ルビル」や「アリン」という語を、地名というよりも、広い一帯を表す地域名（流域名）として使ってきた。政府はその流域を利用するオラン・アスリが暮らす場所としてオラン・アスリ村（保留地）を設立したため、「アリン」や「ルビル」という語を使ったのだろう。そしてそれが現在、若い世代に再帰的に使われるようになりつつあるわけである。

行政が用いる名称の影響は、「クアラ・コのバテッ（バテッ・ワス・クー）」という表現にもみられる。最初に述べたように、本書の対象であるバテッは「クアラ・コのバテッ」と自称する。そして他のオラン・アスリ村に暮らすバテッやパハン州のバテッも、彼らを「クアラ・コのバテッ」とよぶことから、これは現在バテッのあいだで一般的な名称といえる。しかしこの名は一九七〇年代には存在しなかった。なぜなら彼らはルビル中・上流で遊動生活を送っており、コ合流点（クアラ・コ）に留まっていたわけではないからである。

しかし、森林の減少とともに彼らはルビル最上流を集中的に利用するようになり、コ合流点の近くに「オラン・アスリ村クアラ・コ」という村がつくられた。その結果として、「クアラ・コのバテッ」という名が使われるようになったのである。

川沿いの森を分断するかたちでプランテーションが設立されていくなかで、バテッが川に沿ってキャンプ移動できる範囲、いわば彼らの生活圏は縮小してきた。それに並行して彼らが「この川」とみなす範囲も縮小し、アイデンティティの拠り所とするものも、川筋から特定の支流、そして川のある地点というように、スケールの小さなものに変化してきたのである。

2……道路の利用と環境認識

領域区画型の土地開発によって川沿いの森が分断された現在、バテッは川の道では離れ離れになった親族の暮らす村や昔の生活場所にバイクや車で出かける。こうした場所で森林産物採集をおこなう場合、日帰りか数日間キャンプするかして森林産物を探す。彼らが使う幹線道を河川とともに図5―11に示した。まずは図に示した道路をみてみたい。クアラ・クライ（クライ分岐点）から国道八号線がルビル川筋に沿って伸びている。そしてこれはルビル村の少し上流よりルビル川から離れるように南西へ延び、ガラス川筋上流のグア・ムサンという町へと続く。実は舗装道が南西に折れた先にも伐採道がルビル川筋に沿って上流まで延びているのだが、道の状態が悪いためバテッが使うことはあまりない。

さらに国道八号線の途中より、ルビル流域を横断するかたちで国道一七四四号線が東西にはしり、トレンガヌ州まで続いている。これは別名ＦＥＬＤＡアリン道といい、ＦＥＬＤＡプランテーション村の設立とともに建設された道路だ。クアラ・コの人びとは普段この一七四四号線を利用する。そしてこの国道一七四四号線の途中からは、アリン村近くのＦＥＬＤＡアリン5を経由して国道八号線に繋がる道が延びる。バテッはこうした幹線道を「ハルボウ・ナ（母道）」とよぶ。本流を「トム・ナ（母川）」と表現するのと類似する。

二〇一〇年一二月二四日に筆者がバソンの父たちを送迎した地点を示した。クアラ・コを車で出発して一七四四号線を西に進んでから南へ折れ、ＦＥＬＤＡアリン5を通過し、道路の脇に伸びる小道に車を停めて彼らを下した。車道より南側には草地が広がり、その先の森は山へと続いていた。草がちの脇道には、アリン村のバテッとみられる人が車を停めて誰かを待っているようであった。バソンの父たちは森へ入って森林産物を探し、終わったら電波の届く場所へ移動して電話をするから迎えに来てくれと筆者に伝えた。彼らが行く森はバソンの父など年長のバテッの昔の生活圏だという。

　ここはルライ支流の上流にあたる場所である。車で移動するならば、まずはクアラ・コから車を「運転（ヨーイクレタ）」して本道（ハルボウ・ナ）を「進む（チュップ）」。そしてFELDAアリン5に向かう道（ハルボウ・バ・アリン5）をさらに「進む（チュップ）」と到着する。この移動をバテッは「ヨーイ（運ぶ）クレタ（車）」や、「チュップ（行く）」という動詞で表現し、「上る／登る（ガラ／チュワ）」や「下る（サー）」という語は一度も使わない。車はエンジンの動力を使うので移動の際に地面の傾斜があまり感じられず、「上る／登る（ガラ／チュワ）」や「下る（サー）」という語が使われないのである。

　しかし一九七〇年代のように筏で川を移動するならば、コ分岐点（クアラ・コ）を出発して本流（トム・ナ）のルビル川を「下り（サー）」、ルライ分岐点（ワス・ルライ）よりルライ支流（トム・ルライ）を「上って（ガラ）」行くという道順になる。「行く（チュップ）」という語しか使用しない車での移

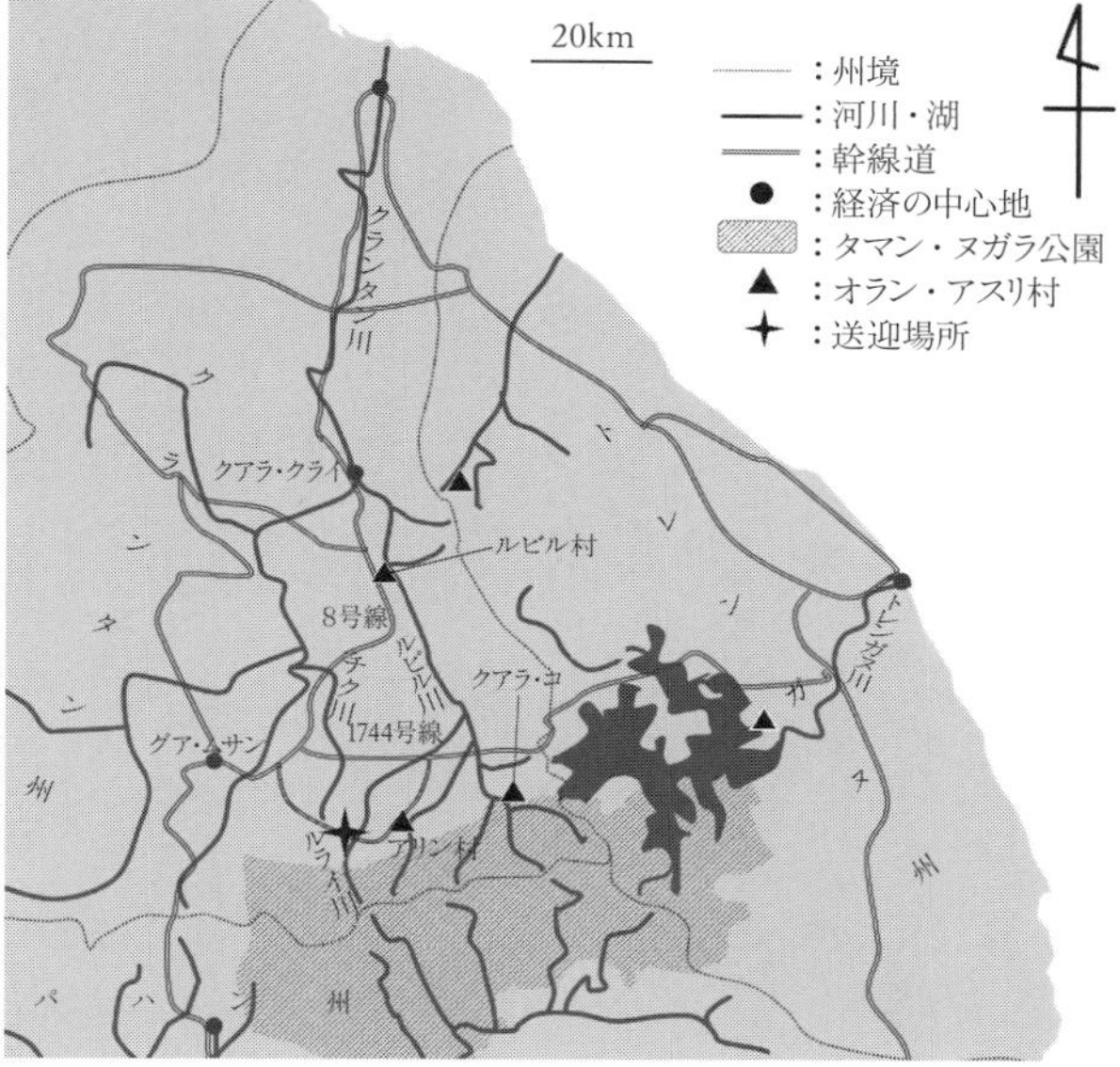

図5-11　2010年12月の送迎場所とクアラ・コの位置関係

動とは異なり、こちらでは「上る（ガラ）」や「下る（サー）」という語が使われている。

こうした「ノボル」や「クダル」という動詞は、森の空間のナビゲーションにおいて、地形を把握するという重要な役割を担っていた。しかし道路を移動する際にはそれが一度も使われていない。道路を車で移動する場合は、川や大地の起伏といった地形を正確に辿るのではなく、人間がつくった経路を辿る。道路にも起伏がありはするが、乗り物での移動、しかも運転手以外には地面の凹凸が十分に意識されない。そのため、「ノボル」や「クダル」動きが言語化されず、「行く」という語が使われるのである。しかもその移動は筏や徒歩での移動とは比べものにならないほどの速さである。

前節において、若い世代は年長者と異なり、クアラ・コ（コ合流点）の下流に位置するクアラ・クライを、同じ川の一部ではなく、道路を移動した先にある場所として認識すると述べた。これは世代間の生活経験の違いにくわえて、地形に左右されない乗り物での移動が関係すると考えられる。道路を車やバイクで移動するのと筏や徒歩で川を参照して移動するのとでは、空間の認識が異なる。同じ川筋のある地点へ移動するにしても、車やバイクだと地形が意識されないため「同じ川筋」という認識が薄いのだと考えられる。

けれども彼らは資源探索の目的地を表す際に川の名前を使う。クアラ・コの東部にあるトレンガヌ水系の上流の森についても、川の名前を使って目的地を表現する。道路を移動して行くにもかかわらず、目的地だけは河川名を使うのである。

これは彼らが道路から森に入った後、水を得られる川の近くまで移動してキャンプすることや、彼らのナビゲーションと関係すると考えられる。スマッ・ブリの場合は、林道と川のあいだの森にキャンプを張り、尾根や稜線を手掛かりに森を歩いてトウ採集をし、林道へ戻ってからキャンプへ帰っていたという（口蔵二〇〇四）。

プランテーション道と伐採道を車で移動してのキャンプだったが、筆者が同行したキャンプでも、バテッは近くの伐採道跡にトウを運んでからキャンプに戻っていた。伐採道跡にはトラックを乗り入れられるので、後日、仲買人がこの場所までトウを回収に来るのである。バテッは川の近くにキャンプするのを好むので、多少の違いはあるかもしれない。しかし、バテッの男性がバイクや車で森林産物採集に出かけたときも、スマッ・ブリのように道路から森に入り、周辺の川にかんする知識を基にナビゲーションをおこなっているとみられる。そのため彼らは川の名前を使って目的地を表すのだろう。

しかし、流域にプランテーションやＦＥＬＤＡ村が設立され、パッチワーク状の森を利用するようになった現在、若い世代が年長者と同様の認識を共有しているとは考えられない。年長者は過去の経験から、プランテーションになった部分を含めて川筋全体についての知識を有する。しかしおそらく若い世代は、森を流れる部分を中心に、やや断片的なかたちで川の知識を有していると考えられる。それを道路にかんする知識と組み合わせて移動しているはずだが、この点についてはさらなる調査が必要である。

終章

バテッの暮らしが問いかけるもの

1　人類のニッチ構築と自然環境

地球のさまざまな環境に進出した人類は、周囲を改変しながらそれぞれの環境に適応してきた。改変の仕方は自然環境と生業様式によって異なり、それが各生業集団のニッチを構築すると同時に地域特有の景観をつくりだしてきた。ここまでバテッの環境の認識や利用についてみてきたが、終章では彼らの暮らしをもとに、グローバリゼーションと「持続可能な開発」を取り上げ、領域区画型の環境利用と定住生活がおおう世界について考えてみたい。

地球には、熱帯、温帯、乾燥帯や寒帯といった多様な気候のもとで多様な生態環境が形成されてきた。人はそうした環境と相互作用しながら生存してきたが、環境とのかかわり方は集団特有の環境認識と結びついている。つまり認識と環境との関係の築き方は表裏の関係にある。そして近代的国家制度のもとで暮らす人びとは、認識面においても実践面においても、国が基準とする領域区画型の環境利用というものの影響を多少なりとも受けている。

しかしそうした制度が普及する以前は、異なる環境に暮らし認識や生業を異にする集団は、それぞれに独自のニッチ構築をおこなっていた。そして互いに交易することで、自らの生活圏で得られない資源を入手することができた。これは遠距離貿易だけでなく、一定地域内での交易にもあてはまる。日本でも山間を生活圏とするサンカと低地の農民、家船に暮らす漁民と陸に暮らす人びとの交流、というかたちで成立する経済活動が存在した。同様のことが半島マレーシアについてもいえる。まず本節では半島マレーシアの多様な環境に築かれていた暮らしを概観したうえで、バテッの環境認識とニッチ構築について考えてみたい。

1……半島マレーシアの環境と生業

近代化が進む以前、半島マレーシアでは熱帯特有の自然環境と、地理的特徴を生かした暮らしが営まれていた。植物の勢いと雨による土壌流出に阻まれて、大規模な環境改変は制限されていた。しかしいっぽう、太平洋とインド洋の中間地点に位置することから、人びとは早くより長距離交易にかかわり、半島内部でも集団間の交流が存在した。

変化にとんだ半島にはさまざまな生業を営む集団が暮らしており、低地河口を拠点とする集団は、他の生態環境をニッチとする集団と交易することで多様な資源を入手することができた。半島の周囲に存在する島嶼群は、海を移動しながら暮らす漂海民と河口の集団の交流を支え、内陸へと延びる河川は上流に暮らす集団との交流を支えていた。こうして海洋と後背地の資源を集積しつつ、交易によって栄えた人口集中地が大きな川の河口に発展した。

河口の近くや河川沿い、さらに低地に暮らす人びとは水稲栽培や陸稲栽培にも従事していたが、生育の早い植物や雨期の一斉降雨の影響を受けて環境の改変は限定的なものに留まっていた。熱帯に特有の自然条件によって、半島ではコメを税収基盤とする、大規模な政治組織が成立するのは困難だったのである。しかしいっぽう、インドと中国というアジアの二大文明の中間点に位置する特徴を生かし、河口を拠点とする集団はモノのやり取りを取り仕切ることで富の蓄積を進め、威信を得ることができた。こうした権威基盤によって港市を中心に成立したのが、ヌガラという政治組織である。ヌガラは交易を支配することで河川流域へと影響力を広げた。そのため半島では、領域区画型の環境利用と定住生活を前提とした環境改変という、「国家の景観構築」が強く推し進められることはなかった。

こうした背景から、半島では比較的近年まで多様な生態環境に合わせてさまざまな生業が営まれていた。先述のとおり河川沿いや低地では農耕が営まれていたが、内陸や高地では焼畑など移動型の農耕と狩猟を組み合わせて暮らす集団、そして半島北部の山裾から河川渓谷には狩猟採集と森林産物の交易を組み合わせて暮らす集団も存在した。バテッのように遊動生活を送る集団は、農耕民の居住地のすぐ近くに暮らし、狩猟採集だけでなく、農耕民に労働力を提供したり、彼らと森林資源を交換したりしていた。両集団はいわば経済的共存関係にあり、川はそうしたやり取りを支える経路として機能した。

しかしこれらの集団は、互いに交流がありながらも移動性という点において大きく異なっていた。より定住型の生業を営むマレー農民は川筋の小王国ヌガラの成員であった。しかし、その近くで遊動生活を送るバテッのような人びとは、中央集権的な政治世界に大きく取り込まれることはなかった。さらに自然の回復力が旺盛な熱帯では、奥地まで大きく環境を改変するのが困難なことから、主要河川から離れた高地の集団にもヌガラの影響が強く及ぶことはなかった。異なる生業を営む集団は、互いに交流しつつも集団としての境界をたもっており、それぞれのやり方で自然とかかわっていた。つまり、それぞれが異なる様式でニッチを構築していたのである。

2……バテッの環境認識とニッチ構築

現在のバテッの環境認識や自然とのかかわり方には、こうした時代の遊動生活を継承する要素が多くある。バテッ語で「家」を意味する「ハヤ」という語はその代表であり、この語は建物としての家ではなく「生活の空間」を意味する。バテッの暮らしは、状況に応じて、ハヤを生活に必要な水場（トム）の近くへ移動するというものだ。このトムという語は、水全般を表すが、彼らの暮らす環境で水を得られる場所といったら川である。川は彼らにとって、生活に必要な水を得る場所であるだけでなく、水浴びをする場所、さらにはトイレとしても利用する場所である。バテッはこうした目的に応じて川の上流と下流を使い分けており、彼らのキャンプ移動は、川から川へと移動するかたちとなる。

河川名を使ってキャンプ地を表すバテッは、そのときキャンプしていた川の名前を子どもにつけることがある。そして川に由来して命名された個人のライフステージが変化し、異なる呼称で呼ばれるようになると、それに伴って川の呼び名も変化していく。さらに彼らは、死ぬときは、近しい親族がおり、その人のアイデンティティの拠り所でもある「自分の川」で死ぬのが理想だという。そして遺体は、その故人と結びつきのある川の近くの木の上に葬られる。バテッの生涯は川とともにある。

また川は一年という時の流れを認識するうえでも重要である。年間をつうじて気温がほぼ一定の熱帯では、降雨量の変化が季節をつくりだし、川はその影響をじかに受ける。バテッは川の増水による「バンジール（洪水）」をもって一年の区切りとし、雨期に増水した川の水が落ち着いたころに森へと移動する。この移動の際にも、川は重要な役割をはたし、彼らは筏で川を移動するだけでなく、徒歩で移動する際にも川を指標とする。彼らは川の合流点やさまざまな特徴に名前をつけて記憶し、その樹状階層構造を「母川」と「子川」という親子関係のアナロジーを用いて把握する。こうした川を軸とする環境認識は、二次元の地図に描かれるようなものとは異なり、領域区画として環境を認識するのとも異なる。

さらに川は、木々が茂って見通しの悪い熱帯の森でも目印として利用できる自然物である。川はその一帯で最も低い場所を流れるという性質をもつ。バテッのナビゲーションはこうした特徴を生かしたものであり、東西南北といった水平の位相以上に垂直軸の変化を重視する。彼らは身体感覚と「ノボル」や「クダル」といった語の使い分けによって地面の凹凸を把握する。そしてそれをもとに地形を把握し、河川にかんする知識と結びつけて位置を確認する。また森では視覚に依存したナビゲーションが難しいという理由もあって、身体的な方向感覚に強く依存する。彼らは自分がどの流域にいるか、また川がどの方向にあるかを意識しながら森を歩く。彼らは環境を川を軸に広がる立体的空間として認識している。そして彼らのナビゲーションもノボリやクダリを意識して地形を把握し、それを川と結びつけておこなうものであり、地図上を点が移動するようなものではない。

川沿いの低地から上流の支流、そして山に至るまで、広域を移動できるナビゲーション技術をもつバテッは、広範な資源にかんして知識を有する。そして彼らはこうした資源を生態環境と結びつけて記憶している。植物であっても、「山の植物」と「川の植物」と区別したりする。動植物は、超自然的存在が特定の場所を定めてつくり出したものであり、それぞれに適当な位置が存在する。そして彼らは、それを食物として利用する。彼らにとって食物とは、生育場所や生息地に移動して手に入れるものであり、固定された栽培地で生産されるようなものではない。またこうして生息環境とセットで記憶されている動植物は、彼らが森を移動中に自分のいる場所を知る手がかりとしても使われていると考えられる。

いっぽう彼らは野生動植物を食料とするだけではなく、近くに暮らす農耕民と交易したり、彼らに労働力を提供したりして食料を得ることもあった。現在もバテッには、こうしたマレー農民との交流の痕跡が多くみられる。たとえば河川についてはバテッもマレーも同じ名前を用いており、砂地を表す「パスィール」という語などマレー語からの借用語も使う。これは二つの集団が川をつうじて交流していたためである。さらに植物の部位名称も興味深い。バテッは根全般を「ジェエス」とよぶのにたいし、薬として利用するような直根は「アカー」と区別する。この語は「根」を意味するマレー語であることから、彼らがこうした根を農耕民と取引していたことを示している。またさらに農耕にかんする語もマレー語を用いる。

農耕民と交流をもちながらも、バテッは長期にわたって、資源や経済活動に応じて生活場所を移動させる暮らしを営んできた。個人の意思や家族単位で生活場所を決めるため、ともに暮らすメンバーはその時々で変化する。メンバー構成が流動的なバテッの社会では、定住生活を送る人びとが特定の親族や「ご近所」と継続的に関係を築くのとは異なる方法で人間関係を構築する。

彼らは同じ場所で生活する人びとを親族とみなし、獲得した食物を、家族だけでなく、そうした人びとで分け合って消費する。家族で一度に消費しきれない量の肉を手に入れた場合は、それを保存するのではなく、同じ場所にいる人で分け合って食べつくすのを理想とする。保存しても移動の際に荷物になるし、同じ食物を分け合うことで絆が強まり、その時々のキャンプでメンバーが異なっても社会生活が営みやすくなる。なおこうして森で得た食物を分かち合う行為は、生産した食物や購入品など「頑張って手に入れた自分の食料をあげる」のとは多少異なる。この分かち合いは、自分の力の及ばない存在の恩恵、あるいは運によって食物を得ることができたのだから分け合って食べよう、という「おすそ分け」の感覚に近い。
またキャンプをともにする人びとのあいだでは、モノの所有権が強く意識されることはなく、「持ってきて」という形でモノがやり取りされる。こうしたモノのやり取りや食物を分け合う際には、子どもが家族と家族を仲介する。子どもは皆から名前を呼び捨てにされる半人前の存在であり、自分の親以外の大人や年長者からも用事を言いつけられる。そして彼らはよその家からモノを持ってきたり、食物を運んだりと、家族と家族を結び付け、親族としてのモノのやり取りを媒介する役割をはたすのである。

このような家族の集まりである少人数で、さまざまな場所へ移動して資源を獲得するのが、バテッの自然環境へのかかわり方である。彼らは農耕を手伝うこともあったが、動物や植物を育てるよりも動植物のある場所へ移動してトル活動が生業の中心を占めてきた。キル動作を、「クーック（切り倒す）」、「トゥトゥ（切り落とす）」、「カタム（切り離す）」などと細かく区別しているのも、こうした側面を示している。バテッのニッチ構築は、川に沿って移動しながら、植物を切ったり、動物を獲ったりして、少しずつ森を攪乱するというものである。そしてこれは、定住生活を営む集団が灌漑設備を備えた稲の栽培地を造り維持するような、継続的に特定領域を改変するニッチ構築とは大きく異なる。

バテッが利用する熱帯雨林は、植物の生育が早いうえに葉を密集させる樹木が多く、樹冠が形成されると地表に日光が届きにくい状態になる。バテッの経済活動による攪乱は、こうした森林構造の変化を促し、森の多様性の形成に貢献してきた。彼らが樹木を切ったり採集をしたりすることで、草地や二次林など、遷移段階の異なる植生が創出され、動植物の生育する多様な環境が形成、維持されていたと考えられる。また彼らはヤムイモなどの食料をキャンプで消費し、食べ残しを放置して別の場所へ移動することも多い。こうしたことから、彼らが利用する川沿いに有用植物のパッチが形成されてきた可能性も高い。

バテッのこうした営みは、特定環境に継続的に手を加える生業とは異なり、改変した環境の管理に大きな労力を払うことはない。そのため、この活動が持続的なものとして機能するには、人間が自然環境を改変する勢いと自然の回復力とのバランスが重要である。改変の勢いが自然の耐性を上回ると、生態環境の荒廃に繋がるためである。そして人間が環境を改変する力は、環境とかかわる際に用いる技術や人口規模によって変化する。バテッの場合、交易や貨幣経済への依存が低い時代には、人口も少なくナイフやオノしか使っていなかったため、生育力旺盛な熱帯の森に適度な攪乱を促す環境改変というかたちで、自然との関係が維持されていたと考えられる。

2 陸路の発展とグローバリゼーション

水路が主な交通路であった時代には、環境の改変と自然の回復力のバランスは変動しつつも一定の範囲内に保たれていたとみられる。これは必ずしも、人が自然を維持しようとか自然とのバランスを保とうと意識していたことを意味するわけではない。そう考える人も存在したはずだが、改変を進めてより多くの資源を得ようとした人も存在したはずである。しかし当時の技術と人口より得られる労働力では、熱帯の自然を大規模に改変するのは困難だった。

けれども現在では、半島の暮らしは外部社会と密接に結びつき、半島外からも資本が投下されるようになった。バテッが得た資源の多くも他の地域の人びとの消費に充てられる。アブラヤシプランテーションが拓かれただけでなく、バテッも現金経済に深くかかわるようになった現在、ルビル流域は、より直接的にグローバル経済に結びついた「生産地」という側面が強くなった。この地域の生態環境を考えるには、バテッの暮らしだけでなく、複雑な経済ネットワークの先に結びつけられた途方もない数の人びとの負荷を考慮する必要が生じている。本節では、こうした経済ネットワークの成立を、マレー半島における環境の改変とともに総括する。それは定住生活と領域区画型の環境利用を前提に環境を改変する営みであったが、そうして形成された景観におけるバテッの暮らしをもとに、現代社会の環境との関係についても考えてみたい。

1……グローバル経済と近代国家

経済ネットワークの発展によって、人は自らの生活圏には存在しないような資源も入手できるようになり、豊かな暮らしを送るようになった。そしてこの経済の発展を支えたもののひとつが陸路である。陸路の発展は奥地へのアクセスを容易にし、移動・運送技術の発展は大量のモノの運搬を可能にした。陸路建設とともに奥地でおこなわれるようになった領域区画型の環境改変は、広域の経済ネットワークと結びつきながら、商業的あるいは資本主義的な傾向を強めてきた。現代では区画化された環境は、課税の対象である土地、あるいは金銭でのやり取りも可能な資本として扱われる。

人びとの暮らしも変化してきた。日本の場合、明治時代に始まった近代化が、戦後の高度経済成長期に大きく推し進められた。それとともに鉄道や道路のネットワークが形成されて経済構造が変化し、日常の暮らしも大きく変化すると同時に、多くの地域で自然との関係も変容した。こうした急激な変化を、バテッは非常に短い期間で経験している。そうしたなか彼らは、生業だけでなく慣習も変化させながら、現在を生きる。

半島で大々的に陸路の建設と領域区画型の環境改変が進められるようになった背景には、政治体制の変化がある。近代化以前の半島マレーシアには、バテッのように遊動生活を送る集団から移動農耕を営む集団、そして水稲栽培を営む集団など、人びとはさまざまな方法で自然環境とかかわりながら暮らしていた。そうしたなか最も集権的な政治組織であるヌガラでさえ、土地を税収基盤とする以上に、交易を取り仕切ることで得られる租税に強く依存していたため、大規模な土地開拓が進むことはなかった。

しかし植民地時代、こうした人と自然の関係に変化が生じた。新たに成立した政府は、それまでとは異なる政治体制のもとで領域区画型の環境利用を進めていった。植民地となった州では、低地の川沿いから内陸の森、そして高地まで、生態環境の違いに関係なく、すべての土地が一律的に土地法のもとにおかれた。それまで人びとは場所に応じて異なる方式で環境を利用していたが、そうした差異が考慮されることはなかった。そしてこの政治的囲い込みによって確保された土地に、ゴムプランテーションが設立されていった。

特定の環境利用方式が法律として定められ、体系的に明文化された、より固定的な制度になることで、それは上からの強制力を発揮するようになる。法律は個々の状況に関係なくすべての人に等しく適用される制度として、判断基準にも使われるなど、社会に再帰的に作用する面をもつ。この点をふまえると、すべての環境を例外なく領域区画として利用することを定めた土地制度の制定は、人が環境と取り結ぶ関係の多様性に多大な影響をもたらすものであった。類似の性質が地図にもある。地表を二次元で表す技法は、一定の領域を国土として認識することを可能にした。実際に訪れたことのない場所であっても、地図に示されていれば、政府の管轄下にある領土として何等かのプロジェクトの対象地域にすることが可能である。地図は抽象的に環境を表示するだけでなく、それをもとに環境に働きかけることを可能にする技術である。こうした諸々の技法を用いる近代国家が、植民地支配を経て半島に成立した。グローバル経済の形成は、このような国家制度が地球の広域に普及したことと密接に関係しており、その土台は植民地時代に築かれたともいえる。

半島では土地法が定められた時代に、本格的な陸路の整備が始まった。バテッの暮らすクランタン州では川を主な交通路としていたため、川が増水する雨期の往来が難しいうえに、多量の物資を他の水系に運ぶのが困難だった。しかし植民地時代に、半島の北部から南部のシンガポール、そして半島西岸の港まで、複数の水系をまたぐ鉄道が開通した。これによって水系を超えて多くのモノを長距離輸送できるようになり、雨期の物流が大きく滞ることもなくなった。それだけでなく鉄道終点の港には、他の植民地域やヨーロッパと半島を結ぶ船が停泊していた。

港へと通じる輸送網の設立とともに、鉄道にアクセスできる地域に新たな経済的機会が生じた。水路の時代には、河口から離れた僻地であった流域も、鉄道が開通すると人の集まる経済活性地へと変容した。これは過去の日本において、鉄道の開通とともに、経済の中心が河岸から駅の周囲に移動したのと同様の変化である。ルビル流域に暮らすバテッの一部も、鉄道近くの流域へ移動し、トウや樹脂といった森林産物の生産にかかわるようになった。そしてこうした資源の多くは半島から運び出され、他の地域に暮らす人びとの消費に充てられた。世界経済と直接的に結ばれたことで、多くのモノが半島から運び出されるようになったのである。

2……土地制度

鉄道沿いにはゴムプランテーションもつくられたが、こうした土地開拓は、それまで半島の人びとがおこなっていた開墾を遥かに上回る規模のものであった。そのような大規模な環境の改変は、環境を排他的に領域区画として利用することを支える法制度、英領インドなどからの移民による労働力、化石燃料を効果的に利用する技術によって可能となった。そして何より、ヨーロッパの資本家のあいだでは、信用取引制度がひろく用いられていたため、それを元手にこれら経済活動を組織立てて進めることができた。半島外のさまざまな技術や労働力と結びつくことで、環境の側へ大きく働きかけられるようになったのである。

陸路の開通とともに進んだプランテーションの開拓は、「商業的に需要のある作物の栽培地」という特定の目的に特化した領域区画をつくりだすものであった。これは「国家の景観構築」の様式を引き継ぐが、そのニッチ構築の手法が陸路建設と結びつくことで、当初とは異なる様相を呈するようになっていた。運送ネットワークの構築によって、半島内で消費される穀物の生産のためではなく、遥か遠く離れた場所に暮らす人びとの消費のために、環境改変が進められるようになったのである。

こうしたモノカルチャーの農業形態は経済効率という点では優れていたが、生物の多様性という観点からみると土着の生業に劣るものであった。半島の人びとが営む生業では、しばしば多様な作物が混栽されるだけでなく、藪や森と耕作地の境目は変動的である。またバテッのように状況に応じて移動する集団もあるなど、その時々の自然の状況に応じて活動を調整したり変えたりする。しかしいっぽう、区画ごとに納税者や利用者を定め、特定の活動に特化した環境を創出して管理するという手法は、商品作物の生育に偏った新たな生態環境をつくりだす。そして人間の側は、自然の状態に応じて活動を変えたり調整したりする以上に、創出した環境を維持するために労力を注ぐことになる。そしてさらに急激な生態環境の改変は、そこの動植物に大きな影響を与える。

半島マレーシアでは、商業的農地が創出されるなかで野生生物の減少が危惧されるようになり、保護区が制定された。クアラ・コ村の近くにあるタマン・ヌガラ公園もそうした歴史をもつ保護区の一つである。この自然公園が制定された一帯は、異なる水系を結ぶ山越えルートとして、バテッだけでなくマレー農民も利用していた場所である。過去にはマレー農民が稲作を営んでいた土地も含まれるが、そうした活動は自然保護という目的から外れるという理由で法的に禁止された。

近代的国家制度と結びついた領域区画型の土地利用は、区画化された土地を利用者が利用目的とともに登録することで、政府が国土の詳細として把握し、利用者の権利が保障される。自然の状態に応じて活動を変えたり耕作地を移動したりするよりも、決まった活動を継続してそれに合わない自然の変化は抑え込んだ方が、制度との親和性は高い。比較的小規模な耕作地をつくり、状況に応じてそれを放棄し、別の場所に新たな耕地を拓く移動農耕は、草地や二次林など多様な生態環境の創出に繋がり、地上性草食動物の生息環境も維持される。しかし政府の側にたつと、こうした活動は登録地が畑になったり藪になったりと、利用状況が頻繁に変化する。具体的な人びとの営みを土地利用として抽象化し、文字で記録して治める統治形態とは相性が悪いものなのである。

そのうえ、耕作地を移動させたり、ゆるやかに耕作地が決まっているような状態は、土地にある程度の余裕がある場合にのみ成り立つ。半島マレーシアでは、植民地化とともに多くの人が移入し人口が増加していただけでなく、他地域に提供するモノの生産地として利用されつつあった。半島の住民のみならず半島外の人口をも支えるために土地の需要が高まっており、それらに対処するかたちで土地制度が定められたのである。そして独立後も、外部社会と結びついた土地の利用は継続されて現在に至る。半島マレーシアの植民地時代は、領域区画型の土地利用と陸路の発展というかたちで、グローバルな経済ネットワークの基盤が形成された時代だったのである。

3……経済ネットワーク

バテッの暮らすルビル流域がこのような環境改変の影響を受けるようになったのは、独立後の一九八〇年代以降である。ルビル流域に暮らしていたマレー農民は、一九六〇年代末の非常事態宣言期に下流へと集団移住していたため、土地にかんする法的権利をもたないバテッが流域を利用している状態だった。そうした所有者不在の土地で森が拓かれ、丸太の切り出しとともに道がつくられ、アブラヤシプランテーションが設立されていった。このプランテーションで生産されたパーム油は、中国やインド、日本を含む国際市場へ供給される。さらにプランテーションでは、マレーシア人だけでなく、バングラデシュ人やインドネシア人などの外国人労働者が働くなど、ルビル流域はより国際色豊かな場所になった。河川から陸路へ交通が変遷するのと並行して、ルビル流域と世界の結び付きが強化されてきたのである。

またバテッの生活もグローバル経済との関係を強めてきた。農耕民が下流へ移住した後、彼らは川を遡ってくる仲買人とトウを取引してコメを入手していた。しかし道路の開通によって多様な人がクアラ・コにアクセスできるようになり、現在はさまざまな仲買人と森林産物を取引する。そして仲買人に渡った資源は、さまざまな地域で消費される。「生もの」である食用カエルや高級魚は国内の都市部で消費されるが、トウや沈香、種々の野生生物は、欧米、中東、日本を含む東アジア、とくに中国の需要を満たす。消費地の経済発展が需要に結び付き、クアラ・コまで延びた道路を通じて経済ネットワークが構築される。こうしたことから、グローバルな経済ネットワークは、近代の国家制度によって基盤が形成され、ルビル流域のような奥地にまで陸路と領域区画型の環境改変が進むことで拡大してきたことがわかる。

ルビル流域のグローバル経済への編入が進むなか、バテッは購入食品への依存を高めることで変化に対応してきた。彼らはクアラ・コ村近くを拠点としつつも、一年中そこに留まるのではなく、拠点での生活と森でのキャンプを組み合わせて暮らす。さまざまな場所で資源を得ることに変わりはないが、森林産物を取引して得た金で購入したコメを主食とするなど、貨幣経済への依存が高まっている。しかし、それでも彼らは資源を環境からトル活動を続けており、一カ所に定住して食料を生産するというような、特定の環境に継続的に働きかけるニッチ構築に移行したわけではない。

森が減少した現在も資源を環境から獲得し続けるには、広域を移動して資源を探索する必要がある。そのため、男性が取引に充てる森林産物の獲得に出かけて女性や子どもは拠点に留まる、という変化が彼らの生活に生じている。女性や子どもが拠点とする場所の近くには食料になる動植物は少ないが、その分を購入したコメで補う。プランテーション村の売店にアクセスでき、行商人も訪れる道路と接した村の近くの拠点は便利な場所でもある。

またクアラ・コ近くのタマン・ヌガラ公園には現在も森が存在するため、バテッは公園内のルビル最上流へとキャンプ移動して食物や現金獲得に充てる資源を得ることができる。食料の獲得も目的とするこのキャンプは、男性だけでなく女性や子どもも一緒に、家族単位でおこなう。このような活動をとおして川や動植物にかんする知識や種々の技が継承され、それらは収入源となる森林産物の獲得にも活用される。

彼らが得た資源は、仲買人が車で運び出し、そのまま、あるいは加工されて運ばれていく。バテッは、以前より取引してきたトウや沈香にくわえて、さまざまな野生生物を獲得する。食用カエルや高級魚、そしてセンザンコウなど、彼らが食用としてきた生物も、現在では都市で入手できない食料として需要がある。クアラ・コまで道路が延びた現在、こうした「生もの」をクアラ・ルンプールなど都市のレストランまで車で届けられるようになり、中国で入手が困難になったセンザンコウを運ぶこともできるようになった。陸路の発展に支えられた新たな経済ネットワークによって、バテッが取引するモノも多様化したのである。

この新たな状況には、ルビル流域の変化だけでなく、他地域における環境改変や都市化も関係する。近年取引されるようになった資源の多くは、以前は消費地でも入手できたものである。そのため消費地の人びとは、これらを食料や薬として利用する慣習をもつ。そうした消費地は経済発展によって以前よりも多くの金銭を所持する人が増加したいっぽう、こうした資源の入手が困難になった。そうして生じた需要を背景に、クアラ・コのような地方が資源の供給地として位置付けられたのである。

4……現代社会における人と環境

都市の住民は、道路などの輸送網の発展によって遠く離れた自然豊かな地域より資源を得られるようになった。しかし消費者の多くは、自分の手元にあるものが、遠く離れた森でバテッのような先住民によって「生産」されたことを知らないだろう。生物である人間が何かを消費する行為は、多少なりとも環境とかかわる行為であるはずであるのに、現代の複雑なグローバル経済ではそれが意識されにくい。個々の消費行為が、地球のどの地域といかに結びついているかを把握するのは困難なのである。

これについてはバテッにも同様のことがいえる。彼らは自分が獲った資源が、どこで誰に、どのように消費されるかを必ずしも知っているわけでない。その最もたる例は、彼らが「食料にされるのでは」と言っていたトッケイヤモリである。また彼らが購入する食品も、他の場所で生産されて運ばれてきたものだが、バテッがその詳細を知ることはない。彼ら自身がルビル流域で獲得する食物の場合は、川のもの、森のもの、樹上性のものなどと、超自然的存在が定めた空間の秩序に沿うかたちで別々に扱われる。しかし購入食品の場合は、生息環境に関係なく混ぜて調理される。彼らも、購入食品を元の生態環境から切り離して認識しているのである。我々の豊かな生活を支えるグローバルな経済ネットワークは、個々の消費活動をつうじてなされる自然環境への働きかけを不可視化する性質をもつ。

交通・流通網の発展と領域区画型の環境改変が進み、複雑な経済ネットワークを介して環境とかかわるようになっただけでなく、多くの人は現在、バイクや車、電車などの乗り物で移動するようになった。そしてこれらは外部動力を用いる点において共通する。こうした乗り物での移動に慣れると、移動が環境とかかわる行為であることを忘れがちになる。しかし先節でみたようなバテッのナビゲーションは、移動する行為が身体をもって環境とかかわる行為であることを再認識させる。

バテッは森を移動するとき、川の流れを方位軸として参照するだけでなく、「ノボル」や「クダル」という身体の動きをとおして地形を把握し、それを川と結びつけて位置を確認する。つまり身体を動かして位置を変えることは、地形という地表面の起伏を辿る行為なのである。しかし車やバイクで道路を移動する際には、「ノボル」や「クダル」という動きが十分に意識されないため、バテッはすべての動きを「チュップ（行く）」と表現する。森のナビゲーションでは、移動時に感じる重力によって地面の凹凸が意識されるが、車やバイクでの移動ではそれが感じられない。こうしたことから動力装置を使う乗り物での移動は、乗り物を介して環境とかかわるために、自分と環境との関係が意識されにくいことが明らかである。現代社会の特徴としていえるのは、多くの人が複雑な経済ネットワークを介してさまざまなモノを消費し、移動も乗り物を介しておこなうというように、環境との関係がより間接的に取り結ばれるようになったことである。

5……社会関係と慣習

環境の変化のもとで暮らしが変わるなか、バテッは従来の慣習との折り合いをつけつつ人間関係を築いて社会生活を送る。彼らの社会関係も変化しており、それには生活に内包される移動性と、主要食物の保存可能性という二点が関係する。バテッの暮らしは川に沿った遊動生活から、拠点と森でのキャンプを組み合わせた暮らしへと変化した。遊動生活を送りその時々で異なるメンバーで生活していたころは、同じ場所にいる人は親族の延長として食物を分かち合うことが重要であり、これが社会関係の構築と維持に役立っていた。しかし現在は、森林の縮小によって日常的に移動できる範囲が制限され、人口も増加している。そうしたなか彼らは複数の場所を拠点としつつ、コメや砂糖といった購入品へ依存を高めて暮らす。これら購入品は保存可能であり、それまで彼らが得ていた食物のように一気に消費しつくすことはない。

同じ空間にいる人は食べ物を分け合って食べるという規範を共有する人びとが密集して暮らすと、一人あたりの分量は僅かになり、また保存しておいたコメもすぐになくなってしまう。それならば規範を変えればよいと思う人も多いだろう。しかし明文化されずに日々の実践をとおして共有されてきた慣習は身体化されているため、急激に変えるのは困難である。目の前に人がいるのに自分だけ食べるとなると、なんとなく落ち着かない気持ちになってしまったり、逆に分けてもらえなかったことに不満を抱く人もでてしまう。そこでバテッは、適当な人数に分かれて別々の場所を拠点とし、購入食品については家族を基本的な消費単位とするという暗黙の了解を共有するようになっている。

さらに、同じ場所を拠点とするメンバーは比較的固定されている。このため、クアラ・コのバテッのなかでも、同じ拠点を利用するより「近い」関係の人とそうでない人、というように社会関係に濃淡が生じている。同じ拠点のメンバーは日常的にモノをやり取りし、コメなどの保存可能な購入食品であっても、足りないときには分けてもらうことができる。しかし拠点を異にする人からコメや砂糖などの購入食品を分けてもらう際には、多少ばつが悪いので、マレー語の「ピンジャン（借りる）」という語を使って分けてもらうのである。

バテッ語には元々「貸す・借りる」という語は存在しない。それにもかかわらず、彼らがマレー語の「借りる」という語を使うようになったのは、普段は別の拠点で生活する人を自らとは別の経済単位として認識していることを示す。バテッの食物の分かち合いは、誰かが所有するものを平等に分けるようなものではなく、食物をその場にいる皆で一緒に消費するという共食の感覚に近い。ともに生きる親戚や仲間のあいだでは、そうしたことが当たり前におこなわれる。しかしコメや砂糖などの購入食品はやや特別であり、ある家族が数週間分を保存しておいても、たくさんあるから皆で消費しようとはならない。そして普段は別の場所で暮らす人がこうした購入食品を分けてもらう際に、「借りる」という語を使うのである。

クアラ・コのバテッは現在も全員の親族関係を辿ることができるが、それでも「借りる」語を使う相手とそうでない相手、という区別が生じている。「借りる」相手になるかどうかは、生物学的な親族関係のみに影響されるのではない。この社会関係の認識には、同じ場所で生活し日々の活動をともにする経験の積み重ね、つまり「地縁」的な関係も影響している。「地縁」が常に流動的な生活を営んでいた時代には、バテッは同じキャンプの全員を親族の延長とみなして食物を分かち合っていた。しかし現在ではともに生活するメンバーがやや固定化され、異なる場所を拠点とする人からモノを分けてもらうのに気まずさを感じるようになっている。そのため、「借りる」という語を使って分けてもらうのである（図終―1）。

こうした食物が後に返されることはないが、日本でも昔は塩や醤油などの調味料を「貸して」と隣家から分けてもらうことがあったという。筆者は非常に田舎で育ったため、あまり参考にならないかもしれない。しかし筆者の育った地域でも、来客があって食事を出したいのに炊けた飯がないときに、隣家と「ご飯貸して」と飯をやり取りすることがあった。薪でコメを炊くバテッほどではないが、当時の炊飯器は多くの米を炊くのにわりと時間がかかったのである。

このような「ご近所」同士は、ふだんから野菜を分け合うなどモノのやり取りがあったり、子どもが遊びに行って面倒を見てもらったりするような間柄である。家族、あるいは世帯という経済単位のみが絶対的なものとして存在するのではなく、それを超えてモノをやり取りしたり、助け合いをしたりして暮らす。しかし世帯の境界線を絶対的なものとみるようになると、こうしたことを気軽におこなうのが少々難しくなるかもしれない。何かをもらったとしても、返礼を期待されているのではないかと、すぐ「お返し」をしないと落ち着かないだろうし、少し「貸して」と、返すのが困難なものを分けてもらうのも難しい。けれども依存しすぎると周りの負担になってしまうため、その加減が難しい。バテッの場合も、多くの収入があってもすぐに皆が使い切ってしまうと嘆く人もいる。世帯間の境界が明確ならばそうした心配はなく、政府の側も世帯ごとの収支として国民の経済を把握しやすい状態になる。そして親族もないような孤立した世帯が困難な状態に陥った場合に、援助する役割が強く行政に期待されるようになっているのが、現在の日本の一側面だと考えられる。

バテッは移動様式の変化と現金経済への依存というかたちで森林の減少に対応しつつ、社会関係にかんする慣習も調整しながら生活してきた。領域区画型の環境改変が進み、交易相手であったマレー農民も現金経済に依存するようになった現在、彼らが現金経済にかかわらずに暮らすのはとても無理なことである。彼らが現金を得るために獲得する動植物には、法律で取引が禁止されているものもあるが、彼らは何等かの方法で金を得て食物を購入しないと生きていけないだろう。

現金獲得活動の大半を占めていたセンザンコウの取引は、二〇一六年にはおこなわれなくなっていた。取り締まりが厳しくなり、仲買人がいなくなったためだという。センザンコウという大きな収入源がなくなった後、生活はどうなるのかと心配したが、バテッはふたたび沈香採集に力を注ぐようになった。彼らはこうして状況に合わせて活動を変えながら、変化の激しい時代を生き抜いてきたのだろう。様々な慣習を少しずつ変化させながらも、それらが有機的に生みだす即時報酬志向は現在まで受け継がれてきたのである。

けれども森林の減少が続いていること、また特定の資源のみを獲得し続けていることから、バイクや車を使って探索範囲を広げてもいつまでも現在のような暮らしを続けられるとは限らない。こうした資源は、マレー

図終-1　赤ん坊を水浴びさせた子どもたち。子どもたちはある程度の年齢になると、すすんで同じ拠点の赤ん坊の面倒をみるようになる

シア国内だけでなく世界市場にも供給され、さまざまな地域に暮らす人びとの需要を満たす。陸路の発展を伴う領域区画型の環境改変は、バテッのようなフォレージングを営んできた人びとに新たな経済的機会をもたらしたかもしれない。しかし全体としてみると、彼らにとっては生業を営む環境の減少という経済的損失の方が大きかった。

3　環境の改変と地球環境問題

大きく環境を改変するようになった人類は、一九八〇年代には気候変動や生物多様性の減少、そして熱帯林の減少などを、自らの将来に多大な影響を与える地球環境問題として認識するようになった。こうした認識は、森林被覆図に代表されるように、地図や衛星画像などの多様な媒体に支えられている。多くの人はこのようなメディアをつうじて、実際に訪れたことのない場所を含めて地球全体について考えられるようになった。しかしそのいっぽう、何かを食べて生活すること自体が環境に作用する行為であることが認識されにくいのも、現代の特徴である。たとえ自給自足的な生活を送っていなくとも、地球のさまざまな資源を使って生産され、運ばれてきたモノを消費して暮らすのが人間である。

独立から半世紀が過ぎ、クアラ・ルンプールが世界都市となった今も、半島マレーシアでは陸路の建設が続く。半島を縦断するように高速道路が延びつつあり、中国の一帯一路構想の一環として高速鉄道計画も存在する。この計画では、遥か昔の人が川を使って半島を横断したように、高速鉄道で半島の西海岸と東海岸の港を結ぶ予定である。陸路の建設と領域区画型の環境改変は、近代の国家制度を媒介にグローバル経済と複雑に絡み合うことで揺るぎないものとなり、今後も世界各地で実施されていくのだろう。本節では、現代特有の「国家の景観構築」について考察し、本書で明らかになった点をふまえて「持続可能な開発」について考えてみたい。

1……「国家の景観構築」と経済ネットワーク

「序」で述べたように、初期の「国家の景観構築」は、国家の発展とともに食料生産地と定住地が拡大し、画一的生態系に改変されていくというものであった。同様に、ニッチ構築の組織化という観点にたつと、現代の「国家の景観構築」は、陸路とグローバル経済の発展とともに商品作物用地が拡大するものだといえる。そのようにして形成された景観は、商品作物の生産地や商業用地、そして人間の生活用地と保護の対象としての自然の領域、というような区画を結ぶ陸路と、港や空港などの交通拠点より成る。しかしこうした環境改変は、現代では国家の発展だけでなく、世界経済と密接に結びつきながら経済効率を優先して実施され、投下される資本が大きいほどに規模の大きいものとなる。そして、マレーシアの土着の植生に代わって、ブラジル原産のゴムや西アフリカ原産のアブラヤシが多くの土地を占めるようになるなど、生物も地球規模で再配置される。こうして創出された商品作物の栽培地では、自家消費を目的とした畑によくみられる多様な作物を植える混作は一般的ではない。

陸路が発展し社会と河川の関係が変化するなか、現在バテッもクアラ・コより下流の河川を道路と結びつけて認識するようになった。川と彼らの親密な関係は、タマン・ヌガラ公園内に限定されるようになっていくのかもしれない。彼らが「この川」と認識する範囲が、ルビル川筋から川の最上流へと縮小してきたように、彼らの生活圏も川筋から川の最上流へと狭められ、コ分岐点（クアラ・コ）の近くに設立された村一帯を集中的に利用するようになった。そして現在、彼らは「クアラ・コのバテッ」と自称する。政府は保留地や村というかたちでバテッの生活場所を確保してきたが、人びとを特定の場所に結びつけるこの方法も、定住生活と領域区画型の土地利用という前提に基づく。

しかしマレーシアでは、人びとは多様な環境に合わせて異なる生活を営み、それぞれに特有の方法で自然環境とかかわってきた。それを強く引き継ぐバテッの暮らしは、国家的な制度に収まりきるものではない。これと同様のことが、日本に存在した漂泊民についてもいえたであろうし、現在も世界にはこうした枠にあてはまらない生活を営む人が多く暮らしている。

マレーシアに限らず旧植民地諸国の多くは、植民地時代の政治体制や法制度、そして領域基盤を引き継ぐかたちで独立した。土地制度に代表されるように、人と環境の関係も植民地時代の制度を踏襲する政治システムの下に置かれている。この点をふまえると、さまざまな地域で独立が続いた脱植民地化の時代は、世界各地で、特定の環境とのかかわり方が、公的制度として正当化されていった時代だったともいえる。しかし独立当初は、制度が実社会に及ぼす影響は限定されており、領域区画型の利用とは別の生態環境が国家空間の外部に保持されていた。そうした場所でさまざまな手法で環境とかかわる集団が別々のニッチ構築を続けていたのである。

そして独立後、マレーシアは経済発展を目指して環境の改変を進めた。これは植民地時代に導入された枠組みのもとで実施された。そしてちょうど東西冷戦期であった当時、旧植民地諸国は第三世界として積極的な開発援助を受けていた。本書でみてきたように、ルビル流域でも伐採が進んでプランテーションが設立され、道路が建設されていった。バテッの生活圏は最上流へと縮小し、長距離を移動する必要のある現金獲得活動には男性が従事し、車やバイクを使った資源探索もおこなわれるようになった。

領域区画型の環境改変は、他の旧植民地諸国でも進んだ。国家の周縁や外部に存在した多様な生態環境は、土地制度という政治的囲い込みのもとで大規模に再編され、法的所有者が排他的に利用する区画になった。移動耕作地などの小さく入り組んだ耕地や二次林、森といった多様な環境が改変されていったが、こうした空間は、国家の空間で入手できない資源をもたらす集団が移動志向型の生業を営んできた場所でもあった。つまり領域区画型の環境改変を進めることによって、国家の空間で必要とされる資源をも切り崩していたともいえる。そして改変された環境は、陸路を介して広域の経済ネットワークに組み込まれた。

このような経済ネットワークは、我々の行動や認識にどのような変化をもたらしたのであろうか。人は遥か昔から自然を攪乱しながら生存してきたが、人の介入があるからこそ形成される生態環境も存在する。日本ならば里山が有名である。こうした生態系は人間の活動によって維持されているが、そこまで体系的でなくとも、人が環境と直接かかわる際には、環境の変化に応じて自らの行動を調整する。しかし複雑な経済ネットワークによってその関係を把握できない状態になると、こうした調整が困難になる。世界経済と結びついた土地開拓は、その傾向が強い。

もちろんバテッがアブラヤシプランテーションでシロアリタケを採集するように、改変の跡地にも生きものの営みはある。しかし大規模な改変は、従来の生態系を急激に破壊し、別のものに置き換えたうえで異なる経済システムに結びつける。そして長く複雑な経済ネットワークは、消費者が環境に与える負荷を不可視化する。近代化に付随するこうした性質が、自然を自らの生から切り離された対象として位置づけ、領域的に保護することに繋がったとも考えられる。

2……「持続可能な開発」の再考

旧植民地諸国で進められた大規模な環境改変も、一九八〇年代までには問題視されるようになっていた。とくに先進国においては、経済開発が地球の自然環境に負の影響を与えているという考えが共有されつつあり、熱帯林や生物多様性の減少にたいする危機感が高まっていた。そうした状況を受け、国際連合の環境開発会議では、従来の方法を見直し、環境と開発のバランスをとる「持続可能な開発（sustainable development）」という目標が発表された。

これが発表された一九九二年は冷戦終結直後にあたる。それまで旧植民地諸国を中心とした発展途上国は、資本主義陣営と共産・社会主義陣営のどちらにも属さない国として積極的な援助の対象とされていた。しかし冷戦の終結によって、こうした第三世界に東西陣営が競い合って開発援助をする必要はなくなっていた。

いっぽうこの時期、先進国を中心とする国際社会では、先住民の不当な扱いをはじめ、社会的弱者の問題が認識されつつあった。主な援助の対象が、国家という枠組みから、女性や子ども、先住民などの社会的弱者に移行しつつあったのである。国際連合においても、国家を通じることなく、ＮＧＯやＮＰＯ、そして先住民団体を直接的に援助することが合意された。

これによって、自然保護団体あるいは環境保護団体の求める「(自然)環境保護区」や、現地の住民が求めるという「先住民の土地権」が注目されるようになった。しかしここでいう保護区や権利の土台とされている枠組みも、領域的な土地利用である。本書で明らかになったように、人が環境とかかわる方法には、多様な様式が存在する。生態環境によって適した方法は異なり、そうしたニッチ構築は生物多様性という観点からも重要である。しかし従来のやり方を見直し、「持続可能な開発」を目標とするようになった後も、以前と同じレジームを使用している。そしてそれは、定住生活と領域的区画型の環境利用という、こんにち問題視されるようになった状態の創出に用いられてきた枠組みである。

バテッの暮らしは川の重要性を再認識させるとともに、保護区や開発地などと環境を領域区画で分割し、それを道路で結ぶ以外の選択肢があることを示している。そしておそらく、東南アジアや世界の熱帯地域には、彼らのように川を活用して暮らす人びとが多数存在する。近代以降の国家制度は、定住生活と領域区画型の環境利用を基本とみなすだけでなく、そうした制度のもとで生活する人びとも、地表を区画化し排他的所有権と結びつけて管理する方法を当然視してきた。その結果、地球のさまざまな地域で領域区画型の環境改変が推し進められ、陸路建設によって形成された経済ネットワークをつうじて多様なモノを入手できるようになった。

しかし現在、土地権をめぐる対立が生じたり、地域に根差した自然との親密なかかわりが失われることで生物多様性が減少する事態が生じている。それだけでなく、複雑な経済ネットワークは人の消費活動と環境との繋がりを覆い隠し、意図せざる改変が止まらない状況をつくりだしてきた。

環境と開発のバランスをとるという「持続可能な開発」に取り組むには、定住生活と領域区画型の土地利用という「国家の景観構築」を見直す必要があるのかもしれない。なぜならこの枠組みのもとでは、経済の発展と大規模な自然環境の改変が強い相関関係にあるためである。土地を区画化して特定の目的に使うという従来の方法以外にも、積極的に目を向けることで得られる利益は大きいと考える。時期によって異なる人が異なる目的のために利用する場所があっても良いし、川を交通に使うことがあっても良い。また特定の場所に留まらずに暮らす生活もある。

実はここに挙げた事例は、さほど注目を浴びずとも、先進国といわれる地域で実際におこなわれていることである。とくに現代に生きる人の多くは一カ所に定住しないという点については、多くの人が同意するであろう。このような多様な生活形態のもつ価値を見直し、現行の制度の再考に繫げることも可能だと考える。

また陸路の開発を伴う近代的な「国家の景観構築」は、グローバル経済の発展と分かちがたく結びついている。こうした経済ネットワークの出現は新たな経済機会を人びとにもたらすいっぽう、それを介して環境とかかわる人間の環境負荷を不可視化する特徴がある。都市で暮らしていると、自然環境というものは公園や地方の森へ出掛けて体験するもの、あるいは衛星画像などのメディアをとおして知るもののように感じるかもしれない。しかし実際には、そうした人も日々の食事や消費活動をつうじて、さまざまに環境とかかわっている。

雨期が明けると森へと移動し、花々を楽しみつつ魚やカメを獲って食べる。そして花の開花具合から、森の果実の結実を予測する。拠点にいても資源の探索に出かけ、得られた資源を現金に換えてコメを購入する。またドリアンが結実したとなれば、そこへ移動して日々ドリアンを食べて過ごす。バテッの暮らしは、人間が他の生物に依存して生きる存在であることを再認識させる。

資源のある場所へ移動して資源をトルことで自然環境とかかわってきた彼らは、定住して別の経済活動に従事するよう告げられたならば、資源がそこにあるのに、なぜそれを利用してはならないのかと訴えるだろう。彼らは「先住民の土地権」に包摂されるような定住するための土地が欲しいのではなく、もっと別の生活を続けたいと思っている。また枯渇が懸念されて取引が規制された森林資源についても、資源の減少に大きな影響を与えたのは森の減少であるはずである。それなのになぜ、領域区画型の環境改変を推し進めてきた側が、生活の糧や日々の楽しみをもたらす環境を失ったことへの補償もなしに、そうしたことを言うのかと訴えるだろう（図終—2）。

本書冒頭の「序」にある、上空から半島を見下ろすかたちの森林被覆域を示した図序—4は、見方を変えると、「国家の景観構築」の進展を示す図でもある。独立前に半島の七七％を占めていた森林は、二〇一八年には四三％になったという。これはすなわち、独立前は半島の二三％であった固定的農地やプランテーション、そして住宅地などの領域が、七〇年程のあいだに倍以上に拡大したことを意味する。この領域区画型の環境改変は、国家制度に支えられて進められ、陸路の建設とともにグローバル経済と結びついた特殊なニッチを構築してきた。そしてそれには、熱帯材、パーム油、天然ゴムを消費してきた日本の経済活動も関係する。これまで定住生活と領域区画に基づく土地利用が当然視されてきたが、地球とそこに暮ら

図終-2　花飾りをつくって遊ぶ子ども

す人びとの将来を視野に入れるならば、もっと別の方法に目を向ける必要があると考えるのである。

あとがき

生態人類学で必須ともいえるフィールドワークは、自らの視野を広げてくれる楽しい時間です。けれど私の場合、フィールドにいる時は記録をしながらその場についていくのが精一杯、という場合がほとんどです。それを咀嚼し、じっくりと考えていくのが、調査後の日常と文字で記していく時間になります。今回、『生態人類学は挑む』シリーズの一冊として本書を執筆させていただき、マレーシアで最初に調査した経験を中心として、改めて新たな視点からたどる機会をもつことができました。掛谷誠先生、掛谷英子ご夫人のご厚意に深く感謝いたします。

本書の中心となっているのは二〇一〇〜二〇一二年の約二年間の調査です。その経験をじっくり考える取り組みは帰国後に本格的にスタートしました。二〇一二年の夏に調査を終えて日本に帰った私は、日本語での表現能力が著しく衰えており、それを慣らしていくあいだに多くの発見がありました。

ある夜、大学から家に帰る途中で駅の場所を尋ねられて、「あっちです」と言いながら顎と指で方向を示して答えてしまったことがあります。駅は遠くにあってまったく見えなかったので、方角を示されても困ったのでしょう。尋ねた彼があっけにとられた顔をしたために、私は改めて言葉で道順を説明しなおしました。そしてその後、一人歩きながら自分の行動を振り返りつつ、バテッのナビゲーションと日本の一般的な空間認識について考えました。他の地域に暮らす人びとと自然との関係を理解する作業には、こうした自身の「当たり前」を意識化する過程がともないます。そして自らの「当たり前」も客体化ないし対象化したうえでの理解は、地球に暮らす人類としての普遍性の理解にもつながると考えます。

本書では、マレーシア半島部のルビル川筋のバテッの暮らしを対象にしつつ、多くの地域で進む環境改変と私たちの暮らしとの関係について考えました。マレーシアをはじめとする東南アジアは、川をつうじた交流が盛んにおこなわれてきただけでなく、タイを除く全域に植民地支配を受けた過去があります。これらの国々は、明治維新によって近代国家となった日本とは異なり、植民地支配をつうじて近代的国家制度が導入され、それをもとに独立後の世界を歩んできました。そうした地域で現在も進む開発の勢いには、目を見張るものがあります。

初めて半島マレーシアを訪れた際に車窓から見た景色で最も印象に残っているのは、どこまでも続くアブラヤシプランテーションです。それはアメリカのコーン畑ほどではないにしても、日本の畑や水田とは比較にならない規模でした。このような大規模な土地利用の土台がつくられたのが植民地時代だったわけで、それには国家制度が大きくかかわっています。そして国家制度とともに土地制度が導入された後のマレーシアでは、独立後も陸路の発展と並行して環境の改変が進み、それとともにバテッの生活も変化してきました。

これによって現在、ルビル流域も、またそこに暮らすバテッもより直接的に世界経済にかかわるようになっています。彼らはグローバル市場に提供される森林産物の取引によって現金を獲得するだけでなく、多くの購入食品に依存して暮らしています。これと同様のことは、私たちの生活にもいえるでしょう。私たちが日々購入し消費するさまざまなモノの多くは、どこかで誰かによって生産されて運ばれてきたものです。しかし長く複雑な経済ネットワークによって、そうした消費と環境との関係は見えにくくなっているのが現状です。その いっぽうで私たちは現在、地球環境問題に取り組むことを目標に掲げる時代に生きています。

近年、人間がかつてないほどの影響を地球に与えるようになったという点を重視して、そのような時代を「人新世（Anthropocene）」とよぶ動きがあります。具体的にそれが始まった年代については多様な見解がありますが、税となる穀物の栽培地と定住生活を組織立てる集権的政治組織の誕生、つまり国家制度の誕生というものは、この「人新世」を考えるうえでのひとつの転換点とみることができるのではないかと考えます。なによりも、国家の発展と人間が周りの環境を改変する勢いが密接に結びついており、政治体制自体に環境改変の原動力が内包されているという点が重要だと思います。

そしてそれが現在、経済ネットワークの発展によって人びとの暮らしが世界各地と繋がるようになり、世界経済の発展と地球のどこかで進む環境改変とに強い相関関係があるという状態になりました。けれども、その関係は複雑なネットワークによって不可視化され、何かを消費することで非意図的にどこかの環境を改変している人も多くいます。こうして進む土地開発の影響が問題視されたことで、一九九二年のリオサミットにおいて「持続可能な開発」という提言がなされたわけです。このとき「気候変動枠組み条約」、「生物多様性条約」、「森林原則声明」、「アジェンダ21」などが採択されましたが、それから約三〇年が経過した現在も、定住型の生活と領域区画型の環境利用という従来の枠組みがいまだ主流であるように思います。

日本に暮らす私たちの多くも、定住生活や領域区画にもとづいて土地を利用することが当たり前だと考えて疑問を抱かないと思います。しかし日本に存在した漂泊民や漂海民だけでなく、現在でも養蜂家や「ノマドワーカー」といわれる人びと、また「転勤族」などという表現があることも、私たちの暮らしに移動がつきものであることを示しています。またさらに、「入会地」などの昔からの慣習・制度も、排他的土地所有以外の環境利用が、日本にもあることを示しています。そうした多様な生活の在り方、環境とのかかわり方を、もっと見直してもよいように思います。

二〇一八年に新型コロナ感染症の世界的流行が始まって以来、国境を越えた移動は停滞していますが、今後もグローバルな経済の結びつきは強化されていくのだと思います。そしてそれとともにこれからも、地球の各地で陸路が発展し領域的な土地の開拓が進んでいくのかもしれません。しかし、川沿いの土地を現地の人びとの特定の利用の目的のために残す、また時期に応じて異なる人が異なる目的のために利用する場所をつくる、というようなやり方もあるはずです。

本書は多くの方のご支援をいただき書き上げることができました。最初の段階からコメントをくださった大塚柳太郎先生と、京都大学学術出版会の大橋裕和さんに、心よりお礼申し上げます。

また、マレーシアで調査をするきっかけを作りフィールドへ連れて行ってくださった口蔵幸雄先生、河辺俊雄先生、須田一弘先生、小谷真吾先生にも深く感謝いたします。現地で受け入れてくださったRamle bin Abdullah先生にも感謝いたします。二年間という長いあいだの調査が可能になったのは、こうした方々のご支援があったからです。改めてお礼申し上げます。

また現地では病院や診療所の方々、地域住民の皆さん、そしてスルタン・ザイナル・アビディン大学の友人など、多くの方にお世話になると同時に、多くのことを教わりました。感謝を申し上げます。

本書にかかわる調査研究は、日本学術振興会による以下の科学研究費補助金の助成を受けて行うことができました。深く感謝いたします。

・基盤研究（B）「半島マレーシアにおける自然・社会的変化に対する狩猟採集民の適応戦略の多様性の解明」（研究代表者：口蔵幸雄、課題番号：21401037、二〇〇九～二〇一二年度）

・基盤研究（B）「「老いの文化」の形成と機能に関する比較に基づく人類学的研究」（研究代表者：内堀基光、課題番号：15KT0008、二〇一五～二〇一九年度）

なお本書は二〇一六年に千葉大学大学院人文社会科学研究科に提出した博士論文「生業経済と市場経済からみた環境認識と利用実践――マレーシア半島部・クランタン川上流における狩猟・採集・交易実践を事例として」をもとにしていますが、大幅に書き直し新たな考察を加えてある旨を書き添えておきます。

最後に、一人ひとりのお名前を記しはしませんが、生態人類学をはじめとした研究の仲間と、マレー語もバテッ語も十分にわからない筆者を迎え、一緒に時間を過ごしてくれたバテッの皆、そして本書の製作に携わってくださった京都大学学術出版会の方々に心より感謝いたします。

参考文献

石井米雄、桜井由躬雄（一九九五）『東南アジア世界の形成』講談社

今村薫（一九九三）「サンの協働と分配」『アフリカ研究』四二号（3）：一―二五頁

内堀基光（二〇〇七）「リニアな空間――イバンの行動環境における線形表象に向けての序説」河合香吏編『生きる場の人類学――土地と自然の認識・実践・表象過程』一一九―一四〇頁、京都大学学術出版会

河合文（二〇一九）「半島マレーシアにおける土地制度の導入と民族――クランタン州ルビル流域を事例として」『マレーシア研究』七号：一一六―一三九頁

口蔵幸雄（一九八一）「オラン・アスリと動物――マレー半島部の狩猟採集民Semaq Beriの食物規制」『季刊人類学』一二号：三―七一頁

口蔵幸雄（一九九五）「熱帯雨林の中の漁撈～マレー半島」秋道智彌編『イルカとナマコと海人たち――熱帯の漁撈文化誌』五二―八七頁、日本放送出版協会

口蔵幸雄（一九九六）『吹矢と精霊』東京大学出版会

口蔵幸雄（二〇〇四）「森を歩く――マレーシア狩猟採集民の地形認識と水系の利用」野中健一編『野生のナヴィゲーション――民族誌から空間認知の科学へ』九一―一二七頁、古今書院

口蔵幸雄（二〇〇五）「現代の狩猟採集民の経済と社会――政治生態学の視点から」池谷和信編『熱帯アジアの森の民――森林資源利用の人類学』六四―九六頁、人文書院

口蔵幸雄（二〇〇七）「トウ（籐）の商業的利用――オランアスリ経済におけるトウの役割」秋道智彌編『資源とコモンズ』一三七―一五九頁、弘文堂

口蔵幸雄（二〇一〇）「Semaq Beri 女性のフォレージング（2）――食物分配とフォレージングにおけるパートナーシップ」『岐阜大学地域研究科学部研究報告』二六号：八九―一一一頁

口蔵幸雄（二〇一三）「マレーシア半島部の1970年代における狩猟採集集団の生業戦略――BatekとSemaq Beriの「混合経済」の比較」『岐阜大学地域科学部研究報告』三四号：三一―七七頁

口蔵幸雄（二〇一四）「半島マレーシアの先住民オランアスリと外部社会の関係の歴史と現在――政府の介入とオランアスリ

政策」『岐阜大学地域研究科学部研究報告』三四号：四三—九五頁
小山茂樹（一九八一）『中東経済事情——オイルパワーのゆくえ』有斐閣
スコット、ジェームズ・C（二〇一九）『反穀物の人類史——国家誕生のディープヒストリー』立木勝訳、みすず書房（Scott, James. 2017. *Against the Grain: A Deep History of the Earliest States*. New Haven: Yale University Press.）
隅谷三喜男、劉進慶、凃照彦（一九九二）『台湾の経済——典型NIESの光と影』東京大学出版会
ダロス、シラ／永田修一（二〇〇五）「交易と分配——狩猟採集民の社会人類学」池谷和信編『熱帯アジアの森の民——資源利用の環境人類学』九七—一一九頁、人文書院
寺嶋秀明、篠原徹編（二〇〇二）『エスノ・サイエンス』京都大学学術出版会
野中健一編（二〇〇九）『野生のナヴィゲーション——民族誌から空間認知の科学へ』古今書院
信田敏弘（二〇〇四）『周縁を生きる人びと——オラン・アスリの開発とイスラーム化』京都大学学術出版会
バーンスタイン、ウィリアム（二〇一九）『交易の世界史・上』鬼澤忍訳、筑摩書房
松井健（一九九七）『自然の文化人類学』東京大学出版会
丸山淳子（二〇〇一）『変化を生きぬくブッシュマン——開発政策と先住民運動のはざまで』世界思想社
ラートカウ、ヨアヒム（二〇一二）『自然と権力——環境の世界史』海老根剛・森田直子訳、みすず書房（Radkau, Joachim. 2008［2002］. *Nature and Power: A Global History of the Environment*, Translated by Thomas Dunlap. New York: Cambridge University Press.）

Abdullah, Khadizan and Yaacob Abdul Razak. 1974. *Pasir Lenggi: A Bateq Negrito Resettlement Area in Ulu Kelantan*. Pulau Pinang: School of Comparative Social Science Universiti Sains Malaysia.
Andaya, Barbara Watoson and Leonard Y. Andaya. 2001. *A History of Malaysia*. 2nd ed. Honolulu: University of Hawai'i Press.
Andaya, Y Leonard. 2008. *Leaves of the Same Tree: Trade and Ethnicity in the Straints of Melaka*. Honolulu: University of Hawai'i Press.
Barden, Angela, Awang anak, Noorainie, Mulliken, Teresa and Song, Michael. 2000. *Heart of the Matter: Agarwood Use and Trade and CITES Implementation for Aquilaria Malaccensis*. Petaling Jaya: TRAFFIC.
Benjamin, Geoffrey. 1973. "Introduction," In: Schebesta, Paul. *Among the Forest Dwarfs of Malaya*, pp. v-xiv. Kuala Lumpur: Oxford

University Press.

Benjamin, Geoffrey. 1985. "In the Long Term: Three Themes in Malayan Cultural Ecology," In: Hutterer, Karl L, A. Terry Rambo and George Lovelace. (eds.) *Cultural Values and Human Ecology in Southeast Asia*, pp. 219-278. Ann Arbor: Center for South and Southeast Asian Studies, University of Michigan.

Benjamin, Geoffrey. 2002. "On Being Tribal in the Malay World," In: Benjamin, Geoffrey, and Cynthia Chou (eds.) *Tribal Communities in the Malay World: Historical, Cultural and Social Perspectives*, pp. 7-76. Singapore: Institute of Southeast Asian Studies.

Benjamin, Geoffrey. 2012. "The Aslian languages of Malaysia and Thailand: An Assessment," In: McGill, Stuart and Peter K. Austin (eds.) *Language Documentation and Description*, vol 11: 136-230. London: SOAS.

Benjamin, Geoffrey. 2013. "Why Have the Peninsular "Negritos" Remained Distinct?" *Human Biology*, 85 (1-3): 445-484.

Benjamin, Geoffrey. 2014. *Between Isthmus and Islands: Studies in Malay-World Ethnohistory*. Singapore: Institute of Southeast Asian Studies.

Berkes, Fikret. 1999. *Sacred ecology: Traditional Ecological Knowledge and Resource Management*. New York: Routledge.

Burenhult, Niclas, Nicole Kruspe and Michael Dunn. 2011. "Language History and Culture Groups among Austroasiatic-Speaking Foragers of the Malay Peninsula," In: N. J. Enfield (ed.) *Dynamics of Human Diversity*, pp. 258-275. Canberra: Pacific Linguistics.

Burkill, Isaac Henry. 1966. *A Dictionary of the Economic Products of the Malay Peninsula*. Kuala Lumpur: Government of Malaysia and Singapore.

Caillabet, S. Olivier. 2013. *The Trade in Tokay Geckos 'Gekko gecko' in South-East Asia: with a Case Study on Novel Medical Claims in Peninsular Malaysia*. Petaling Jaya: TRAFFIC.

Carey, Iskander. 1976. *Orang Asli: The Aboriginal Tribes of Peninsular Malaysia*. Kuala Lumpur: Oxford University Press.

Clifford, Hugh. 1992 [1895]. *An Expedition to Terengganu and Kelantan: 1895. MBRAS Reprint No.13*. Kuala Lumpur: Malaysian Branch of the Royal Asiatic Society.

Dentan, Robert Knox, Kirk Endicott, Alberto G. Gomes and M. B. Hooker. 1997. *Malaysia and the Original People: A Case Study of the Impact of Development on Indigenous Peoples*. Boston: Allyn and Bacon.

Dunn, Michael, Nicole Kruspe, and Niclas Burenhult. 2013. "Time and Place in the Prehistory of the Aslian Languages," *Human Biology*, 85 (1-3): 383-400.

Endicott, Kirk. 1974. *Batek Negrito Economy and Social Organization*. Ph.D. dissertation, Harvard University.

Endicott, Kirk. 1979. *Batek Negrito Religion: The World-View and Rituals of a Hunting and Gathering People of Peninsular Malaysia*. Oxford: Clarendon Press.

Endicott, Kirk. 1984. "The Economy of the Batek of Malaysia: Annual and Historical Perspectives," *Research in Economic Anthropology*, 6: 29-52.

Endicott, Kirk. 1997. "Batek History, Interethnic Relations, and Subgroup Dynamics." In: Winzeler, Robert L. (ed.) *Indigenous Peoples and the State: Politics, Land, and Ethnicity in the Malayan Peninsula and Borneo*, pp. 30-50. New Haven: Yale University Southeast Asia Studies.

Endicott, Kirk. 2016. "Introduction," In: Endicott, Kirk (ed.) *Malaysia's Original People: Past, Present and Future of the Orang Asli*, pp. 1-38. Singapore: NUS Press.

Endicott, Kirk and Bellwood, Peter. 1991. "The Possibility of Independent Foraging in the Rain Forest of Peninsular Malaysia," *Human Ecology*, 19: 151-185.

Endicott, Kirk and Karen Endicott. 2008. *The Headman was a Woman: The Gender Egalitarian Batek of Malaysia*. Long Grove: Waveland Press.

Evans, Ivor HN. 1968 [1937]. *Negritos of Malaya*. London: Frank Cass and Co.

Fix, Alan. 2011. "Origin of Genetic Diversity among Malaysian Orang Asli: An Alternative to the Demic Diffusion Model," In: N. J. Enfield (ed.) *Dynamics of Human Diversity*, pp. 277-291. Canberra: Pacific Linguistics.

Hirschberger, Peter. 2011. *Global Rattan Trade: Pressure on Forest Resources*. Vienna: WWF Austria.

JHEOA. 2010. *Pecahan Penduduk Orang Asli Mengikut Kumpulan Kaum Dan Etnik Bagi Tahun* [オラン・アスリのエスニック集団別人口統計]. Kuala Lumpur: JHEOA.

Jomo, Kwame Sundaram., Y.T. Chang and K.J. Khoo. 2004. *Deforesting Malaysia: The Political Economic and Social Ecology of Agricultural Expansion and Commercial Logging*. London: Zed Books.

Kathirithamby-Wells, Jeyamalar. 2005. *Nature and Nation: Forests and Development in Peninsular Malaysia*. Honolulu: University of Hawai' i Press.

Kiew, Ruth and Hood, Salleh. 1996. "The Role of Rattan in the Economy of Orang Asli Communities," *Akademika*, 48: 3-20.

Kuchikura, Yukio. 1988. "Efficiency and Focus of Blowpipe Hunting among Semaq Beri Hunter-Gatherers of Peninsular , Malaysia," *Human Ecology*, 16 (3): 271-305.

Lim, H. F., Mohd Parid, M. and Chang, Y.S. 2008. *Local Gaharu Trade and its Contribution to Household Economy of Harvesters* (FRIM Reports No. 88). Kepong: Forest Research Institute Malaysia.

Lim, Teck-Wyn and Awang anak, Noorainie. 2010. *Wood for the trees: A review of the agarwood (gaharu) trade in Malaysia* (A report commissioned by the CITES Secretariat). Petaling Jaya: TRAFFIC Southeast Asia.

Lye, Tuck-Po. 2000. "Forest, Batek, and Degradation: Environmental Representations in a Changing World," *Southeast Asian Studies*, 38 (2): 165-184.

Lye, Tuck-Po. 2002. "The Significance of the Forest to the Emergence of Batek Knowledge in Pahang, Malaysia," *Southeast Asian Studies*, 40 (1): 3-22.

Lye, Tuck-Po. 2005. *Changing Pathways: Forest Degradation and the Batek of Pahang, Malaysia*. Petaling Jaya: SIRD.

Omar, Hamdan, Kassim, Abd Rahman and Samsudin, Mimi. 2016. "IOP science: Quantifying rate of deforestation and CO_2 emission in Peninsular Malaysia using Palsar imageries," Paper presented at 8th IGRSM International Conference and Exhibition on Geospatial & Remote Sensing.

Pantel, Sandrine and Chin, S. Y. 2009. *Proceedings of the Workshop on Trade and Conservation of Pangolins Native to South and Southeast Asia*. Petaling Jaya: TRAFFIC Southeast Asia.

Schbesta, Paul. 1973 [1929]. *Among the Forest Dwarfs of Malaya*. Kuala Lumpur, London: Oxford University Press.

Sidwell, Paul and Roger Blench. 2011. "The Austroasiatic Urheimat: The Southeastern Riverine Hypothesis," In: N. J. Enfield (ed.) *Dynamics of Human Diversity: The Case of mainland southeast Asia*, pp. 315-343. Canberra: The Australian National University.

Sidwell, Paul and Felix Rau. 2014. "Austroasiatic Comparative-Historical Reconstruction: An Overview," In: Sidwell, Paul and Mathias Jenny (eds.) *The Handbook of Austroasiatic Languages*, pp. 221-362. Boston: Brill.

Sillitoe, Paul, Bicker, Alan and Pottier, John. (eds.) 2002. *Participating in Development: Approaches to Indigenous Knowledge*. London: Routledge.

Skeat, Walter W. and Blagden O. Charles. 1906. *Pagan Races of the Malay Peninsula*. New York: Macmillan and Co.

Talib, Shaharil. 1995. *History of Kelantan 1890–1940*. Puchong Jaya: The Malaysian Branch of the Royal Asiatic Society.

Williams, M. Nancy and Baines, Graham. (eds.) 1993. *Traditional Ecological Knowledge: Wisdom for Sustainable Development*. Canberra: Center for Resource and Environmental Studies, Australia National University.

Woodburn, James. 1982. "Egalitarian Societies," *Man*, 17: 431-451.

Woodburn, James. 2005. "Egalitarian Societies Revised," In: Widlok, Thomas and Wolde Gossa Tadesse. (eds.) *Property and Equality: Ritualisation, Sharing, Egalitarianism*, pp. 18-31. Oxford and New York: Berghahn.

【わ】

【ま】

【や】

【ら】

【な】

【は】

【た】

【さ】

索引

凡例：「→」は「〜を見よ」、「⇒」は「〜をも見よ」、を表す。

著者紹介

河合　文（かわい あや）

東京外国語大学アジア・アフリカ言語文化研究所助教。千葉大学大学院人文社会科学研究科博士課程修了、博士（学術）。主な著作に、「オラン・アスリ」（信田敏宏編『東南アジア文化事典』丸善出版、2019年）、「半島マレーシアにおける土地制度の導入と民族：クランタン州ルビル流域を事例として」（『マレーシア研究』7: 116–139、2019年）などがある。

生態人類学は挑む　MONOGRAPH 5
川筋の遊動民バテッ――マレー半島の熱帯林を生きる狩猟採集民

2021年12月8日　初版第一刷発行

著者　河合　文
発行人　足立芳宏

京都大学学術出版会
京都市左京区吉田近衛町69番地
京都大学吉田南構内（〒606-8315）
電話（075）761-6182
FAX（075）761-6190
Home page http://www.kyoto-up.or.jp
振替 01000-8-64677

ISBN978-4-8140-0374-7
Printed in Japan

ブックデザイン　森　華
印刷・製本　亜細亜印刷株式会社
定価はカバーに表示してあります

混迷する21世紀に
人類文化の深淵を辿りなおす

生態人類学は挑む

全16巻

◆は既刊、タイトルや刊行順は
変更の可能性があります

SESSION

◆SESSION 1
動く・集まる
大塚柳太郎 編

◆SESSION 2
わける・ためる
寺嶋秀明 編

SESSION 3
病む・癒す
稲岡 司 編

SESSION 4
つくる・つかう
伊谷樹一 編

SESSION 5
関わる・認める
河合香吏 編

SESSION 6
たえる・きざす
伊藤詞子 編

MONOGRAPH

◆MONOGRAPH 1
交渉に生を賭ける
東アフリカ牧畜民の生活世界
太田 至

◆MONOGRAPH 2
ウェルビーイングを植える島
ソロモン諸島の「生態系ボーナス」
古澤拓郎

◆MONOGRAPH 3
ニューギニアの森から
平等社会の生存戦略
須田一弘

◆MONOGRAPH 4
自給自足の生態学
ボサビの人びとのオートポイエーシス
小谷真吾

◆MONOGRAPH 5
川筋の遊動民バテッ
マレー半島の熱帯林を生きる狩猟採集民
河合 文

MONOGRAPH 6
バナナの足、世界を駆ける
農と食の人類学
小松かおり

MONOGRAPH 7
母系社会の生態人類学
ミオンボ林をゆたかに生きる
杉山祐子

MONOGRAPH
微生物との共進化
梅﨑昌裕

MONOGRAPH
生業活動と子育て
ナミビア北中部クン・サンにおける
子どもの社会化と養育行動
高田 明

MONOGRAPH
記憶でつながるモンゴル世界
風戸真理